国 家 出 版 基 金 资 助 项 目
"十三五"国家重点图书出版规划项目
智能制造与机器人理论及技术研究丛书

总主编　丁汉　孙容磊

大数据驱动的
智能车间运行分析与决策方法

张洁　秦威　高亮◎著

DASHUJU QUDONG DE
ZHINENG CHEJIAN YUNXING FENXI YU JUECE FANGFA

中国·武汉

内 容 简 介

本书对制造大数据的基本概念进行了梳理,对车间制造大数据的感知、通信、处理技术和平台,以及建模、分析方法和决策服务开展了探索,介绍了海量、高维、多源、异构制造数据清洗去噪等预处理方法,统一建模与融合方法,动态制造数据多尺度时序分析方法,制造数据的关系网络模型,车间性能预测方法与运行调控机制,并对大数据在典型制造行业的应用做了初步尝试,旨在为车间生产从自动化、数字化迈向智能化奠定坚实的理论和技术基础。

本书主要面向机械工程和工业工程领域的研究者和生产管理人员,特别是寻求如何利用大数据提升制造业智能化水平的读者,同时也可作为自动化、计算机工程、管理工程等相关专业的研究生和高年级本科生的教材或参考书。

图书在版编目(CIP)数据

大数据驱动的智能车间运行分析与决策方法/张洁,秦威,高亮著. —武汉:华中科技大学出版社,2020.8
(智能制造与机器人理论及技术研究丛书)
ISBN 978-7-5680-6210-7

Ⅰ.①大… Ⅱ.①张… ②秦… ③高… Ⅲ.①车间管理-智能制造系统-研究
Ⅳ.①F406.6

中国版本图书馆 CIP 数据核字(2020)第 156833 号

大数据驱动的智能车间运行分析与决策方法
Dashuju Qudong de Zhineng Chejian Yunxing Fenxi yu Juece Fangfa

张洁 秦威 高亮 著

策划编辑:万亚军
责任编辑:罗　雪
封面设计:原色设计
责任监印:周治超

出版发行:华中科技大学出版社(中国·武汉)　　电话:(027)81321913
　　　　　武汉市东湖新技术开发区华工科技园　　邮编:430223
录　　排:华中科技大学惠友文印中心
印　　刷:湖北新华印务有限公司
开　　本:710mm×1000mm　1/16
印　　张:16.75
字　　数:420千字
版　　次:2020年8月第1版第1次印刷
定　　价:128.00元

本书若有印装质量问题,请向出版社营销中心调换
全国免费服务热线:400-6679-118　竭诚为您服务
版权所有　侵权必究

智能制造与机器人理论及技术研究丛书

专家委员会

主任委员 熊有伦（华中科技大学）
委　　员 （按姓氏笔画排序）
卢秉恒（西安交通大学）　　朱　荻（南京航空航天大学）　　阮雪榆（上海交通大学）
杨华勇（浙江大学）　　　　张建伟（德国汉堡大学）　　　　邵新宇（华中科技大学）
林忠钦（上海交通大学）　　蒋庄德（西安交通大学）　　　　谭建荣（浙江大学）

顾问委员会

主任委员 李国民（佐治亚理工学院）
委　　员 （按姓氏笔画排序）
于海斌（中国科学院沈阳自动化研究所）　　王飞跃（中国科学院自动化研究所）
王田苗（北京航空航天大学）　　　　　　　尹周平（华中科技大学）
甘中学（宁波市智能制造产业研究院）　　　史铁林（华中科技大学）
朱向阳（上海交通大学）　　　　　　　　　刘　宏（哈尔滨工业大学）
孙立宁（苏州大学）　　　　　　　　　　　李　斌（华中科技大学）
杨桂林（中国科学院宁波材料技术与工程研究所）　张　丹（北京交通大学）
孟　光（上海航天技术研究院）　　　　　　姜钟平（美国纽约大学）
黄　田（天津大学）　　　　　　　　　　　黄明辉（中南大学）

编写委员会

主任委员 丁　汉（华中科技大学）　孙容磊（华中科技大学）
委　　员 （按姓氏笔画排序）
王成恩（上海交通大学）　　方勇纯（南开大学）　　　　　　史玉升（华中科技大学）
乔　红（中国科学院自动化研究所）　孙树栋（西北工业大学）　杜志江（哈尔滨工业大学）
张定华（西北工业大学）　　张宪民（华南理工大学）　　　　范大鹏（国防科技大学）
顾新建（浙江大学）　　　　陶　波（华中科技大学）　　　　韩建达（南开大学）
蔺永诚（中南大学）　　　　熊　刚（中国科学院自动化研究所）　熊振华（上海交通大学）

作者简介

▶ **张洁** 东华大学教授、博士生导师。法国里昂二大、美国加州大学伯克利分校、美国伊利诺伊大学香槟分校高级访问学者，上海交通大学教授、博士生导师。中国人工智能学会智能制造专委会副主任，中国机械工程学会工业大数据与智能系统分会常务副主任，中国机电一体化技术应用协会工业大数据分会理事长。目前从事智能制造、大数据与人工智能领域的教学和科研工作，主持国家自然科学基金重点项目1项、面上项目5项，主持国家重点研发计划项目1项，主持和参与多项工信部智能制造专项项目，主持科技部863计划项目5项。出版专著10余部，发表论文200余篇，获得专利和软件著作权近30项。

▶ **秦威** 上海交通大学副教授，博士生导师。中国机械工程学会工业大数据与智能系统分会副总干事，中国机电一体化技术应用协会工业大数据分会常务委员。主要从事复杂系统建模、控制与优化，以及机器智能理论、方法与应用等领域的研究。主持多项国家自然科学基金委员会、科技部、工信部和上海市的科研项目，以及微软等企业的委托课题。担任 *Journal of Intelligent Manufacturing* 等多个SCI期刊的客座主编和审稿人。发表SCI论文30余篇，出版中英文专著5部，获得多项专利和软件著作权。

▶ **高亮** 华中科技大学教授、博士生导师。主要从事现代优化方法、设计优化及调度优化的研究。已出版著作7部，其中英文著作2部；发表SCI论文250余篇，ESI热点论文2篇，ESI高被引论文12篇，Web of Science总被引4200余次；授权发明专利20余项，登记计算机软件著作权12项。获国家科学技术进步奖二等奖1项，教育部自然科学奖一等奖1项。2018年度国家杰出青年科学基金获得者，2019年度"科学探索奖"获得者。担任 *IET Collaborative Intelligent Manufacturing* 共同主编、*Swarm and Evolutionary Computation* 副主编等。

总序

近年来,"智能制造+共融机器人"特别引人瞩目,呈现出"万物感知、万物互联、万物智能"的时代特征。智能制造与共融机器人产业将成为优先发展的战略性新兴产业,也是中国制造2049创新驱动发展的巨大引擎。值得注意的是,智能汽车与无人机、水下机器人等一起所形成的规模宏大的共融机器人产业,将是今后30年各国争夺的战略高地,并将对世界经济发展、社会进步、战争形态产生重大影响。与之相关的制造科学和机器人学属于综合性学科,是联系和涵盖物质科学、信息科学、生命科学的大科学。与其他工程科学、技术科学一样,制造科学、机器人学也是将认识世界和改造世界融合为一体的大科学。20世纪中叶,*Cybernetics* 与 *Engineering Cybernetics* 等专著的发表开创了工程科学的新纪元。21世纪以来,制造科学、机器人学和人工智能等领域异常活跃,影响深远,是"智能制造+共融机器人"原始创新的源泉。

华中科技大学出版社紧跟时代潮流,瞄准智能制造和机器人的科技前沿,组织策划了本套"智能制造与机器人理论及技术研究丛书"。丛书涉及的内容十分广泛。热烈欢迎各位专家从不同的视野、不同的角度、不同的领域著书立说。选题要点包括但不限于:智能制造的各个环节,如研究、开发、设计、加工、成形和装配等;智能制造的各个学科领域,如智能控制、智能感知、智能装备、智能系统、智能物流和智能自动化等;各类机器人,如工业机器人、服务机器人、极端机器人、海陆空机器人、仿生/类生/拟人机器人、软体机器人和微纳机器人等的发展和应用;与机器人学有关的机构学与力学、机动性与操作性、运动规划与运动控制、智能驾驶与智能网联、人机交互与人机共融等;人工智能、认知科学、大数据、云制造、物联网和互联网等。

本套丛书将成为有关领域专家、学者学术交流与合作的平台,青年科学家茁壮成长的园地,科学家展示研究成果的国际舞台。华中科技大学出版社将与

施普林格(Springer)出版集团等国际学术出版机构一起,针对本套丛书进行全球联合出版发行,同时该社也与有关国际学术会议、国际学术期刊建立了密切联系,为提升本套丛书的学术水平和实用价值、扩大丛书的国际影响营造了良好的学术生态环境。

近年来,高校师生、各领域专家和科技工作者等各界人士对智能制造和机器人的热情与日俱增。这套丛书将成为有关领域专家学者、高校师生与工程技术人员之间的纽带,增强作者与读者之间的联系,加快发现知识、传授知识、增长知识和更新知识的进程,为经济建设、社会进步、科技发展做出贡献。

最后,衷心感谢为本套丛书做出贡献的作者和读者,感谢他们为创新驱动发展增添正能量、聚集正能量、发挥正能量。感谢华中科技大学出版社相关人员在组织、策划过程中的辛勤劳动。

华中科技大学教授
中国科学院院士

2017 年 9 月

 前言

随着数控机床、传感器和智能感知设备的广泛应用,车间制造数据呈现出典型的大数据特性。本书作者在国家自然科学基金重点项目"大数据驱动的智能车间运行分析与决策方法的研究"(No.51435009)的资助下,突破传统的"因果+模型+算法"模式的瓶颈,围绕大数据驱动的智能车间运行分析与决策方法展开了广泛深入的研究,通过"关联+预测+调控"实现了复杂制造环境下车间性能的优化。

本书对制造大数据的基本概念进行了梳理,对车间制造大数据的感知、通信、处理技术和平台,以及建模、分析方法和决策服务开展了探索,介绍了海量、高维、多源、异构制造数据清洗去噪等预处理方法,统一建模与融合方法,动态制造数据多尺度时序分析方法,制造数据的关系网络模型,车间性能预测方法与运行调控机制,并对大数据在典型制造行业的应用做了初步尝试,旨在为车间生产从自动化、数字化迈向智能化奠定坚实的理论和技术基础。

本书主要面向机械工程和工业工程领域的研究者和生产管理人员,特别是寻求如何利用大数据提升制造业智能化水平的读者,同时也可作为自动化、计算机工程、管理工程等相关专业的研究生和高年级本科生的教材或参考书。

本书的研究工作得到了国家自然科学基金重点项目"大数据驱动的智能车间运行分析与决策方法的研究"(No.51435009)、"面向智慧工厂的防空导弹结构件混线生产实时优化协同管理"(No.U1637211),以及面上项目"基于

复杂网络理论的晶圆制造自动化物料运输系统动态调度方法"(No. 51775348)的资助,在此表示感谢。

本书由东华大学张洁、上海交通大学秦威、华中科技大学高亮撰写。在本书撰写过程中,东华大学吕佑龙、张朋、汪俊亮,华中科技大学李新宇,以及博士和硕士研究生郑鹏、许宏伟、查栋烨、庄子龙、陆知遥等参加了部分整理工作,付出了大量心血,在此对他们表示感谢。在书稿撰写过程中,笔者参考了大量的文献,在书中尽可能地标注了作者,在此对所有作者表示由衷的感谢;若有因疏忽未标注的,敬请有关作者谅解。此外,华中科技大学出版社的编辑们为本书的出版付出了辛勤劳动,在此表示由衷的感谢。

大数据的相关理论和方法还处在迅速发展的阶段,在制造业中的应用已经引起越来越多的科研和工程人员的关注。由于作者的水平和能力有限,书中的缺点和疏漏在所难免,欢迎广大读者批评指正。

作者
2019 年 8 月于上海

目录

第 1 章　智能制造与智能车间　/1
 1.1　智能制造的定义　/1
 1.2　智能制造的发展　/2
  1.2.1　目标：智能制造　/3
  1.2.2　基础：工业互联网　/4
  1.2.3　核心技术：大数据技术　/5
  1.2.4　应用领域　/6
 1.3　智能车间的构成　/8
  1.3.1　智能设备　/10
  1.3.2　智能控制　/11
  1.3.3　智能执行　/12
 1.4　智能化运行分析与决策　/13
  1.4.1　优化对象：车间性能　/14
  1.4.2　目标：提质增效降本　/14
 1.5　本书的主要内容和体系结构　/15
 本章参考文献　/17

第 2 章　车间制造大数据　/18
 2.1　大数据概述　/18
  2.1.1　大数据的提出　/18
  2.1.2　大数据的特征　/19
 2.2　车间制造大数据的来源　/19
  2.2.1　产品数据资源　/20
  2.2.2　设备数据资源　/24
  2.2.3　生产数据资源　/26

2.2.4 物流数据资源 /27
 2.3 车间制造大数据的特征 /28
  2.3.1 规模性 /28
  2.3.2 多样性 /29
  2.3.3 高速性 /29
  2.3.4 高噪声 /29
  2.3.5 多来源 /30
  2.3.6 多尺度 /30
 2.4 车间制造大数据的典型应用场景 /30
  2.4.1 工序智能调度 /31
  2.4.2 资源自动分配和状态实时管理 /31
  2.4.3 性能预测分析 /32
  2.4.4 智能维护管理 /33
  2.4.5 过程实时管理 /34
  2.4.6 质量智能管理 /36
 2.5 车间制造大数据生命周期 /36
  2.5.1 制造大数据生命周期的不同阶段 /36
  2.5.2 制造大数据生命周期模型 /38
 2.6 本章小结 /39
 本章参考文献 /40

第3章 大数据驱动的车间运行分析与决策模式 /41
 3.1 车间运行性能指标体系 /41
  3.1.1 质量指标 /42
  3.1.2 效率指标 /43
  3.1.3 成本指标 /44
  3.1.4 其他性能指标 /44
 3.2 车间运行分析的常用方法 /44
  3.2.1 数学规划模型分析法 /45
  3.2.2 排队论模型分析法 /45
  3.2.3 网络流模型分析法 /46
  3.2.4 马尔可夫模型分析法 /47
  3.2.5 其他建模分析法 /47
 3.3 车间运行决策的常用方法 /49
  3.3.1 基于运筹学的决策方法 /49

目录

  3.3.2 基于启发式规则的决策方法 /50
  3.3.3 基于智能优化算法的决策方法 /51
 3.4 大数据驱动的"关联＋预测＋调控"的新模式 /51
  3.4.1 第四范式：数据科学 /52
  3.4.2 车间制造数据的耦合机理：关联 /54
  3.4.3 车间性能的演化规律：预测 /55
  3.4.4 车间运行的管控机制：调控 /55
 3.5 新模式下的车间运行分析与决策关键方法 /56
  3.5.1 海量高维多源异构制造数据预处理技术 /56
  3.5.2 动态制造数据多尺度时序分析技术 /57
  3.5.3 制造大数据的关系网络建模与关联分析技术 /58
  3.5.4 车间运行状态演化规律挖掘与预测技术 /58
  3.5.5 基于定量调控机制的车间运行决策方法 /59
 3.6 本章小结 /59
 本章参考文献 /60

第4章 车间制造大数据融合方法 /63

 4.1 车间制造大数据融合的必要性 /63
 4.2 通用数据融合方法 /64
 4.3 智能车间制造大数据融合过程 /69
 4.4 车间制造大数据清洗方法 /71
  4.4.1 数据清洗常用方法 /71
  4.4.2 多规则多层级组合的车间制造数据清洗 /74
 4.5 车间制造大数据抽取方法 /75
  4.5.1 数据抽取常用方法 /75
  4.5.2 分布式元对象框架下的车间制造数据抽取 /77
 4.6 车间制造大数据分类方法 /79
  4.6.1 常用数据分类方法 /79
  4.6.2 基于聚类层次树的车间制造数据分类 /80
 4.7 车间制造大数据融合处理平台 /82
  4.7.1 平台配置 /82
  4.7.2 数据获取与导入 /83
  4.7.3 平台测试 /85
 4.8 本章小结 /86
 本章参考文献 /86

第5章 车间时序制造数据特征提取方法 /89
- 5.1 车间时序制造数据的来源 /89
- 5.2 车间时序制造数据的特点 /92
- 5.3 时序数据特征提取方法分类 /94
  - 5.3.1 时域相似性特征提取方法 /95
  - 5.3.2 模型相似性特征提取方法 /96
  - 5.3.3 形状相似性特征提取方法 /98
- 5.4 面向时序制造数据流的特征关系分析 /99
  - 5.4.1 时序制造数据符号化 /100
  - 5.4.2 时序制造数据相关性类别字典构建 /102
  - 5.4.3 时序制造数据类别字典自适应扩充 /103
  - 5.4.4 实验验证 /104
- 5.5 分层的时序制造数据在线快速分类方法 /108
  - 5.5.1 时序制造数据层次树结构存储模型 /108
  - 5.5.2 时序制造数据特征快速匹配算法 /111
  - 5.5.3 实验验证 /111
- 5.6 本章小结 /112
- 本章参考文献 /113

第6章 车间制造大数据关联关系分析方法 /115
- 6.1 车间制造大数据关联关系分析的难点 /115
  - 6.1.1 车间制造数据的多样相关特性 /116
  - 6.1.2 车间制造数据的复杂耦合特性 /117
- 6.2 常用的数据关联关系分析方法 /120
- 6.3 车间制造数据关联关系的信息熵度量方法 /122
  - 6.3.1 信息熵的定义 /122
  - 6.3.2 车间制造数据的互信息描述模型 /123
  - 6.3.3 参数相关性度量方法 /123
  - 6.3.4 参数冗余性度量方法 /125
  - 6.3.5 参数互补性度量方法 /125
- 6.4 基于网络去卷积的车间制造关键参数识别方法 /126
  - 6.4.1 制造过程参数关联关系网络建模 /127
  - 6.4.2 车间制造数据的网络去卷积解耦算法 /128
  - 6.4.3 基于NMI-ND的关键影响因素识别 /131
- 6.5 案例验证 /131

    6.5.1 标准测试集实验 /131
    6.5.2 实例验证 /133
  6.6 本章小结 /142
  本章参考文献 /142

第7章 大数据驱动的车间性能预测方法 /144
  7.1 车间运行性能预测对象概述 /144
  7.2 改进型循环神经网络的产品工期预测方法 /145
    7.2.1 多工序时间传递效应分析 /146
    7.2.2 面向产品工期预测的改进型循环神经网络模型 /148
    7.2.3 实验验证 /155
  7.3 基于支持向量机的产品质量预测方法 /160
    7.3.1 制造过程参数影响分析及优化策略 /161
    7.3.2 柴油发动机装配质量预测 /166
    7.3.3 实验验证 /170
  7.4 自适应迁移的设备故障预测方法 /173
    7.4.1 设备多工况服役特性 /173
    7.4.2 基于深度迁移学习的设备故障预测方法 /174
    7.4.3 实验验证 /176
  7.5 本章小结 /177
  本章参考文献 /177

第8章 大数据驱动的车间运行调控方法 /179
  8.1 车间运行调控概述 /179
  8.2 大数据驱动的生产动态调度方法 /180
    8.2.1 大数据驱动的飞机平尾装配生产逆调度模型 /180
    8.2.2 基于自适应容忍度驱动机制的逆调度策略 /182
    8.2.3 基于混合遗传算法的逆调度求解方法 /184
    8.2.4 实验结果与分析 /187
  8.3 大数据驱动的产品工期调控方法 /196
    8.3.1 大数据驱动的晶圆工期调控模型 /196
    8.3.2 基于Actor-Critic的工期调控方法 /198
    8.3.3 晶圆制造车间工期调控案例 /203
  8.4 大数据驱动的设备故障诊断方法 /205
    8.4.1 大数据驱动的故障诊断方法框架 /206
    8.4.2 基于卷积神经网络的数据驱动故障诊断方法 /208

8.4.3　实验验证　/210

　8.5　本章小结　/214

　本章参考文献　/214

第9章　基于大数据平台的智能车间管控系统及其应用　/217

　9.1　基于大数据平台的智能车间管控系统总体架构　/217

　9.2　车间制造大数据平台架构　/219

　　9.2.1　系统总体架构　/219

　　9.2.2　大数据平台功能结构及核心技术　/221

　　9.2.3　大数据平台性能指标　/226

　9.3　智能车间管控系统功能模块设计与实现　/228

　　9.3.1　基础功能模块　/228

　　9.3.2　数据抽取与预处理模块　/229

　　9.3.3　数据关联关系分析模块　/230

　　9.3.4　车间运行性能预测模块　/230

　　9.3.5　车间运行过程调控模块　/230

　　9.3.6　智能车间可视化模块　/231

　9.4　晶圆制造车间应用案例　/232

　　9.4.1　晶圆制造车间对大数据应用的需求　/232

　　9.4.2　晶圆制造车间大数据的来源与特点　/235

　　9.4.3　晶圆制造车间大数据处理与分析　/237

　　9.4.4　大数据驱动的晶圆加工车间智能管控系统　/239

　9.5　本章小结　/248

　本章参考文献　/248

第 1 章
智能制造与智能车间

制造业是国民经济的支柱产业,是工业化和现代化的主导力量,是衡量一个国家或地区综合经济实力和国际竞争力的重要标志,也是国家安全的保障。18 世纪中叶开启工业文明以来,世界强国的兴衰史和中华民族的奋斗史一再证明,没有强大的制造业,就没有国家和民族的强盛。打造具有国际竞争力的制造业,是我国提升综合国力、保障国家安全、建设世界强国的必由之路。当前,新一轮科技革命与产业变革风起云涌,以信息技术与制造业加速融合为主要特征的智能制造成为全球制造业发展的主要趋势。中国机械工程学会组织编写的《中国机械工程技术路线图》提出了到 2030 年机械工程技术发展的五大趋势和八大技术,认为"智能制造是制造自动化、数字化、网络化发展的必然结果"。

智能制造的主线是智能生产,而智能工厂、车间又是智能生产的主要载体。随着新一代智能技术的应用及其与先进制造技术的融合,生产线、车间、工厂发生革命性大变革,智能车间的发展提升到历史性的新高度,具有自学习、自适应、自控制等特征的新一代智能车间将从根本上提高制造业生产质量、效率和企业竞争力。

智能制造作为未来制造业发展的主要趋势,其意义是不言而喻的。本章将对智能制造的定义、发展情况,以及智能车间的构成做整体介绍。

1.1 智能制造的定义

1988 年出版的 *Manufacturing Intelligence* 一书,首次提出了智能制造(intelligent manufacturing,IM)的概念,并指出智能制造的目的是通过集成知识工程、制造软件系统、机器人视觉和机器控制对制造技工的技能和专家知识进行建模,以使智能机器人在没有人工干预的情况下进行小批量生产。随着信息技术和人工智能的发展,智能制造的内涵也进一步丰富。

从制造和智能两方面对智能制造进行解读。首先,制造是指对原材料进行加工或再加工,以及对零部件进行装配的过程。通常按照生产方式的连续性不同,制造分为流程制造与离散制造(也有离散制造和流程制造相混合的制造方式)。根据我国现行标准GB/T 4754—2017,我国制造业包括31个行业,又进一步划分为约175个中类、530个小类,涉及国民经济的方方面面。其次,智能由"智慧"和"能力"两个词语构成。从感觉到记忆再到思维这一过程,称为"智慧",智慧的结果产生了行为和语言;行为和语言的表达过程称为"能力"。两者合称为"智能"。因此,将感觉、记忆、思维、语言、行为的整个过程称为智能过程,它是智慧和能力的表现。

智能制造融合了信息技术、先进制造技术、自动化技术和人工智能技术,是对整个制造业价值链的智能化和创新,也是信息化与工业化深度融合的进一步提升。智能制造涉及多个环节,内容丰富,包括开发智能产品,应用智能装备,自底向上建立智能产线、构建智能车间、打造智能工厂,践行智能研发,形成智能物流和供应链体系,开展智能管理,推进智能服务,最终实现智能决策,等等。

总的来说,智能制造是一个大而广的概念,它是基于新一代信息技术,贯穿设计、生产、管理、服务等制造活动各环节,具有信息深度自感知、智慧优化自决策、精准控制自执行等功能的先进制造过程、系统与模式的总称。智能制造具有以智能工厂为载体、以关键制造环节智能化为核心、以端到端数据流为基础、以网络互联为支撑等特征,可有效缩短产品研制周期,降低运营成本,提高生产效率,提升产品质量,减少资源、能源消耗。

1.2 智能制造的发展

智能制造是随着信息技术的不断普及而逐步发展起来的。自从智能制造这一概念于1988年被提出以来,随着计算机技术和制造技术的不断发展,以及生产线和生产设备内部的信息流量随着产品性能的完善化、结构的复杂化和精细化、功能的多样化等大幅增长,提高制造系统处理爆炸性增长的制造信息的能力、效率及规模成为了制造技术发展的热点,智能制造也受到了越来越高的重视。在这一过程中,智能制造的发展历程可以大致分为以下几个时间段,如图1-1所示。

20世纪90年代,智能制造技术引起了发达国家的关注和研究,一系列智能制造研究项目基金及实验基地在世界各地成立。日本1989年提出智能制造系统,且于1994年启动了先进制造国际合作研究项目,包括公司集成和全球制造、制造知识体系、分布智能系统控制、快速产品实现的分布智能系统技术等。美国于1992年执行新技术政策,大力支持包括信息技术、新的制造工艺和智能

图 1-1 智能制造发展历程

制造技术在内的关键重大技术。欧盟于 1994 年启动了新的研发项目,选择了 39 项核心技术,其中 3 项——信息技术、分子生物学和先进制造技术,均突出了智能制造的地位。我国也在 20 世纪 80 年代末将"智能模拟"列入国家科技发展规划的主要课题;1993 年,国家自然科学基金委员会启动了重大项目"智能制造系统关键技术";1999 年,该委员会资助了重大项目"支持产品创新先进制造技术若干基础性研究"。在这些研究项目的支持下,智能制造的研究及实践取得了长足进步。

到了 21 世纪,尤其是 2008 年金融危机以后,发达国家认识到以往去工业化发展的弊端,制定"重返制造业"的发展战略。同时,在经历了机械化、电气化、数字化三个历史发展阶段后,这些国家具备了向智能制造阶段转型的条件。德国为了应对愈演愈烈的全球竞争,进一步巩固其作为生产制造基地、生产设备供应商和 IT 业务解决方案供应商的地位,于 2013 年提出了"工业 4.0"计划。而在国际金融危机发生后,美国开始积极实施"再工业化"战略,重塑制造业竞争新优势,加速推进新一轮全球贸易投资新格局,提出了工业互联网的概念。一些发展中国家也在加快谋划和布局,积极参与全球产业再分工,承接产业及资本转移,拓展国际市场空间。而我国制造业面临发达国家和其他发展中国家"双向挤压"的严峻挑战,必须放眼全球,加紧战略部署,着眼建设制造强国,固本培元,化挑战为机遇,抢占制造业新一轮竞争制高点,提出了相应的"中国制造 2025"。各国都把智能制造作为未来制造业的主攻方向,给予一系列的政策支持,以抢占国际制造业科技竞争的制高点。

经过多年的积累,面对智能制造的浪潮,全球各主要工业国家纷纷投入新工业革命的竞争当中,形成以智能制造为主要目标、以工业互联网为基础、以大数据技术为核心技术的发展方向。

1.2.1 目标:智能制造

在经历了机器制造、机械化生产,流水线、批量生产、标准化,高度自动化、无人化(少人化)生产三个阶段的工业生产之后,人们提出了工业需要网络化生产、虚实融合的规划。在一个"智能、网络化的世界"里,物联网和服务网将渗透所有的关键领域。智能电网将能源供应领域、可持续移动通信战略领域(智能移动、智能物流),以及医疗智能健康领域融合。在整个制造领域中,信息化、自动化、数字化贯穿产品整个生命周期、端到端工程、横向集成(协调各部门间的关系),成为工业化第四阶段的引领者,打造整个产品生产链的实时监控和产品配套服务设施之间的合作,从而达到智能制造的最终目标。

在智能制造的大目标下,可以划分智能工厂和智能生产两大主题。智能工厂由分散的智能化生产设备组成,在实现了数据交互之后,这些设备能够形成高度智能化的有机体,实现网络化、分布式生产。智能生产将人机互动、智能物流管理、3D打印与增材制造等先进技术应用于整个工业生产过程。智能工厂与智能生产过程使人、机器和资源如同在一个社交网络里一般自然地相互沟通协作;智能产品能理解它们被制造的细节及将被如何使用,协助生产过程顺利进行。最终智能工厂与智能移动、智能物流和智能系统网络相对接,构成工业4.0中的未来智能基础设施。

1.2.2 基础:工业互联网

工业互联网的概念最早由通用电气(GE)公司于2012年提出,随后美国五家行业龙头企业联手组建了工业互联网联盟(IIC),将这一概念大力推广开来。除了通用电气这样的制造业巨头,加入该联盟的还有IBM、思科、英特尔和AT&T等IT企业。工业互联网联盟致力于发展一个"通用蓝图",使各个厂商设备之间可以实现数据共享。该蓝图的标准不仅涉及Internet网络协议,还包括诸如IT系统中数据的存储容量、互联和非互联设备的功率大小、数据流量控制等指标。其目的在于通过制定通用标准,打破技术壁垒,利用互联网激活传统工业过程,更好地促进物理世界和数字世界的融合。

工业互联网的核心内容是发挥数据采集、互联网、大数据、云计算的作用,节约工业生产成本,提升制造水平。这将为基于互联网的工业应用打造一个稳定可靠、安全、实时、高效的全球工业互联网络。通过工业互联网,我们将智能化的机器与机器连接互通起来,将智能化的机器与人类连接互通起来,更深层次的是,我们可以做到智能化分析,从而能帮助人们和设备做出更智慧的决策,这就是工业互联网给用户带来的核心利益。

工业互联网主要涉及三种关键因素:智能机器、高级分析、工作人员。智能机器是现实世界中的机器、设备、设施和系统,以及网络通过先进的传感器、控制器和软件应用程序以崭新的方式连接起来形成的集成系统;高级分析是使用基于物理的分析性、预测算法和关键学科的深厚专业知识来理解机器和大型系统运作方式的一种方法;建立各种工作场所的人员之间的实时连接,能够为更加智能的设计、操作、维护及高质量的服务提供支持和安全保障。

我国在 2019 年发布的《工业互联网体系架构(版本 2.0)》中强调:工业互联网的功能架构中,网络是基础,数据是核心,安全是保障。在网络层面,采用信息模型的互通互操作、多方式、多 QoS(quality of service,服务质量)、智能化的网络互联、"标识-解析-数据-应用"构成标识功能分层技术,从而实现多元异构数据流转、融合泛在互联,以及跨地区的标识数据管理共享;在数据层面,分别从感知控制、数字模型、决策优化三个层次实现资产数据感知识别和实时控制、虚拟空间资产数据模型映射与管理、数据挖掘分析与价值转化等工业互联网数据功能;在安全层面,主要关注可靠性、保密性、完整性、可用性、隐私保护等,涵盖信息安全及功能安全等多个方面,采取主动"进化"的安全防范方法。

通用电气预计,工业互联网的技术创新直接应用于各行各业,将产生32.3万亿美元的经济效益。随着全球经济继续发展,工业互联网的应用潜力也将不断增长。到 2025 年,工业互联网将创造 82 万亿美元的经济价值(约为全球经济总量的 50%)。了解具体行业中工业互联网产生价值的保守估算,具有一定的指导意义。工业互联网效率增长 1%,将产生巨大影响。例如,在商用航空领域,每节省 1% 的燃料意味着未来 15 年能节省 300 亿美元支出。同样,若全球燃气电厂运作效率提升 1%,则未来 15 年能节省 660 亿美元能耗支出。此外,工业互联网能提高医疗保健流程效率,有益于该行业的发展。医疗保健行业效率每增长一个百分点,未来 15 年将节省 630 亿美元。世界铁路网交通运输效率若增长一个百分点,则未来 15 年能节省 270 亿美元能源支出。

1.2.3 核心技术:大数据技术

随着计算机硬件技术的迅速发展与移动互联网的广泛普及,数据量暴涨和更高的分析决策需求成了许多行业共同面对的严峻挑战和宝贵机遇。最为典型的数据来源与分析决策者包括谷歌、百度等知名互联网企业。而除去这些企业,制造领域的大数据也在源源不断地产生,甚至在量级上更为突出。究其主要原因,是随着制造技术的进步和现代化管理理念的普及,制造企业的运营越来越依赖信息技术。如今,制造业整个价值链、制造业产品的整个生命周期,都涉及越来越多的诸如虚拟化和仿真等相关的数据,伴随而来的是制造企业数据所呈现出的爆炸性增长趋势。行业领导者们十分渴望借助数据的力量来支撑制造业的发展,解决以往难以解决甚至尚未探索与发现的问题,引导制造业向高附加值方向深入发展。

在智能制造中,大数据拉近了消费者与设计师的距离,使预测型制造成为可能,有助于实现产品智能化运维,为产品精准营销和成本精确控制提供了支撑。正如 Kusiak 所说,在智能制造中大数据技术是必要的、核心的技术。目前大数据技术在制造业中已有一些应用,例如供应链关系管理、产品生命周期管理等。然而,应用大数据技术还存在很多挑战,包括思维变革、技术、商业模式、基础设施、信息安全和人才与管理的挑战等,要想应用自如还需要多方的努力。

1.2.4 应用领域

在如今的智能制造计划中,智能制造会优先在重点领域执行如下操作:建立标准化和开放标准的参考架构,实现复杂系统管理,为工业提供全面带宽的基础设施,建立安保措施,实现数字化工业时代工作的组织和设计,实现培训和持续的职业发展,建立规章制度,提高资源效率。其中首要的目标就是"标准化"——推广"工厂的标准化",借助智能工厂的标准化将制造业生产模式推广到国际市场,以提高技术创新和模式创新的市场化效率。

国务院印发的《中国制造2025》中提到,应重点发展新一代信息技术、高档数控机床和机器人、航空航天装备、海洋工程装备及高技术船舶、先进轨道交通装备、节能与新能源汽车、电力装备、农业机械装备、新材料、生物医药及高性能医疗器械等10大产业。即在智能制造的应用中,可以针对这10大产业,集中各类资源,推动产业快速发展,提高制造业的先进程度和人们的生活质量。

1)新一代信息技术

集成电路及专用装备。着力提升集成电路设计水平,不断丰富知识产权(IP)核和设计工具,突破关系国家信息与网络安全及电子整机产业发展的核心通用芯片技术,提升国产芯片的应用适配能力。掌握高密度封装及三维(3D)微组装技术,提升封装产业和测试的自主发展能力。形成关键制造装备供货能力。

信息通信设备。掌握新型计算、高速互联、先进存储、体系化安全保障等核心技术,全面突破第五代移动通信(5G)技术、核心路由交换技术、超高速大容量智能光传输技术、"未来网络"核心技术和体系架构,积极推动量子计算、神经网络等发展。研发高端服务器、大容量存储器、新型路由、新型智能终端、新一代基站、网络安全相关装备等设备。推动核心信息通信设备体系化发展与规模化应用。

操作系统及工业软件。开发安全领域操作系统等工业基础软件。突破智能设计与仿真及其工具、制造物联与服务、制造业大数据处理等高端工业软件核心技术,开发自主可控的高端工业平台软件和重点领域应用软件,建立完善工业软件集成标准与安全测评体系。推进自主工业软件体系化发展和产业化应用。

2)高档数控机床和机器人

高档数控机床。开发一批精密、高速、高效、柔性数控机床与基础制造装备及集成制造系统。加快增材制造、高档数控机床等前沿技术及其装备的研发。

以提升可靠性、精度保持性为重点，开发高档数控系统、伺服电动机、轴承、光栅等主要功能部件及关键应用软件，加快实现产业化。加强用户工艺验证能力建设。

机器人。围绕汽车、机械、电子、危险品制造、国防军工、化工、轻工等领域的工业机器人、特种机器人，以及医疗健康、家庭服务、教育娱乐等领域的服务机器人应用需求，积极研发新产品，促进机器人标准化、模块化发展，扩大市场应用。突破机器人本体、减速器、伺服电动机、控制器、传感器与驱动器等关键零部件及系统集成设计制造等技术瓶颈。加强机器人与人的交互，进一步提高制造效率。

3）航空航天装备

航空装备。加快大型飞机研制，适时启动宽体客机研制，鼓励国际合作研制重型直升机；推进干支线飞机、直升机、无人机和通用飞机产业化。突破高推重比、先进涡桨(轴)发动机及大涵道比涡扇发动机技术，建立发动机自主发展工业体系。开发先进机载设备及系统，形成自主完整的航空产业链。

航天装备。发展新一代运载火箭、重型运载器，提升进入空间能力。加快推进国家民用空间基础设施建设，发展新型卫星等空间平台与有效载荷、空天地宽带互联网系统，形成长期持续稳定的卫星遥感、通信、导航等空间信息服务能力。推动载人航天、月球探测工程，适度发展深空探测。推进航天技术转化与空间技术应用。

4）海洋工程装备及高技术船舶

大力发展深海探测、资源开发利用、海上作业保障装备及其关键系统和专用设备。推动深海空间站、大型浮式结构物的开发和工程化。形成海洋工程装备综合试验、检测与鉴定能力，提高海洋开发利用水平。突破豪华邮船设计建造技术，全面提升液化天然气船等高技术船舶的国际竞争力，掌握重点配套设备集成化、智能化、模块化设计制造核心技术。

5）先进轨道交通装备

加快新材料、新技术和新工艺的应用，重点突破体系化安全保障、节能环保、数字化、智能化、网络化技术，研制先进可靠适用的产品和轻量化、模块化、谱系化产品。研发新一代绿色智能、高速重载轨道交通装备系统，围绕系统全寿命周期，向用户提供整体解决方案，建立世界领先的现代轨道交通产业体系。

6）节能与新能源汽车

继续支持电动汽车、燃料电池汽车发展，掌握汽车低碳化、信息化、智能化核心技术，提升动力电池、驱动电动机、高效内燃机、先进变速器、轻量化材料等的核心技术（如智能控制）的工程化和产业化能力，形成从关键零部件到整车完整的工业体系和创新体系,推动自主品牌节能与新能源汽车同国际先进水平接轨。

7）电力装备

推动大型高效超净排放煤电机组产业化和示范应用,进一步提高超大容量水电机组、核电机组、重型燃气轮机制造水平。推进新能源和可再生能源装备、先进储能装置、智能电网用输变电及用户端设备发展。突破大功率电力电子器件、高温超导材料等关键元器件和材料的制造及应用技术,形成产业化能力。

8）农业机械装备

重点发展粮、棉、油、糖等大宗粮食和战略性经济作物育、耕、种、管、收、运、贮等主要生产过程使用的先进农业机械装备,加快发展大型拖拉机及其复式作业机具、大型高效联合收割机等高端农业机械装备及关键核心零部件。提高农业机械装备信息收集、智能决策和精准作业能力,推进形成面向农业生产的信息化整体解决方案。

9）新材料

以特种金属功能材料、高性能结构材料、功能性高分子材料、特种无机非金属材料和先进复合材料为发展重点,加快研发先进熔炼、凝固成形、气相沉积、型材加工、高效合成等新材料制备关键技术及其装备,加强基础研究和体系建设,突破产业化制备瓶颈。积极发展军民共用特种新材料,加快技术双向转移转化,促进新材料产业军民融合发展。高度关注颠覆性新材料对传统材料的影响,做好超导材料、纳米材料、石墨烯、生物基材料等战略前沿材料提前布局和研制。加快基础材料升级换代。

10）生物医药及高性能医疗器械

发展针对重大疾病的化学药物、中药、生物技术药物新产品,重点包括新机制和新靶点化学药物、抗体药物、抗体偶联药物、全新结构蛋白及多肽药物、新型疫苗、临床优势突出的创新中药及个性化治疗药物。提高医疗器械的创新能力和产业化水平,重点发展影像设备、医用机器人等高性能诊疗设备,全降解血管支架等高值医用耗材,可穿戴、远程诊疗等移动医疗产品。实现生物 3D 打印、诱导多能干细胞等新技术的突破和应用。

1.3　智能车间的构成

随着信息化和自动化技术的飞速发展,特别是数控机床、传感器、数据采集装置和其他具备感知能力的智能设备在离散车间底层的大量使用,车间生产从自动化、数字化向智能化发展。智能车间是智能制造的主要载体,所谓智能车间,指的是通过网络及软件管理系统使数控自动化设备,如生产设备、检测设备、运输设备、机器人等,实现互联互通,对客户需求、生产状况、原材料、人员、设备、生产工艺、环境安全等信息达到感知状态,实时分析数据,从而实现自动决策和精确执行命令的自组织生产的精益管理的车间。智能车间概念包含了由集中式控制向分散式增强型控制的基本模式转变,目标是建立一个高度灵活的个性化和数字化的产品与服务的生产模式。在这种模式中,传统的行业界限将消失,并会产生各种新的活动领域和合作形式。创造新价值的过程正在发生改变,产业链分工将被重组。

总的来看,智能车间是一套多种软硬件结合,基于对企业的人、机、料、法、环等制造要素全面精细化感知、采集和传输,并采用多种物联网感知技术手段,支持生产管理科学决策的新一代智能化制造过程管理系统。按照所执行功能的不同,智能车间的网络结构自下而上可分为智能设备、智能控制、制造执行、业务管理、决策支持等部分。随着技术的发展,该结构呈现扁平化发展趋势,以满足协同高效的智能制造需求。

智能制造的基本特征是生产过程和生产装备的数字化、网络化和信息化。信息的处理与优化是智能制造的首要任务,车间内各种网络的互联互通是智能化运行分析与决策的前提。缺少互联互通和数据采集与交互,工业云、工业大数据等技术都将成为无源之水。而车间内的网络互联互通本质上就是信息/数据实现传输与使用,具体包含以下含义:物理上分布于不同层次、不同类型的系统和设备通过网络连接在一起,并且信息/数据在不同层次、不同设备间传输;设备和系统能够一致地解析所传输信息/数据的数据类型甚至了解其含义。前者即指网络化,后者需首先定义统一的设备行规或设备信息模型,并通过计算机可识别的方法(软件或可读文件)来表达设备的具体特征(参数或属性),这一般由设备制造商提供。如此,当生产管理系统如企业资源计划(ERP)系统、制造执行系统(MES)、产品数据管理(PDM)系统,或监控系统如监控与数据采集系统(SCADAS)接收到现场设备的数据后,就可解析出数据的类型及其代表的含义。

智能车间中的生产管理系统(数字化环境)和智能装备(自动化设备)互联互通,形成了车间的综合网络。智能车间主要接收从数字中心传输来的数据,通过对数据进行处理和分析,从而支撑各种调度运行决策,实现产品智能化的加工制造。其加工流程为:数字中心根据底层得到的数据和上层的生产计划进行智能化决策,生成生产调度安排;智能车间里的智能设备如数控机床等接收数字中心的信息,根据指令进行工作,主要完成工件的加工和组装;加工完成的产品经由打包工序后,根据数字中心的物流安排由自动化运输设备进行发送;

大数据驱动的智能车间运行分析与决策方法

最后根据云服务中的售后服务信息,提供售后服务操作。在整个自动化生产过程中,产生了大量的数据,智能车间的智能很大程度体现在对这些数据的处理和分析上,从而可以使得决策更加及时、准确,指令的执行更加精确、迅速。

从上述流程可以概括出,智能车间主要由智能设备、智能控制及智能执行这三个部分构成,下面将详细介绍这三个部分的具体内容。

1.3.1 智能设备

作为智能车间的底层,智能车间的智能设备指的是实现面向生产制造过程的传感和执行设备,包括各种传感器、变送器、执行器、RTU(远程终端设备)、条码、射频识别(RFID)标签等基础组件,以及数控机床、工业机器人、工艺装备、AGV(自动引导车)、智能仓储等制造装备。这些设备统称为智能设备。

普通设备与智能设备的最根本的区别就是智能设备将原来根据经验来判断的事情转换为数据,并且对数据进行处理,从而对事情进行决策。因此智能设备具有自动化、数字化和智能化三个特性,且与传统的车间设备存在诸多不同。

自动化指的是设备在无人干预的情况下按规定的程序或指令自动进行操作或控制的过程,其目标是"稳、准、快"。不仅可以把人从繁重的体力劳动、部分脑力劳动,以及恶劣、危险的工作环境中解放出来,而且能扩展人的器官功能,极大地提高劳动生产率,增强人类认识世界和改造世界的能力。自动化的设备主要包括数控机床、加工中心、机器人、计算机辅助设计设备、计算机辅助制造设备、自动化仓库等。以常见的数控机床为例,自动化的数控机床通过引入电子计算机技术,处理具有控制编码或其他符号指令规定的程序,并将其译码,用代码化的数字表示,通过信息载体输入数控装置;之后经运算处理由数控装置发出各种控制信号,控制机床的动作,按图样要求的形状和尺寸,自动地将零件加工出来,从而解放工人,大幅提高效率。

数字化指的是在传统的机械装备中,引入信息技术,嵌入传感器、集成电路、软件和其他信息元器件,从而形成机械技术与信息技术、机械产品与电子信息产品的深度融合。数字化的设备不但具有体积小、重量轻、处理速度快、兼容性强、易于维护和智能化等优点,而且开辟了机械制造柔性自动化的新纪元,其普及应用还将导致生产方式、管理体制、产品结构和产业结构的改变。以常见的数控机床为例,传统车间用的设备为普通数控机床,而智能车间的数控自动化设备(智能数控机床)可以进行互联互通,达到感知状态。智能数控机床不仅可以完成普通数控机床的加工任务,还可以将以往工作人员需要依据经验判断的事情数据化。另外在通信方式上,普通数控机床的信息传输多通过移动存储设备拷贝,而智能车间的通信则依靠无线通信技术(如 Wi-Fi 或 ZigBee 等通信技术)。

智能化指的是智能设备具有对装备运行状态和环境的实时感知、处理和分析能力,根据装备运行状态变化自主规划、控制决策的能力,对故障的自诊断自修复能力,对自身性能劣化的主动分析和维护能力,参与网络集成和网络协同的能力。同样以常见的数控机床为例,在工件的加工过程中,普通数控机床一般为开环/半闭环系统,智能数控机床则为闭环系统。例如:由于普通数控车床主轴的振动会影响工件的加工精度,因此在智能数控车床的主轴上加入振动传感器,通过对信号的分析,降低主轴的速度或者对主轴进行维护,以降低主轴的振动,达到提高加工精度的要求。在设备结构上,智能数控机床在普通数控机床的基础上安装了传感器和控制器,从而可以实现数据的收集和接收。从工作人员的职责方面来说,传统车间的传统加工方式中,工作人员需要每时每刻对设备进行监管,以防出现加工故障,在人员的数量方面往往也需要更多的工人来单独监控每个设备;在智能车间里,工作人员只需要关注智能机床的加工参数,就可以知道工件的加工状态、机床的健康特征参数,并且一个工人可以同时关注多台机床。

1.3.2 智能控制

智能车间的智能控制是连接智能车间底层智能设备和顶层智能执行的中间层,它指的是由在结构化或非结构化的、熟悉的或陌生的环境中,自主地或与人交互地执行人类规定的任务的一种机器自主实现其目标的过程。智能车间采用制造单元的结构形式,智能控制可以体现在很多单元中,下面对一些典型智能控制单元做具体的阐述。

生产单元是指智能车间中生产系统的加工系统部分。现代制造业的发展,对机械产品的生产提出了生产系统的概念,强调生产是一个系统工程,认为企业的功能应依次为销售—设计—工艺设计—加工—装配。把销售放在第一位,这对企业的经营而言是一个很大的变化,强调了商品经济意识。从功能结构上看,加工系统是生产系统的一部分,可以认为加工系统是一个生产单元。今后的生产单元是一个闭环自律式系统。

物流单元是指从发货地将物品整合为规格化、标准化的货物基本单元,并通过基本单元的组合与拆分来完成供应链各个环节的物流作业,保持货物基本单元的状态一直送达最终收货点。物流单元能够提高仓库利用率,提升物流作业效率,实现物料管理信息化,大幅度降低成本。除此之外,由于单元化包装能够有效地使零部件摆放整齐,避免零部件的互相碰撞,与零部件接触的包装材料硬度也小于零部件硬度,因此物流单元还可以大幅度提升零部件的表面质量,大幅度提高物流信息采集效率。

检测单元是指智能车间中对智能设备进行故障诊断的单元。为了保证智能车间的正常可靠运行,提高加工生产率和加工过程安全性,合理利用制造资源,需要对智能车间的运行状态和加工过程进行检测与监控。检测与监控的对象包括加工设备、工件储运系统、刀具及其储运系统、工件质量、环境及安全参数等。

自动生产线是指由自动化机器体系实现产品工艺过程的一种生产组织形式。它是在连续流水线的基础上进一步发展形成的。其特点包括:加工对象自动地由一台机床传送到另一台机床,并由机床自动地进行加工、装卸、检验等;工人的任务仅是调整、监督和管理自动生产线,不参加直接操作;所有的机器设备都按统一的节拍运转,生产过程是高度连续的。

柔性生产线是把多台可以调整的机床(多为专用机床)连接起来,配以自动运送装置组成的生产线。它依靠计算机管理,并将多种生产模式结合,从而能够降低生产成本,做到物尽其用。这种生产线有着设备利用率高、生产能力相对稳定、产品质量高、运行灵活、产品应变能力大等优点,能够提升智能车间的智能化水平。

柔性生产单元是由一台或数台数控机床或加工中心构成的加工单元。该单元根据需要可以自动更换刀具和夹具,加工不同的工件。该单元适用于加工形状复杂、加工工序简单、加工工时较长、批量小的零件。

智能单元是实现智能的基本工作单元。它是针对装备制造业的离散加工现场,把一组能力相近的加工设备和辅助设备进行模块化、集成化、一体化,实现数字化工厂各项能力的相互接口,具备多品种少批量(单件)产品生产能力输出的组织模块。它从资源轴、管理轴和执行轴这三个维度,来实现基本工作单元的模块化、自动化、信息化,从而实现智能工厂的数字化、高效率运转。

1.3.3 智能执行

作为一个上层系统,智能车间的智能执行通过智能控制与单元化的车间底层智能设备连接,通过整合得到的数据,不仅可以监控生产、对装配进行实时指导,而且可以为产品设计、生产、维护及维修等环节提供虚拟仿真,保证生产过程正常进行,缩短生产工艺改进及产品迭代周期。车间的智能执行体现在车间的智能系统中,功能主要包括生产过程监控、生产质量监控、作业指导和工艺管理、数字孪生等几个主要方面。

生产过程监控一般通过智能控制层整合的检测模块,实时采集生产设备运行状态、生产工艺过程等数据,结合大数据技术,针对生产过程中的异常指标,采取报警等方式,对生产过程进行实时监控。该过程将现场设备关键绩效指标(key performance indicator,KPI)图形化,供工作人员查阅,以便及时发现并解决生产中的异常状况,保证生产过程的正常进行。

生产质量监控可依靠对生产状态的数据采集及分析,为企业建立关键件整机质量档案,实现关键件生产装配到成品的整个过程的双向质量追溯;针对装配错误等问题,结合移动信息技术建立实时报警体系,降低生产的废品率;同时针对关键生产设备,进行健康特征评定,预测设备故障率,对设备提前进行检修;在故障发生时,通过对设备信息进行收集和挖掘,系统能准确地找到设备故障的发生点,缩短维修时间。

作业指导和工艺管理体现在将传统的纸质作业指导的工作方式转变为图样的在线浏览,为操作人员提供作业提示。通过直接将工艺操作指导下发到设备上,更加准确、快速地传递新的工艺信息,保证信息的可靠性与准确性。针对传统生产现场管理中生产异常传递不及时、处理缓慢等问题而导致的生产线频繁停工、停产现象,系统将异常呼叫分类送达相关班组,并对呼叫计时、平均修理时间、平均故障间隔时间、维修人员绩效等进行及时统计与整理。

数字孪生能够通过设计工具、仿真工具、物联网、虚拟现实等各种数字化的手段,将物理设备的各种属性映射到虚拟空间中,形成可拆解、可复制、可转移、可修改、可删除、可重复操作的数字镜像,从而反映相对应的实体的全生命周期过程,使企业能够对整个制造过程进行设计规划,模拟产品生产过程,并将制造信息及时地与相关部门、供应商共享,从而实现虚拟制造和并行工程,缩短生产工艺改进及产品迭代周期。

1.4 智能化运行分析与决策

在运行分析与决策方面,车间的智能化体现为对运行过程中整体和各个组成成分的管理、控制与优化,通过对这些过程中系统决策的优化,达到改善单个或多个车间运行性能指标的目的。

通常的运行分析与决策主要依赖准确模型和高效算法。为得到良好的运行结果或调度方案,首先对复杂系统静态和动态过程进行分解,分析调度参数之间的关联关系,以及调度参数与调度目标之间的因果关系,找到其中的规律,建立合适的数学模型来描述调度问题,包括约束、目标等;然后针对该模型设计相应的算法进行求解。当问题规模较小时,通常可以用数学方法求得精确解;当问题规模较大时,往往需要针对问题的特性,设计精妙智能算法来得到近似优化解。以车间生产调度决策过程为例,通过对静态生产调度和动态生产调度的过程分析,将其映射为作业车间调度问题(job-shop scheduling problem,JSP)或流水车间调度问题(flow-shop scheduling problem,FSP)等,并用数学模型、仿真模型等对其进行建模。对于不同规模的系统,采用相应的求解算法,如线性规划算法等适用于小规模问题的精确求解算法,遗传算法、蚁群算法等适用于大规模问题但同时需要针对问题进行改善的智能求解算法。通过"因果+建模+算法"的方法,得到良好的调度方案,从而达到提升产品质量、提高生产效率等目的。

1.4.1 优化对象:车间性能

车间性能是运行和决策需要优化的对象,通常通过车间层面制造系统运行相关的一系列指标来反映。车间性能可以从产品、设备等不同角度,也可以从质量、效率、成本、能耗、排放、环境、安全等不同角度进行衡量,从而形成现实中复杂的车间性能指标体系。具体的指标主要有质量指标,包括良率、产出率、瓶颈率、设备故障停机率等;效率指标,包括设备利用率、日产出量、平均生产周期、负载程度等;成本指标,包括在制品值、及时交付率;其他指标,包括系统维性能指标、产品维性能指标、设备维性能指标。这些指标全方位对智能车间的生产效率进行了评价,量化了运行和决策的效果。车间性能更多的相关内容将在本书的第 3 章进行具体阐述。

1.4.2 目标:提质增效降本

对于制造业而言,企业的目标主要为提质、增效、降本,即提升质量、增加效率、降低成本。从这三方面进行改进,最终才能实现产品生产整体水平的提升。

质量是企业竞争力的核心要素。制造业普遍经历了从低端粗放到高端精良的质量演进过程,最终通过高品质赢得领先地位和国际声誉。在提升质量方面,一般关注于产品质量提高、产品检验设备能力提高、安全生产能力提高、生产设备能力提高,以及车间信息化建设提高。

效率是衡量车间水平的重要标准。在规模相当的情况下,更高的效率意味着更大的收益。在效率提升方面,一般关注于生产管理能力提高、客户需求导向的及时交付能力提高、车间物流能力提高和车间能源管理能力提高。

成本是企业进行决策的基本依据。单纯地压缩成本会使企业丧失活力,过高的成本会使企业经济效益减少甚至亏损。在缩减成本方面,一般关注于人员成本缩减、时间成本压缩等。

在产品生产过程中,对于一些常见问题的参数分析、模型建立及算法设计,可使系统整体性能得到优化。可以说,是智能车间的发展和相关研究,使得企业向着提质、增效、降本的目标迈进。

1.5 本书的主要内容和体系结构

随着信息化和自动化技术的飞速发展,特别是数控机床、传感器、数据采集装置和其他具备感知能力的智能设备在离散车间底层的大量使用,车间生产从自动化、数字化向智能化发展。智能车间的制造数据呈现典型的大数据"3V"特性,即规模性、多样性和高速性,而由于智能车间中的性能指标多样,生产方式多变,随机扰动频发,生产环境开放,车间制造大数据还体现出高维度、多尺度、不确定和高噪声等其他特性。从范围上,车间制造大数据包括从车间现场到车间管理所有生成、交换和集成的数据,以及所有与制造相关的业务数据和衍生附加信息;从作用上,车间制造大数据对车间运行过程进行全面描述,任何数据的变化都可能改变车间运行过程,影响车间运行性能,是进行车间运行分析与决策的重要依据。

原有的依赖准确模型和高效算法来提高产品质量、生产效率等车间性能的车间生产过程的运行分析与决策方法具有一定的局限性,特别是随着智能车间中产品需求和工艺越来越多样,问题变得越来越复杂,传统的"因果+建模+算法"模式已经难以应对。在大数据背景下,存在着利用大数据挖掘量化数据值之间的数理关系,以更容易、快捷、清楚地分析事物间的内在联系,为人们观察并分析事物提供新视角的可能。另外,由于数据越来越丰富,数据本身保证了数据分析结果的有效性,即若拥有足够多的数据,可以不依赖于精准模型和精妙算法,在不完全了解具体因果关系的情况下获得接近事实的问题结论。

在制造领域,如何利用以上大数据思维,从智能车间生产过程中产生的海量数据中挖掘有价值的信息来指导车间运行优化,引起了学术界和工业界的极大关注。2013年6月20日,通用电气在美国旧金山宣布推出第一个大数据分析平台,管理云中运行的由大型工业机器产生的数据。该平台通过提供实时数据管理来即时分析海量原始数据,并能灵活地将分析结果与其他现有工业数据流进行互动和对比,目的是从云端大数据中提取有用信息,支持实时决策,让全球重要行业能够从被动的工业运营模式转向主动预测模式。戴尔全球采购部执行总监 Charla Serben 认为,利用大数据分析工具的最大优势在于很早就能有一定的预见性,可以发现生产相关数据和最终运营性能之间的关联关系,从而在源头上杜绝任何可能发生的问题。中国科学院先进制造领域战略研究组编写的《中国至2050年先进制造科技发展路线图》指出:随着工业无线网络、传感器网络、无线射频识别、微电子机械系统等技术的成熟,人们由现在对制造设备与制造过程的"了解不足",向三维空间加时间的多维度、透明化泛在感知发展……这也成为新一代先进制造技术发展的核心驱动力。

基于以上背景,本书针对智能车间的运行分析与决策问题展开研究,提出大数据驱动的智能车间运行分析与决策新模式,以及实现新模式的方法论体系与具体技术体系,通过不断调控车间运行过程实现车间性能持续优化。本书的具体章节内容安排如下。

第 1 章对智能制造和智能车间进行介绍,明确其主要含义和重要意义,从宏观的角度介绍智能制造和智能车间的基本概念及其构成元素。

第 2 章对车间制造大数据进行介绍,从其定义、来源、特征、典型应用场景及生命周期这几方面详细阐述。

第 3 章介绍大数据驱动的车间运行分析与决策模式,分别对车间运行性能指标体系、已有的车间运行分析与决策的常用方法进行介绍和分析,在此基础上提出"关联+预测+调控"的车间运行分析与决策新模式和方法体系。

第 4 章主要介绍车间制造大数据融合方法,具体包括多规则多层级组合的车间制造数据清洗方法、分布式元对象框架下的车间制造数据抽取方法和基于聚类层次树的车间制造数据分类方法,并分别对其进行实验验证。

第 5 章首先结合车间时序制造数据的来源和特点,介绍时序数据特征提取的三类主要方法,然后从车间时序制造数据在线持续学习框架出发,介绍面向时序制造数据流的特征关系分析,以及分层的时序制造数据在线快速分类方法,系统阐述车间时序制造数据特征提取方法。

第 6 章从车间制造数据关联关系分析的难点引出对车间制造大数据分析方法的探讨,具体介绍了车间制造数据关联关系的信息熵度量方法和基于网络去卷积的车间制造关键参数识别方法。

第 7 章围绕车间运行性能预测,结合实际场景,介绍产品工期预测方法、产品质量预测方法及设备故障预测方法,系统阐述大数据驱动的车间运行性能预测方法及其应用。

第 8 章围绕车间动态调度、产品工期调控及设备故障诊断三个场景,在第 6 章和第 7 章的研究基础之上,系统介绍大数据驱动的车间运行调控方法。

第 9 章首先从智能车间管控系统总体架构、车间制造大数据平台架构和智能车间管控系统功能模块设计与实现三方面,介绍基于大数据平台的智能车间管控系统;然后以晶圆制造车间为应用案例,具体分析和阐述晶圆制造车间对大数据应用的需求、大数据的来源与特点、大数据处理与分析,以及大数据驱动的晶圆制造车间智能管控系统。

本章参考文献

[1] 中国机械工程学会. 中国机械工程技术路线图[M]. 北京：中国科学技术出版社，2011.

[2] WRIGHT P K, BOURNE D A. Manufacturing Intelligence[M]. Boston：Addison-Wesley，1988.

[3] ZHONG R Y, XU X, KLOTZ E, et al. Intelligent manufacturing in the context of Industry 4.0：a review[J]. Engineering，2017，3(5)：616-630.

[4] KUSIAK A. Smart manufacturing must embrace big data[J]. Nature，2017，544(7648)：23-25.

[5] LEVELING J, EDELBROCK M, OTTO B. Big data analytics for supply chain management[C]//2014 IEEE International Conference on Industrial Engineering and Engineering Management. Bandar Sunway：2014.

[6] GU F, GUO J, HALL P, et al. An integrated architecture for implementing extended producer responsibility in the context of Industry 4.0[J]. International Journal of Production Research，2019，57(5)：1458-1477.

[7] WANG W T, LI R, CHEN Y, et al. Facilitating human-robot collaborative tasks by teaching-learning-collaboration from human demonstrations[J]. IEEE Transactions on Automation Science and Engineering，2019，16(2)：640-653.

[8] SUNTHONLAP J, NGUYEN P, YE Z L, et al. Intelligent device discovery in the internet of things-enabling the robot society[EB/OL]. [2019-08-20]. http://arxiv.org/pdf/1712.08296.pdf.

[9] 鄢萍，阎春平，刘飞，等. 智能机床发展现状与技术体系框架[J]. 机械工程学报，2013，49(21)：1-10.

[10] D'ANTONIO G, SEGONDS F, LAVERNE F, et al. A framework for manufacturing execution system deployment in an advanced additive manufacturing process[J]. International Journal of Product Lifecycle Management，2017，10(1)：1-19.

[11] ROSSIT D A, TOHMÉ F, FRUTOS M, et al. Industry 4.0：smart scheduling[J]. International Journal of Production Research，2019，57(12)：3802-3813.

[12] 中国科学院先进制造领域战略研究组. 中国至2050年先进制造科技发展路线图[M]. 北京：科学出版社，2009.

第 2 章
车间制造大数据

随着信息技术的不断发展及其在制造业中的持续应用,智能车间运行过程中产生了海量的各种数据,能够在多种场景中为大数据驱动的运行分析与决策优化提供数据支撑。

本章归纳了智能车间制造大数据资源及其特点,在此基础上分析智能车间运行过程中的大数据典型应用场景,以及实现智能决策的大数据生命周期。

2.1 大数据概述

2.1.1 大数据的提出

随着互联网时代的到来,各个领域的发展已经离不开数据,在强大的市场竞争压力下,数据已经可以直接影响行业的生产及规划方式。如今人们的生活质量不断提升,对各行业的要求也越来越高,为满足消费者的需求,为自身获得更多的发展机会,大数据时代在带来竞争的同时,也带来了更多的机遇。在大数据时代飞速发展的前提下,加快促进其在各行业发展过程中的积极作用尤为重要。

对于大数据(big data),研究机构 Gartner 给出了这样的定义:大数据是需要新处理模式才能具有更强的决策力、洞察发现力和流程优化能力来适应海量、高增长率和多样化的信息资产。麦肯锡全球研究所给出的定义是:一种规模大到在获取、存储、管理、分析方面大大超出了传统数据库软件工具能力范围的数据集合,具有数据规模海量、数据流转快速、数据类型多样和价值密度低等特征。

从工业的角度而言,所谓大数据就是指那些不能在规定范围内被及时管理与处理的小数据的总和。大数据所包括的对象,不仅是虚拟的、单一的数据,而且还有现实生活中实际存在的网络信息,类似于一个企业的数据库。

大数据技术的战略意义不在于掌握庞大的数据信息,而在于对这些含有意义的数据进行专业化处理。换言之,如果把大数据比作一种产业,那么这种产业实现盈利的关键在于提高对数据的"加工能力",通过"加工"实现数据的"增值"。

2.1.2 大数据的特征

大数据是信息通信技术发展至今,按照自身技术发展逻辑,从提高生产效率向更高级智能阶段的自然生长。无处不在的信息感知和采集终端为我们采集了海量的数据,而以云计算为代表的计算技术的不断进步,为我们提供了强大的计算能力,这就围绕个人及组织的行为构建起了一个与物质世界相平行的数字世界。

在大数据领域,专业人士将其特点概括为"3V"特性,即规模性(volume)、多样性(variety)和高速性(velocity)。其中第一个特征指数据量大,具体体现为大数据的起始计量单位至少是 PB(1000 TB)、EB(100 万 TB)或 ZB(10 亿 TB);第二个特征指数据类型繁多,主要包括网络日志、音频、视频、图片、地理位置信息等,多类型的数据对相应设备或软件对数据的处理能力提出了更高的要求;第三个特征指要求处理速度快、时效性高,这是大数据区分于传统数据最显著的特征。因为既有的技术架构和路线已经无法高效处理如此海量的数据,而对于相关组织来说,如果投入巨大成本采集的信息无法通过及时处理得到有效信息反馈,那将是得不偿失的。所以,大数据时代对人类的数据驾驭能力提出了新的挑战,也为人们获得更为深刻、全面的洞察能力提供了前所未有的空间与潜力。

2.2 车间制造大数据的来源

随着信息化技术的不断发展和应用,制造领域往往也蕴藏着车间制造大数据,在制造企业整个价值链活动及产品全生命周期中,产生了海量多源异构数据,给制造业智能化生产调度、制造资源分配、性能预测分析等提供了数据基础,可用于支撑制造业发展,从而促进制造业转型升级,提升行业竞争力。例如在半导体行业,芯片在生产过程中会经历许多次掺杂、增层、光刻和热处理等复杂的工艺制程,每一步都必须依靠高度自动化的设备,达到极其苛刻的物理特性要求,同时也生成了庞大的加工与检测数据。半导体工程师们将这些数据视为企业重要资产,希望通过对它们进行深入分析,准确发现晶圆良率等产品质量指标产生波动的原因。

随着制造业大数据关注度的持续提升,需要明确定义制造大数据内涵,以明确它与制造业信息化的区别,突出它能为制造业带来的潜在能力,激励制造企业接受大数据,推动企业进入大数据时代。但是大数据目前更多的只是一个概念,缺乏精确的专业术语对它进行定义,学术界与工业界对制造业大数据的理解也众说纷纭。有些企业将大数据归类为规模问题,即大数据必须是大于百万 GB 规模的数据集合。也有企业认为,即使数据规模为 TB 级别,只要数据类型具备多样化特征,也属于大数据范畴。

综合考虑部分研究机构和大数据相关论著给出的大数据定义,以及制造企业的行业特点,本书对车间制造大数据的定义如下:车间制造大数据是指从制造车间生产现场到制造企业顶层运营所有生成、交换和集成的数据,包含了所有制造相关的业务数据与衍生附加信息。相对于其他行业的大数据资源,车间制造大数据大量集中于工业设备所产生、采集和处理的数据,并且随着制造过程的高速运转,体现了极强的实时性;它是制造企业中具备海量、高增长率和多样化特征的信息资源,广泛存在于企业中的各类应用系统(如产品全生命周期管理系统、供应链关系管理系统、制造执行系统、集成企业资源计划系统)。相对于其他行业大数据,车间制造大数据大多针对具体应用需求而采集存储,互通互用性较低,价值密度较低。它是企业信息化逐步深入、数据积累到较高程度的必然产物,需要以新处理模式为制造企业提供更强的问题洞察能力、实时决策力和流程优化能力。相对于其他行业大数据,车间制造大数据多数存在具体物理含义,优化决策结果也能在制造企业中得到实施验证,是制造业信息系统与物理系统彼此交互的桥梁。

智能制造融合了现代传感技术、网络技术、自动化技术等先进技术,大量传感器、数据采集装置等智能设备在车间投入使用,通过智能感知、人机交互等手段,采集了大量车间生产过程中的数据。这些数据涉及产品需求设计、原材料采购、生产制造、仓储物流、销售售后等环节,以及传感器、数控机床、制造执行系统、集成企业资源计划系统等相关信息化应用,数据情况十分复杂,数据的任何变化都可能影响车间运行性能。以下主要从产品数据资源、设备数据资源、生产数据资源、物流数据资源这四个方面展开,进行车间制造大数据的归纳分析。

2.2.1 产品数据资源

从产品全生命周期考虑,产品工艺涉及需求分析、概念设计、详细设计、工艺设计、样品试制、生产制造、销售与售后服务等多个阶段。复杂产品的设计与制造流程十分复杂,并且涉及多领域、多专业的技术知识,相关设计、工艺、使用和维护人员在各阶段积累大量数据,需要将各阶段、各领域的数据进行有效整合,并从中找出影响产品可靠性、可用性的关键设计数据,发现关键技术点,预测技术发展趋势,为设计、工艺人员提供产品持续改进和技术创新的决策支持。

在以上过程中,产品数据资源包括了产品需求信息、产品设计CAD数据、产品建模仿真CAE数据、产品工艺数据、产品加工数据与数控加工程序、产品测试数据、产品维护数据、产品结构BOM数据、零部件配置关系、变更记录数据等。

(1) 产品需求信息:主要包括产品定义、用户需求等方面的信息,如图2-1所示。产品定位是产品设计的方向,也是文档信息和设计产出的判断标准。而产品定位实际上是关于产品的目标、范围、特征等的约束条件,主要包括产品定义和用户需求两方面内容。产品定义信息主要涉及产品的具体使用人群信息、主要功能信息、产品特色信息等,是产品设计最主要的依据和方向;用户需求信息是指在具体场景中,目标用户的目标事件,主要包括目标用户的确定、使用场景的梳理、用户目标信息的确认等。产品需求管理是对产品战略、市场信息、用户反馈、竞争信息、技术趋势和产品组合等大量内容进行抽样,分析样本,确定基线化的需求说明书。

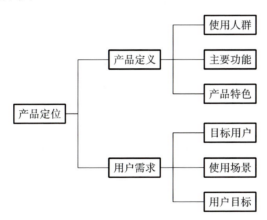

图 2-1　产品需求信息

(2) 产品设计CAD数据:在工程和产品设计中,计算机可以帮助设计人员担负计算、信息存储和制图等多项工作。在设计中通常要用计算机对不同方案进行大量的计算、分析和比较,以决定最优方案;各种设计信息,不论是数字的、文字的,还是图形的,都能存放在计算机的内存或外存里,并能快速地检索;设计人员通常用草图开始设计,将草图变为工作图的繁重工作可以交给计算机完成;利用计算机可以进行与图形的编辑、放大、缩小、平移和旋转等有关的图形数据加工工作。特别是在三维模型得到广泛应用的基础上,可以进一步以三维模型为核心,建立产品数据本体,获取数据的语义关系,构建包含产品设计、制造、维护和使用各阶段的产品数据语义网络,通过分析节点及网络结构特点建立产品设计优化决策模型,通过探索复杂产品优化设计和技术创新机理,基于大数据进行复杂产品技术匹配、技术调整、技术升级及技术组合,进而创新设计优化决策方法,为产品设计优化提供决策支持。

(3)产品建模仿真CAE数据:工程设计中的计算机辅助工程,具体通过计算机辅助求解分析复杂工程和产品的结构力学性能,以及优化结构性能等,将工程(生产)的各个环节有机地组织起来,其关键就是将有关的信息集成,使其产生并存在于工程(产品)的整个生命周期。CAE软件可用于静态结构分析、动态分析,研究线性、非线性问题,分析结构(固体)、流体、电磁等。

(4)产品工艺数据:在工艺设计过程中所使用、产生的数据。从数据性质来看,它包括静态和动态两种类型。静态工艺数据主要涉及支持工艺规划的相关信息,可对应于工艺设计手册和已规范化的工艺规程等。静态工艺数据一般由加工材料数据、加工数据、机床数据、刀具数据、量夹具数据、标准工艺规程数据、成组分类特征数据等组成,且常采用表格、线圈、公式、图形及格式化文本等形式表示。动态工艺数据则主要指在工艺规划过程中产生的相关信息,由大量的中间过程数据、零件图形数据、工序图形数据、最终工艺规程、数控代码等组成。从工艺规划的方式来看,工艺数据又可划分成支持检索式、派生式、创成式CAPP(计算机辅助工艺规划)工艺数据。

(5)产品加工数据与数控加工程序:产品在生产加工过程中所产生的数据信息。自动编程是一种利用计算机辅助编程的方法。它通过专用的计算机数控编程软件来处理零件的几何信息,实现数控加工刀位点的自动计算。对于复杂的零件,特别是具有非圆曲线曲面的加工表面,或者是几何形状并不复杂,但是程序编制的工作量很大,或者是需要进行复杂的工艺及工序处理的零件,由于这些零件在编制程序和加工过程中,数值计算非常烦琐,程序量很大,如果采用手工编程往往耗时长、效率低,出错率高,甚至无法完成,因此必须采用自动编程。现在广泛使用的自动编程是CAD/CAM图形交互自动编程。CAD/CAM图形交互自动编程系统的特点是利用CAD软件的图形编辑功能将零件的几何图形绘制到计算机上,在图形交互方式下进行定义、显示和编辑,得到零件的几何模型;然后调用CAM数控编程模板,采用人机交互的方式定义几何体,创建加工坐标系,定义刀具,指定被加工部位,输入相应的加工参数,确定刀具相对于零件表面的运动方式,确定加工参数,生成进给轨迹,经过后置处理生成数控加工程序。整个过程一般都是在计算机图形交互环境下完成的,具有形象、直观和高效的优点。

(6)产品测试数据:对产品进行质量可靠性分析所产生的测试数据。产品测试涉及产品实际生产的过程及消费者使用它的过程,最终体现为用户或目标市场对产品(或服务)的评价。通常产品测试的目的是根据被测试产品的发展或生命周期的不同阶段而定的。总体归纳起来,产品测试的目的是:发现现有产品的缺点;评价产品的商业前景;评价其他产品配方;发现产品对各个细分市场的吸引力;获得营销计划等其他方面的创意。

当市场调研经理面对下列问题时,应该考虑进行产品测试:如何使产品的属性特征最优化,从而更吸引消费者;如何识别竞争产品的优势和劣势,来确定自己的产品在目标市场中的位置;与竞争对手相比,自己的产品在哪些特性上更吸引消费者;产品属性是否吸引消费者,是否在某些属性上还可以改进,改进后的产品是否真的比改进前的好,消费者能否区分改进前后产品的不同。

(7) 产品维护数据:产品在使用或运行过程中的状态、异常情况、稳定性情况等信息的监控与维护信息数据。具体包括产品数据维护文档、维护过程中出现的问题、维护后的问题处理等。其中,产品数据维护文档用于明确各部分数据维护的工作流程、各部分数据维护之间的优先级、各部分数据维护的字段、每个字段下的细节(维护字段的唯一识别标志、数据从表单返回至系统的方式)、各部分历史数据维护导出的状态范围。对于产品维护过程中出现的问题,需要更改维护过程中出现的数据内容,并及时补充/更新至数据维护文档内。客服维护数据时要保证数据的准确性,有问题随时沟通;客服在数据维护过程中,先维护部分数据后与需求方进行确认,无问题后再维护剩余部分,避免出错返工。维护后的问题处理主要是指对已维护的数据进行抽查,核对数据及数据维护的准确性。

(8) 产品结构 BOM 数据:产品生产制造过程中的物料清单,也就是以数据格式来描述产品结构的文件,是计算机可以识别的产品结构数据文件,也是 ERP 系统的主导文件。BOM 使系统识别产品结构,也是联系企业各项业务的纽带。ERP 系统中的 BOM 的种类主要包括 5 类:缩排式 BOM、汇总的 BOM、反查用 BOM、成本 BOM、计划 BOM。

(9) 零部件配置关系:产品结构用来反映一个产品由哪些零部件构成及这些零部件之间的构成关系。一个产品由若干零件和部件构成,一个部件又由若干零件构成,产品配置是把具体产品按照内部的零件数量、性质及其相互结构关系进行组合,以产品结构为基础,对企业的产品进行客户化的定制设计和多视图描述。

(10) 变更记录数据:由于物料主数据变更、销售订单变更使得产品生产数量、类型、工序、物料等发生变化,因此后续生产进程需要重新规划调整所需要记录的数据信息。通常所有的变更因素(物料主数据、销售订单变更)都可以在生产订单中运用;但是固定的计划订单和采购订单只有在销售订单变更时,才会被记录。

对上述产品数据资源进行梳理分析后可以发现,在以研发为核心的产品生命周期管理和产品数据管理等系统中,产品定义信息、产品功能数据、技术资料、故障及维护数据等为改进产品设计、优化服务和技术创新提供了数据基础,可以通过开展多种数据关联关系研究,构建产品数据的语义网络,利用复杂网络技术分析大型产品相关数据间的关联关系,基于节点、路径、网络结构特征分析建立产品设计优化决策模型,开展客户需求判断和技术发展方向预测方法研究,为企业进行产品设计优化决策提供支持。

2.2.2 设备数据资源

设备资源主要包括以数控机床、加工中心、机器人等为核心的自动化、柔性化设备。依据设备的功能进行生产线的布局,为零件、产品的生产制造提供加工途径。设备数据资源主要包括以机械、电子零部件制造为主的离散制造设备数据和以燃油、纺织、化工产品制造为主的连续制造设备数据。对产品制造过程中的数据资源进行有效收集与分析,能够对产品的性能进行实时预测,对设备故障模式进行有效识别;再通过网络及软件管理系统使数控自动化设备(含生产设备、检测设备、运输设备、机器人等所有设备)实现互联互通,达到感知状态(感知客户需求、生产状况、原材料、人员、设备、生产工艺、环境安全等信息),实时进行数据分析,从而实现自动决策和精确执行命令的自组织生产精益管理。

设备运行过程中产生的数据,主要为设备运行控制提供支持,具有时间敏感性。在线状态监测系统越来越多地被应用于制造行业,设备运行数据的获取更为便捷,对产品的性能预测、设备维护修理等环节起到了重要作用。通过加装传感器,产品生产厂商可以实时收集监测数据并用于后续的分析工作。如在汽车领域,大量在役产品在全生命周期中持续回传各种类型的数据,使得数据的积累速度非常快,数据量呈现出爆炸性的增长趋势。如何通过这些数据分析重大故障或事故与相关的客户行为,以及时发现异常征兆并提供主动服务,是制造企业向服务化转型面临的重要问题。在汽车、电子、船舶、航空航天等大型装备的生产制造过程和产品运行过程中所采集的数据资源越来越多,但利用效果差,尤其是异常征兆、性能预测、故障诊断等问题难以通过大数据的实时检测分析来及时发现,这需要进一步研究探索。

大数据能够突破车间生产中隐性因素无法被量化的瓶颈,对车间生产全过程、全时段的状态进行充分诠释,发现问题并提出对策,从而提高车间生产管理水平。车间大数据的应用场合涵盖车间生产的各个环节,从描述、诊断、预测、决策等方面着手,在工艺分析、成本控制等方面具有很高的应用价值。随着智能制造的深入发展,大数据技术在智能车间中将发挥越来越大的作用。

1) 设备监控与故障诊断预测

在车间现场管理中,机床设备作为"5M1E"(人、机器、材料、方法、测量、环境)中的重要一环,一旦出现问题,会对生产进度产生极大影响,造成重大经济损失。智能车间中,随着泛在的传感器、物联网技术、信息技术的引入,故障实时诊断变为现实,而数据挖掘、建模则使得预测动态性成为可能。大数据技术一方面可为客户提供更可靠的服务,如设备的状态监控、设备故障的及时精准定位排除等;另一方面,对比分析根据设备使用过程中的历史数据信息建立的数据模型,可对设备的使用寿命进行预测,对可能出现的故障进行及时预警。

2) 产品质量分析与工艺优化

为了保证产品质量,质检是必不可少的步骤,通常在产品每道工序完成或者产品加工完成时进行,无法在加工过程中得到产品质量信息。而大数据技术通过对产品海量历史质量数据进行分析,结合"5M1E"原则,利用数据挖掘算法从中选择影响产品质量的因素,从而建立影响产品质量的因素记录集,将其作为质量预测模型的输入,再结合加工过程中的实时数据,即可实现对产品质量的预测及生产工艺的优化。

3) 成本控制

车间成本控制和管理对企业发展是非常重要的。现代制造业的产品生产大体上可分为产品设计、材料采购、产品制造等阶段,为了控制生产成本,需要考虑整个产品生产过程。在产品设计中根据工艺条件,合理选择设计参数和材料,以及采用合理的结构;对供应商的行为进行管理,从供应效率、材料质量、价格等方面综合评价供应商供货行为,择优进行合作;对产品制造过程的工艺进行实时调整。而基于大数据环境,可以考虑整个产品生产价值链,最大限度减少人为因素的干扰,从而建立新的成本控制模式。

以半导体制造业为例,设备运行数据包括机台内的温度、空气湿度、刻蚀液酸碱度等数据,设备利用率、工序良率、设备平均失效前时间和平均故障间隔时间等数据,压力、温度、流量、转速、计数、风速、位移等设备运行工艺参数数据,电流、功率、电能、气消耗量等设备运行能耗数据。以国内某半导体制造企业一量产品圆车间为例,设备运行过程中采集的部分相关数据及其特点如表2-1所示。实时获取完整、准确的车间设备运行过程中的各种数据,将为企业提高生产制造管理水平提供基础数据,有利于全面优化生产制造的管理手段,提高生产制造管理效率。

表 2-1　某半导体制造设备部分运行数据

数据类别	数据形式	参数量级	数据量级	数据产生速度
机台数据	统计模型	10^4 个	10^6 条	10^4 条/月
测量数据	统计模型	10^2 个	10^5 条	10^3 条/月

2.2.3　生产数据资源

智能车间根据生产现场各环节之间,以及生产现场与决策层之间的数据互通,加入控制逻辑和算法,实现人机交互方式下对自动化过程的远程管控,其总体框架如图 2-2 所示。

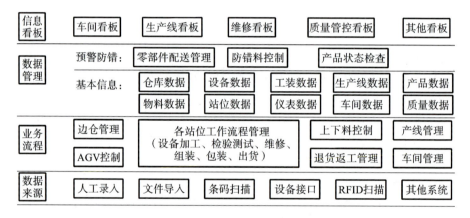

图 2-2　车间生产数据采集及应用框架

底层通过用户人工录入、文件导入、生产过程各环节设备数据上传、条码扫描、RFID 扫描、从其他系统如车间作业控制(SFC)系统、ERP 系统集成等手段,从生产过程各环节获取基础数据。在该过程中,要构建生产过程各环节所涉及的业务流程在系统中的工作流模型,即实现边仓、各工作站位、上下料等业务流程管理,从而使得业务流程各节点上的数据能够正确地进入系统数据库。此外,通过对生产制造有效信息进行整合,可以生成各类信息看板,从而实现对生产现场的远程监控,并逐步实现基于实时数据的车间生产过程智能管控。因此,车间生产数据资源主要包括以下几类。

(1)基础资源数据:作为智能车间生产过程管控的基础数据,具体如下。

①供应商数据:用于对供应商进行统一管理,包括供应商基本数据、供应商评价数据、供应商审核流程数据等。

②仪表数据:包括各类测试仪表的基本属性、台账、当前状态、周期检定过程等数据。

③工装数据：包括工装夹具、模具、检验器具等对象的基本属性、当前状态等数据。

④物料数据：用于维护物料基本属性、当前状态、存储位置、湿敏/无铅等特殊属性，包括存储位置与仓储数据、出库/入库数据、物料基础数据等。

(2) 生产流程数据：实现对生产过程中各环节业务流程的信息化管理。通常以单次业务操作为数据单元，进行时序统计、计数等信息处理，将生产过程数据实时、准确地导入系统数据库，支持生产过程智能管控。具体如下。

①订单数据：包括订单编号、客户信息、产品标识、预计生产时间、预计交货时间等数据。

②工单数据：包括工单编号、产品标识、对应的站位信息、输入/输出要求等数据。

③出库/入库数据：包括产品领出、入库、辅材领用，以及其他物料、工装、仪表等涉及的数据。

④出货流程数据：通过与订单数据同步，实现对出货产品的类型、数量、运输等数据的管理。

⑤客退返工流程数据：客退品信息和返工维修流程管理中所产生的数据，需要与维修站位数据、订单数据等同步。

⑥质量控制流程数据：包括点检、抽检、全检数据，不合格品处理数据，不良控制数据等。

(3) 管控平台数据：来源于生产过程的各环节业务流程，用于对车间中的产线、站位、仓库、物流等各方面数据进行集成。具体如下。

①车间管控数据：包括环境配置数据、责任人数据、产能数据，以及其他统计分析数据。

②产线管控数据：包括产线配置数据、责任人数据、输入/输出数据等。

③站位管控数据：包括站位基本数据、所使用的设备/工装/仪表数据、输入/输出数据、控制参数、前后站位标识等数据。

④仓库管控数据：包括仓库标识、名称、位置、作用、所包含的物料/工装/仪表等数据。

⑤AGV 管控数据：对工厂内的 AGV 进行统一管理，包括标识、当前位置、当前状态、使用时间、效率等数据。

2.2.4 物流数据资源

物流大数据在物联网、互联网、云计算等信息技术背景下产生。大数据在物流业的运用，一方面促进了物流各环节的信息共享及物流业与其他产业的高

大数据驱动的智能车间运行分析与决策方法

效协作,另一方面极大地提高了社会资源的利用效率。

物流大数据是对物流要素、物流设施、物流作业工具、物流作业过程等产生的大量信息数据的总称。首先借助于现代先进技术如物联网、移动互联网技术去获取各个物流场景中的物流数据(如货物、包装、物流单据、人员等物流要素的数据,园区、码头、仓库等物流设施的数据,运输车辆、堆垛机、叉车等物流工具的数据,货物交接信息等物流作业过程的数据);然后通过科学的技术手段对获取的数据进行储存、分析及可视化处理;最终将数据服务于物流行业的各个环节。

物流数据资源主要依托于营销订单、仓储物资及其他相关联的基础流程,主要来源包括企业综合营销系统、ERP 系统、成品数字化仓储系统等。物流数据资源主要包括以下几类。

(1) 运输数据:运输是车间物流的核心内容,主要涉及站位、仓库、路径、车辆、物料、重量、故障、堵塞等数据。

(2) 成本数据:主要从时间、能耗等角度,集成了运输成本、等待成本、空载成本、维护成本、规划成本等数据。

(3) KPI 数据:对物流过程进行绩效考核,包括运输准时率、运输故障率、物流堵塞率、平均运载能力等数据。

当前,国内外对物流大数据的研究和应用还处于起步阶段,未来的发展潜力巨大。物流大数据在物流企业的市场分析、仓储中心选址、配送线路优化、电商平台的销售布局、客户满意度提升与金融平台的投融资风险评估等方面均具有十分广阔的应用前景。未来物流大数据应用的深度发展将集中于解决如何建立标准规范的数据获取标准模式,如何通过现代化的数据处理技术进行精准数据价值挖掘,如何在保证信息安全的前提下形成一体化的企业大数据共享平台,如何将人工智能、云计算等技术与物流大数据进行深度有机结合等问题。物流大数据的应用意义不仅在于帮助企业进行物流成本控制,提升物流效率,更在于对客户的深度挖掘,提升客户满意度,通过信息化手段为企业与客户带来双赢。

2.3 车间制造大数据的特征

智能车间制造大数据在具备传统大数据"3V"特征的基础上,由于车间环境的动态性和开放性,还具备了特有的"3M"特征。下面以某晶圆加工车间为背景,阐述车间制造大数据的"3V+3M"特征。

2.3.1 规模性

车间制造大数据的规模性(volume)是指产品在设计、制造、生产、检测、运行全过程中所产生的信息量巨大,呈现出数据体量大的特征,数据采集量、存储量和计算量都非常大。

以半导体制造生产线所产生的数据为例,半导体制造生产线在制品多、工艺多、产品多、设备多、参数多、数据采集频繁,使得记录的数据量巨大。以某月产 10 万片 8 in(约 20.32 cm)晶圆的生产线为例,仅单个刻蚀机台每天产生的加工过程数据就有约 44 万条,生产线上所有机台各类参数的监测值达到 3.62 亿条每月,涉及参数 5000 余个,总数据量达 186.7 GB。

2.3.2 多样性

车间制造大数据的多样性(variety)是指产品制造过程中的数据种类多样和来源多样。车间制造大数据包括结构化、半结构化和非结构化数据,具体包括网络日志、音频、视频、图片、地理位置信息等。多类型的数据对数据的处理能力提出了更高的要求。

以半导体制造生产线所产生的数据为例,半导体制造数据的多样性特点主要体现为类型多样、量纲多样、尺度多样。在类型上,可以表现为数值、时间,也可为检测时的图像。即便是数值类型,也存在整数类型、浮点数类型、布尔值类型等。在量纲上,如参数中的温度、压力、流量,度量单位各不相同。

2.3.3 高速性

车间制造大数据的高速性(velocity)是指车间制造数据增长的速度快,要求的处理速度也快,需要保证更高的时效性。这是大数据区别于传统数据的显著特征。

设备加工、测量与缺陷数据随制造过程的进行而不断产生,并由相应传感器实时采集。设备数据波动、制程工艺变化、随机性缺陷等随晶圆加工批次不断变化。采集到的数据,尤其是设备数据,主要为设备运行控制提供支持,要求具有时间敏感性。因此,要求数据的采集间隔周期小,处理速度快,响应时间短。

2.3.4 高噪声

车间制造大数据的高噪声(multi-noise)特征是指产品生产制造过程所采集的数据中存在着错误或异常(偏离期望值)的数据,这些数据将会对数据分析造成干扰。产生噪声数据的原因可能是硬件故障、编程错误、语音或光学字符识别程序(OCR)识别出错等。

晶圆生产中的电磁干扰和恶劣环境使感知数据带有高噪声的特点。以晶圆卡(一个晶圆卡称为一个批次(lot),一个批次通常包含 25 片晶圆)的搬运过程为例,RFID 阅读器读取附于高速移动的搬运小车上的芯片时,易出现漏读和误读现象;等离子刻蚀腔中充斥高温高压等离子体,导致腔内传感器老化快、原点漂移严重。

2.3.5 多来源

车间制造大数据的多来源(multi-source)特征是指完成一件工业成品需要经过多道工序、多种工艺,随之所产生的数据即多来源数据。对于多来源数据,还需要利用相关手段将调查、分析获取到的信息全部综合到一起,并对信息进行统一的评价,最后得到统一的信息。

半导体制造中的产品订单信息、产品工艺信息、制造过程信息、制造设备信息分别来源于排产与派工(product planning & scheduling, PPS)系统、产品数据管理(product data management, PDM)系统、制造执行系统(manufacturing execution system, MES)、制造数据采集(manufacturing data collection, MDC)系统、数据采集与监控(supervisory control and data acquisition, SCADA)系统和良率管理系统(yield management system, YMS)等。同时,半导体制造过程涉及了众多管控系统,如统计过程控制(statistical process control, SPC)、工程数据分析(engineering data analysis, EDA)、批到批(run to run, R2R)控制、先进过程控制(advanced process control, APC)等系统。因此,半导体制造过程中原始数据和中间数据并存,不同的信息来源决定了不同的数据结构和存储方式。

2.3.6 多尺度

车间制造大数据的多尺度(multi-scale)特征是指在产品生产制造过程中对相关数据采集的频率不同,尺度各异。

以半导体晶圆制造为例,晶圆制造数据的多样性使得晶圆数据具有多尺度特点。例如,晶圆刻蚀的宽度单位为纳米,而晶圆搬运距离单位为千米,跨度达 10^{12} 数量级;生产设备的利用率、设备的等待队列长度等数据采集的频率不尽相同,从 3 至 5 分钟一次到每秒数十次。

2.4 车间制造大数据的典型应用场景

制造业产品要想赢得市场、赢得客户,就必须提高例如质量、性能等各方面的水平。而飞速发展的信息技术,为企业提高竞争力提供了有力的工具。制造业信息化建设进行到今天,大多数制造企业已经渐渐意识到生产技术领先和制造过程管理高效是保障其自身长足发展的关键因素。结合智能制造与车间制造大数据的背景需求,我们对 MES 现有功能模块进行升级,形成适应车间智能制造的智能 MES,并从以下几个方面对智能 MES 功能进行重新定义与描述。

2.4.1 工序智能调度

工序智能调度是指通过智能优化算法实现对有限资源和能力的自动排序和智能调度,为企业车间的智能作业计划进行优化与排序。

随着制造业信息化应用的逐渐深入,数据的自动化、精细化、多样化采集使企业积累了大量的历史数据。通过对数据资源的合理有效利用,可实现高级计划与调度(advanced planning and scheduling,APS)的快速响应。大数据可以给予我们更详细的数据信息,以发现历史预测与实际的偏差概率,再考虑产能约束、人员技能约束、物料可用约束、工装模具约束,通过智能的优化算法,我们可以制订预计划排产,并监控计划与现场实际的偏差,动态地调整计划排产。

对于拥有许多复杂产品的制造商来说,定制产品或者以销定产的产品能够带来更高的毛利率,但是在生产过程没有被合理规划的情形下,同样可能导致生产费用的急剧上升。运用高级分析,制造商能够制订合理的生产计划,以便在生产上述定制或以销定产的产品时,对目前的生产计划产生最低程度的影响,进而将规划分析具体到设备运行计划、人员及店面级别。

以电力生产为例,传统的调度与控制都是通过调节发电机组来实现发用电的平衡,但在风电等间歇性能源并网容量达到较大比例时,仅依靠常规发电机组调整来平衡风功率波动的传统调度模式未能充分发挥电网的全部调控能力。未来需求侧可控资源也必将纳入电网调度计划与实时控制体系。需求侧资源具有类型多、数据量大、分布域广的特点。利用大数据技术综合分析全网负荷信息和需求侧可控资源信息,按最大范围资源优化配置的原则实现从实时到日、月、年等不同时间尺度的优化调度与控制决策,可提高电网全局态势感知、快速精确分析和全网统一控制决策的能力,在满足电网安全、经济、低碳环保运行的同时,也满足大范围资源优化配置及最大限度接纳可再生能源等需求。

2.4.2 资源自动分配和状态实时管理

资源自动分配和状态实时管理是指通过智能优化方法实现管理生产所需资源,协调人员、生产设备、工具和物料的分配使之最优化,并且通过大数据感知技术,实现对当前工作状态及完工情况的实时感知与管理。

智能车间生产线通常装有数以千计的小型传感器,以采集温度、压力、热能、振动和噪声等数据。利用这些数据可以实现设备诊断、用电量分析、能耗分析、质量事故分析等。在生产工艺改进方面,可以利用这些数据分析整个生产流程,了解每个环节的执行情况。一旦某个流程偏离了标准工艺,就会产生一个报警信号,帮助快速发现错误或者瓶颈,有助于更加容易地解决问题。此外,还可以对工业产品的生产过程建立虚拟模型,从而仿真并优化生产流程。当所有流程和绩效数据都能在系统中重建时,这种数据透明度将有助于制造商改进其生产流程。再如,在能耗分析方面,在设备生产过程中利用传感器集中监控所有的生产流程,能够发现能耗的异常或峰值情形,由此便可在生产过程中优化能源的消耗,对所有流程进行分析将会大大降低能耗。

基于大数据的状态管理还可以以生产运行可视化的方式展现,让大数据的意义更加直观地展现在人们面前。最重要的手段之一就是数据可视化。数据可视化从象征意义上理解,即可以通过颜色、大小或抽象元素的位置传达特定的信息。在某种意义上,恰当的可视化标识可以提供较短的路线,帮助指导决策,成为通过数据分析传递信息的一种重要途径。然而,要真正可行,数据可视化应有适当的交互性,必须设计良好,易于使用,易于理解,有意义,更容易被人接受。

将图像、三维动画及计算机程控技术与实体模型相融合,实现设备的可视化表达,可使管理者对其所管理的设备有形象具体的概念,对设备所处的位置、外形及所有参数一目了然。这会大大降低管理者的劳动强度,提高管理效率和管理水平,是"工业4.0"涉及的智能生产的具体应用之一。

工业设备运行可视化采用三维制作及后期处理软件模拟机械的外形、材质、零部件和内部构造,从而将机械的设计原理、工作过程、性能特征、使用方式等以动态视频的形式演示出来。

生产过程数据统计分析可视化是目前媒体大众提及最多的应用,可用于商业智能、政府决策、公众服务、市场营销等领域。其中商业智能可视化通过采集相关数据,进行加工并从中提取能够创造商业价值的信息,面向企业、政府战略并服务于管理层、业务层,指导经营决策。商业智能可视化负责直接与决策者进行交互,是一个实现了数据的浏览和分析等操作的可视化、交互式的应用。它对于决策人获取决策依据、进行科学的数据分析,辅助决策人员进行科学决策而言显得十分重要。因此,商业智能可视化系统对提升组织决策的判断力、整合优化企业信息资源和服务、提高决策人员的工作效率等具有显著的意义。

2.4.3 性能预测分析

性能预测分析是指在传统生产制造过程中,制造商提供实际制造过程的结果报告,并与历史记录及所期望的目标进行比较;而随着智能制造与车间制造大数据的不断发展,产品的性能分析将由原先的事后分析转变为事前分析,即通过大数据分析手段对生产过程数据进行收集分析,构建产品质量性能预测模型,实现产品质量的性能预测分析。

大数据分析技术是指通过适当的统计分析方法,对收集来的大量数据进行分析,提取有用信息并形成结论,以对数据加以详细研究和概括总结的过程。目前,大部分工厂在投入许多成本建立工厂管理系统与自动化之后,却极少应用从 MES/MOM(制造运营管理)、DCS(分布式控制系统)、ERP、质量系统等数据管理系统集成的数据资源,因此,亟需利用大数据分析技术,建立数据与产品性能之间的复杂非线性关系,从而在工厂的海量数据资源中挖掘出产品性能突破性改善的机会。

以新加坡某 300 mm 晶圆厂里的大电流注入机为例,通过数据分析,便可节约 20% 的电力。制造业的制程参数相当多且会互相影响,若制程参数偏移而影响产品性能,工程师只能单一站点逐步追查,相当耗费时间,而通过大数据分析建立产品性能预测模型,找到最佳的制程黄金区间,一旦发现制程参数偏移到区间外,便即时发出警报,让工程师可以即时进行调整或做出其他决策。整体而言,大数据分析服务可针对生产效率、生产周期与节能等需求,找出有效的改善计划,进而为工厂提升整体效率,降低成本,增加竞争力。

2.4.4 智能维护管理

智能维护管理是指生产制造过程中不仅仅只考虑生产制造产品的质量信息,还需要实时追踪设备和工具的保养情况,指导维护工作,保证机器和其他资产设备的正常运转,以实现工厂的执行目标,形成智能化的维护管理体系。

过去,设备运行过程中,其自然磨损本身会使产品的品质发生一定的变化。而由于信息技术、物联网技术的发展,现在可以通过传感技术实时感知数据,知道产品出了什么故障,哪里需要配件,使得影响生产的这些因素能够被精确控制,真正实现生产智能化。因此,在一定程度上,工厂/车间的传感器所产生的大数据直接决定了"工业 4.0"所要求的智能化设备的智能水平。

此外,从生产能耗角度看,设备生产过程中利用传感器集中监控所有的生产流程,能够发现能耗的异常或峰值情况,由此能够在生产过程中不断实时优化能源消耗。同时,对所有流程的大数据进行分析,也将整体上大幅降低生产能耗。

传统 SPC 监控虽然也涵盖设备参数,但有时设备仍然会发生问题,工程师也不知道设备发生问题后该怎么处理最有效。而在智能车间中,大数据分析运用设备感测资料及维修日志,找出设备异常的模式,监控并预测未来故障概率,好让工程师可以即时执行最适决策。

泛在的传感器、互联网技术的引入使得设备故障实时诊断变为现实,大数据应用、建模与仿真技术则使得预测动态性成为可能。下面以复杂制造系统为例,看看大数据应用在设备故障诊断中如何发挥作用。

在数控加工中心上,转速、液压、切削力、刀具、加工代码和工件等数以百计的变量组成了设备运行状态,这些数据每隔不到一秒就被测量和发送一次。这些数据不仅仅是未来某个时间点能够分析的工程遥测数据,而且还促进了实时自适应控制、零件故障预测和通报,能有效实现故障诊断和预测。以通用电气(GE)为例,位于美国亚特兰大的 GE 能源监测和诊断(M&D)中心,收集全球 50 多个国家上千台 GE 燃气轮机的数据,每天能为客户收集 10 G 的数据,并分析来自系统内的传感器振动和温度信号的恒定大数据流。这些大数据分析将为通用电气公司对燃气轮机进行故障诊断和预警提供支撑。风力涡轮机制造商 Vestas 也通过对天气数据及涡轮仪表数据进行交叉分析,从而对风力涡轮机布局进行改善,增加了风力涡轮机的电力输出水平,并延长了风力涡轮机的服务寿命。

2.4.5 过程实时管理

过程实时管理是指在产品生产制造过程中通过大数据监控手段,实现生产过程的实时监控,在对全局生产状态有效把握的基础上指导工厂的工作流程,提高加工效率和质量。

随着技术的进步,企业实现了对数据的实时分析。智能软件自动筛选出适当的数据,运行计算,并根据计算结果,发出实时分析警报。通过数据分析技术,企业能实时完成对数据资源的监控,更好地完成对生产过程的决策。

创建成功的智能生产项目还需要考虑周到的规划和实施,建立基于大数据的制造资源实时监控系统还需要采用以下三个关键方法,其初步实施方案如下。

1) 创建一个以参数为中心的数据管理模式

企业在项目开始时成立专家团队,以限制监控的参数数量为主要任务,对少数会对产品质量和工厂效率产生重大影响的关键参数进行监控。这意味着企业可能会对 35~50 个参数进行监控报警,而不会对数据库系统所跟踪的上千个参数进行监控报警。而如何从成百上千个参数中找到这些关键的参数,通常具有较高的难度与挑战性,需要相关专家团队论证与确认。然而,在专家团队进行筛选时,企业的其他相关业务部门已从中获益,即在其他技术被部署之前,企业其他相关业务部门的人员都能够通过所学习到的专家经验,快速找到这些工作中被认为最重要的、需要注意的变量。

获取了关键参数以后,企业相关人员必须专注于如何定义"实时"。这在任何实时项目中,始终都是重点。通常对于"实时"的解读有以下三个层面:首先,有短期的交易数据,通常是操作员关注的焦点;其次,有中期的战术数据,监督和管理人员可能会用得更多;最后,有较长期的战略数据。每一个实时背景都具有重要的价值。因此,企业的相关团队需要决定测量多个实时层面下相同的参数。

2)促进协定计划

智能生产项目中的一个目标就是努力达到替换现有的协定计划。针对可能在工厂发生的每一种情况,制订相应的程序,保存在 Excel 电子表格中,并由专业人员进行维护。随着时间的推移,这个电子表格通常会变得非常复杂,且大多数人认为,如果管理协定计划的相关人员离开公司,则没有人能够修改或维护该电子表格。将协定计划转换为一个新的商用货架产品(COTS)软件之后,即可以由其他非专业人员进行维护。

3)减少干扰信息

在智能生产项目中,企业需要重点关注的重要问题就是减少干扰信息。企业通过专家经验将参数限制为重要的几个,使得相关技术人员能够专注于最重要的信息,而无须为其他数据分心。然而,并非所有的参数都能够被平等对待,如在某些情况下,技术人员想要根据特定的模式规则来触发警报,而其他人可能会根据 SPC 违规或规格来触发警报,只有可操作的警报才会被显示给操作人员,操作人员将会看到针对每个警报的协议。

接下来,相关技术人员可以根据警报类型或位置对警报信息进行分组,因此,对于一类传感器,通常设定只有一个警报是可见的。如果这个警报被触发,操作人员可以点击指示器并进入各个参数的具体位置,从而消除许多标签处于一个屏幕上时的噪声,同时保持系统正常运营。最后,警报信息作用于电子邮件和短信通知系统而发出警报,并随着时间的推移进行适当调整,因为太多的电子信息会导致人们忽视沟通的整体方法。

凭借技术和周密的计划,企业能够在其工厂中开发出一套功能强大的制造智能系统。然而,需要注意的是该团队的成立对于该智能生产项目的成功是必不可少的因素。在某些情况下,项目是在实际工厂中启动的,并能取得成功。然而,如果没有完全匹配合适的资源,项目也可能会失去赞助、资金,并不会充分发挥出它们的潜力。从总部下推同样的项目也可能达不到目的,由于没有工厂的专业知识,这个项目可能会失败。最重要的是,通过该过程能够培养具有关键洞察力的企业技术人员,他们所组成的核心小组将最有可能提出最好的项目,并制订出最有效的解决方案。

2.4.6 质量智能管理

质量智能管理是指对所生产产品的质量信息,需要从产品设计阶段到生产制造与后期维护阶段的全生命周期进行实时跟踪与分析,利用大数据监控与分析技术从制造现场采集信息,跟踪和分析加工过程的质量,确保产品的品质。

传统的制造业正面临着大数据的冲击,在产品研发、工艺设计、质量管理、生产运营等各方面都迫切期待着创新方法的诞生,来应对工业背景下的大数据挑战。例如在半导体行业,芯片在生产过程中会经历许多次掺杂、增层、光刻和热处理等复杂的工艺制程,每一步都必须达到极其苛刻的物理特性要求,高度自动化的设备在加工产品的同时,也同步生成了数据量庞大的检测结果。这些海量数据究竟是企业的"包袱",还是企业的"金矿"呢?如果说是后者的话,那么又该如何快速地拨云见日,从"金矿"中准确地发现产品良率波动的关键原因呢?这是一个已经困扰半导体工程师们多年的技术难题。

某半导体科技公司生产的晶圆在经过测试环节后,每天都会产生包含一百多个测试项目、长度达几百万行的数据集。按照质量管理的基本要求,一项必不可少的工作就是需要针对这些技术规格要求各异的一百多个测试项目分别进行一次过程能力分析。如果按照传统的工作模式,我们需要按部就班地分别计算一百多个过程能力指数,对各项质量特性一一考核。这里暂且不论工作量的庞大与烦琐,哪怕有人能够解决计算量的问题,也很难从这一百多个过程能力指数中看出它们之间的关联性,更难对产品的总体质量性能有一个全面的认识与总结。然而,如果我们利用大数据质量管理分析平台,除了可以快速地得到一个长长的传统单一指标的过程能力分析报表之外,更重要的是,还可以从同样的大数据集中得到很多崭新的分析结果。

2.5 车间制造大数据生命周期

2.5.1 制造大数据生命周期的不同阶段

目前,行业内对数据生命周期尚无统一的标准定义,各组织、各企业、各厂商都有自己的理解和认知。行业认可度比较高、内涵比较全面的定义来自国际数据管理协会(data management association,DAMA),即数据生命周期是数据从创建、采集、使用到消亡的全过程。建立制造大数据的生命周期应该包括以下七个步骤。

1) 建立制造大数据的组织

建立车间制造大数据生命周期的第一步应该是在制造企业中建立一个有专门预算和独立绩效考核的"大数据规划、建设和运营组织"。组织成员首先包括企业高层的首席数据官(作为发起者),然后是企业数据管理委员会或大数据执行筹划指导委员会,再往下就是大数据的项目组或大数据项目组的前身——大数据项目企业研究团队或大数据项目筹备组。这个组织是今后车间生产大数据战略制定和实施的中坚力量。

2) 制造大数据的现状评估和差距分析

对企业车间制造大数据进行评估前,首先要进行三个方面的调研:一是对外调研,了解当前制造领域大数据有哪些最新的发展,行业顶尖企业的大数据应用水平如何,行业平均尤其是主要竞争对手的大数据应用水准如何;二是对内客户调研,了解管理层、业务部门、IT 部门和企业最终用户对企业的大数据业务有何期望;三是企业自身状况摸底,了解自己的技术、人员储备情况。然后对照标准,进行差距分析,找出缺陷与不足。最后评估最终结果,并给出成熟度现状评估。一般而言,制造企业的大数据应用成熟度可以划分为四个阶段:初始期(仅有概念,没有实践);探索期(已经了解基本概念,也有专人进行了探索和探讨,有了基本的大数据技术储备);发展期(已经拥有或正在建设明确的战略、团队、工具、流程,交付了初步的成果);成熟期(有了稳定且不断成熟的战略、团队、工具、流程,不断交付高质量成果)。

3) 数据采集

车间制造大数据来源广泛,包括产品大数据、运营大数据、价值链大数据和外部大数据,同时车间制造大数据按数据结构又可划分为传统的结构化数据、大量的非结构化数据和半结构化数据。因此,目前基于或集成 Hadoop 的 ETL(数据清洗)平台、以交互式探索及数据挖掘为代表的数据价值发掘类工具是制造大数据采集工具的主要发展趋势。制造大数据采集需要遵守的基本原则包括:在数据源广泛、数据量巨大、采集挖掘工具众多的背景下,制造企业的数据管理者必须清楚了解到,能够采集到的数据,并不意味着全部都值得或需要去采集;需要采集的数据和能够采集到的数据的交集,才是我们确定要去采集的数据。

4) 大数据处理和分析

目前,许多工具能够帮助制造企业构建一个集成的数据处理和分析平台。对制造企业大数据的规划者、管理者来说,关键是工具要满足平台要求,平台要满足业务需求,而不是业务要去适应平台要求,平台要去适应厂商的工具要求。具体来说,制造企业的数据处理和分析平台应该具备检索、分类、关联、推送和方便地实施元数据管理等功能。

5）数据呈现

大数据管理的价值，最终要通过多种形式的数据呈现，来帮助制造企业的管理层和业务部门进行商业决策。大数据的决策者需要将大数据系统与商业智能系统、知识管理系统等集成。

6）审计、治理与控制

制造大数据的审计、治理和控制指的是大数据管理层组建专门的治理控制团队，制定一系列策略、流程、制度和考核指标体系，来监督、检查、协调多个相关职能部门的目标，从而优化、保护和利用大数据，保障其作为制造企业的一项战略资产真正发挥价值。大数据的治理是 IT 治理的组成部分，大数据的审计是 IT 审计的组成部分。这个体系要统筹规划和实施，而不是割裂地规划和实施。大数据的审计、治理与控制的核心是数据安全、数据质量和数据处理效率。

7）持续改进

可持续发展与绿色制造一直是制造企业的核心理念，这些理念也理所当然地需要体现在制造大数据的管理之中。企业大数据管理者需要基于不断变化的业务需求，以及审计与治理中发现的大数据整个生命周期中暴露的问题，引入 PDCA（plan-do-check-act）循环等方法论，去不断优化策略、方法、流程、工具，不断提升相关人员的技能水平，从而确保制造大数据战略的持续成功。

2.5.2　制造大数据生命周期模型

根据建立制造大数据生命周期的以上七个步骤，制造大数据生命周期模型如图 2-3 所示，具体包括如下内容。

1）前期准备

服务团队在咨询和聘用 ERP、MES、供应链等制造相关领域的专家之外，还需要咨询相关国家或地区的制造行业相关标准、企业运营法律法规，由此制定的数据评估、数据战略及数据定义等也应符合相关标准。

2）数据采集与过滤

由于制造企业的生产规模、经营策略和市场环境不断变化，因此在不同的时间阶段，制造数据采集与过滤的需求也是不断变化的。为保证某阶段数据的可追溯性，需要建立全局的制造过程元数据管理，同时为后期的数据共享、分析及呈现提供一致性管理。

3）数据存储

从车间生产进程中采集的制造数据按照规模或用途的不同，可以分别存储在关系数据库或非关系数据库（NoSQL）中。另外，按数据使用频率的不同，数

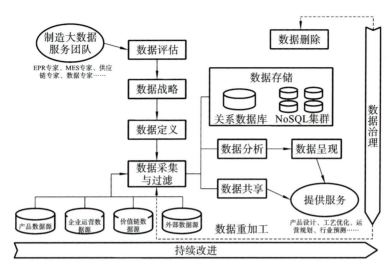

图 2-3 制造大数据生命周期模型

据库也可分为实时库(存储质量在线监控数据、生产进度控制数据等)、离线分析库(存储工人绩效考核数据、设备维护数据等)及备份归档库(存储供应商供货历史数据、行业市场数据等)。应优化数据存储,确保业务的实时与高效运行。

4）数据安全

对制造企业,特别是从事技术密集型的高新制造企业来说,制造工艺数据、客户数据等需要严格保密,以保证企业在行业中的竞争力。

5）数据治理和持续改进

数据安全、数据质量和数据处理效率是数据治理和持续改进的目标与核心。制造数据的数据治理与持续改进贯穿数据生命周期。通过建立完整的体系,可监督、检查、协调多个相关职能部门的目标,从而优化、保护和利用制造大数据,保障其作为制造企业的一项战略资产,满足不同的业务应用需求,为企业的持续健康发展提供有力支持。

2.6 本章小结

本章在给出车间制造大数据定义和来源的基础上,介绍了几种主要的车间制造大数据资源,分析了车间制造大数据"3V+3M"的特征,探讨了过程实时管理、智能维护管理、工序智能调度等车间制造大数据典型应用场景,并构建了制造大数据生命周期模型。

本章参考文献

[1] HOFMANN E. Big data and supply chain decisions: the impact of volume, variety and velocity properties on the bullwhip effect[J]. International Journal of Production Research, 2017, 55(17): 5108-5126.

[2] BIRKE R, BJÖRKQVIST M, CHEN L Y, et al. (Big)data in a virtualized world: volume, velocity, and variety in cloud datacenters[C]// USENIX Association. Proceedings of the 12th USENIX Conference on File and Storage Technologies. Berkeley, CA: 2014: 177-189.

[3] SHETH A. Transforming big data into smart data: deriving value via harnessing volume, variety, and velocity using semantic techniques and technologies[C]//2014 IEEE 30th International Conference on Data Engineering. Chicago: 2014.

[4] 张洁, 汪俊亮, 吕佑龙, 等. 大数据驱动的智能制造[J]. 中国机械工程, 2019, 30(02): 127-133, 158.

[5] 黄少华, 郭宇, 查珊珊, 等. 离散车间制造物联网及其关键技术研究与应用综述[J]. 计算机集成制造系统, 2019, 25(2): 284-302.

[6] 叶剑辉, 刘少丽, 刘检华, 等. 基于流程的复杂产品装配车间现场监控技术[J]. 计算机集成制造系统, 2017, 23(7): 1469-1480.

[7] 叶斌, 黄文富, 余真翰. 大数据在物流企业中的应用研究[J]. 物流技术, 2014(8): 22-24.

[8] 王献美. 基于大数据的智慧云物流理论、方法及其应用研究[D]. 杭州: 浙江理工大学, 2015.

[9] LEE J, KAO H-A, YANG S, et al. Service innovation and smart analytics for Industry 4.0 and big data environment[J]. Procedia CIRP, 2014, 16: 3-8.

[10] KANG H S, LEE J Y, CHOI S S, et al. Smart manufacturing: past research, present findings, and future directions[J]. International Journal of Precision Engineering and Manufacturing-Green Technology, 2016, 3(1): 111-128.

[11] CHEN B T, WAN J F, SHU L, et al. Smart factory of Industry 4.0: key technologies, application case, and challenges[J]. IEEE Access, 2018, 6: 6505-6519.

[12] 程学旗, 靳小龙, 王元卓, 等. 大数据系统和分析技术综述[J]. 软件学报, 2014, 25(9): 1889-1908.

第 3 章
大数据驱动的车间运行分析与决策模式

随着车间数字化程度的不断提高,广泛应用的各类传感器、可编程逻辑控制器(PLC)和其他智能感知设备采集了大量的制造数据。针对智能车间运行过程中产生的海量、多源、高维、异构的制造数据,考虑其动态和不确定特性,笔者依托国家自然科学基金重点项目,提出了大数据驱动的智能车间运行分析与决策新模式与新方法。

本章首先分别对车间运行性能指标体系、车间运行分析与决策的常用方法进行介绍和分析,然后介绍了大数据驱动的"关联+预测+调控"的车间运行分析与决策新模式,并详细讨论了该模式中的三大环节和五大关键方法。

3.1 车间运行性能指标体系

车间运行性能通常通过车间层面制造系统运行相关的一系列指标来反映。智能车间的运行性能具有时变特性,通过对车间大数据进行分析,可以挖掘车间制造系统内部的动态特性与运行机制,并建立统一的车间运行性能评价模型,从而揭示车间运行性能演化规律。

车间运行性能可以从产品、设备等不同角度,也可以从质量、效率、成本、能耗、排放、环境、安全等不同角度进行衡量,从而形成现实中复杂的车间运行性能指标体系。这些性能指标,有的可以直接通过传感器或者智能感知设备获取,更多的则是大量相互关联的制造数据的统计表征,因此需要基于增量式多维索引方法,建立产品合格率、日产出量、生产周期等可以直接从智能设备获取的车间运行性能指标的语义表征,并基于制造数据关联分析算法,针对设备利用率等需要通过多元数据表征的车间运行性能指标建立统一描述方法。目前,已有一些针对制造系统性能指标的研究,如李培根提到制造系统的性能指标包括生产率、生产能力、生产均衡性、在制品值、通过时间、等待队长、等待时间、设备利用率、设备有效利用率、设备完好率、设备可维修性、使用方便性、可靠性、柔性和集成度等,蔡宗琰提出将生产资源利用率、作业完成时间、零件生产能力、最大完成时间、停工时间和维修率等作为可重构制造系统的性能指标。

本节以晶圆制造车间为例,探究常用的车间运行性能指标。通过分析晶圆制造系统的运行性能指标设置及其内在联系,可以更好地了解车间运行性能指标体系,对车间制造系统的运行分析与决策优化起到指导性的作用。晶圆生产调度的性能指标体系,按照企业所期待的车间目标,可以包含质量指标、效率指标、成本指标,以及其他的一些性能指标。

3.1.1 质量指标

1) 良率

良率指在一片晶圆上,完成所有工艺步骤后测试合格的芯片的数量与整片晶圆上的有效芯片的比值。最终良率主要由每一步工艺的良率的积组成,从晶圆制造、中测、封装到成测,每一步都会对良率产生影响。其中晶圆制造因为工艺复杂、工艺步骤多(300步左右),成为影响良率的主要因素。通常在一个新工艺或新产品开发之初,整体的良率都不会很高。但随着生产的进行,导致低良率的因素被发现和改进,良率就会不断地提升。新产品、新工艺或是新工具,每隔几个月或甚至几周就会被引进,因此提升良率就成了一个永不停息的过程。

2) 产出率

晶圆产出率指晶圆片中没有缺陷且满足功能要求的芯片比例。根据晶圆芯片的加工、封装和测试过程,晶圆产出率又可分为晶圆侦测产出率、芯片封装产出率和芯片测试产出率等。其中晶圆侦测产出率是晶圆加工过程最为关键和重要的指标之一。

3) 瓶颈率

所谓瓶颈,即在整个生产系统中相对于其他设备或加工区生产能力明显较弱,或者工件访问该处的次数频繁且时间较久,导致产品大量堆积的设备或加工区。在这种情况下,产品的加工时间很大程度上取决于瓶颈设备(区)拥挤情况及其采用的调度算法,以及产品访问瓶颈设备(区)的次数。由于在实际生产过程中,往往大部分设备(区)都处于欠负载状态或者均衡状态,因此瓶颈即等同于那些处于过负载状态的设备和加工区。由于瓶颈的产生常常伴随着设备利用的不均衡和产品加工周期的延长,因此应该尽可能避免设备出现瓶颈,即降低瓶颈率。

4) 设备故障停机率

设备故障停机率指设备故障停机时间与设备应开动时间的比值,是考核设备技术状态、故障强度、维修质量和效率的一个指标。设备故障停机率=故障停机台时/(故障停机台时+设备实际开动台时)×100%。设备故障停机率是衡量设备运行好坏的主要指标,设备管理的其余指标,如设备运行成本、全面生产维护(total productive maintenance,TPM)和预防维护(preventive maintenance,PM)的完成率等,都是围绕着该项指标的开展而确定的。设备故障停机率怎样统计才能真实地反映设备运行的实际情况就成了一个重要问题。

3.1.2 效率指标

1) 设备利用率

设备利用率指设备在开机状态下实际用于加工晶圆的时间占开机时间的比例,反映了系统的忙闲情况。

2) 晶圆日产出量

晶圆产出量指当前晶圆制造系统中所有完成加工并离开系统的晶圆数量,晶圆产出量的值通常与自动化物料运输系统(AMHS)调度策略及其运输效率密切相关。晶圆日产出量指每天流出生产线的晶圆数量,日产出量的大小直接反映日投料计划的好坏。

3) 平均生产周期

平均生产周期(mean cycle time,MCT)指晶圆从投入生产线到完成所有的加工步骤所需要的平均时间。对于不同的产品,其生产周期各不相同。由于产品在系统中加工时,不可避免地存在等待加工时间,因此实际生产周期往往是其净生产周期的几倍甚至几十倍。晶圆制造生产周期的长短对控制产品成本起到了非常重要的作用,也是企业在市场中保持竞争力的关键。由于一般半导体晶圆产品的生产周期都在一个月以上,因此这个指标具有长期意义。

4) 负载程度

负载程度指加工设备前等待工件所需的加工时间。对于按片加工的设备,负载程度是设备前所有等待加工的晶圆所需加工时间的总和;但是对于多批加工的设备,由于它可以同时加工多片晶圆,其负载程度不是各个工件加工时间的简单相加,而是把排队的工件按一定的算法并批,然后将每批次加工所需的时间相加。

5) 排队队长

排队队长指加工设备前等待加工的工件数。这个概念与负载程度有相似之处。对于按片加工的设备,排队队长是设备前所有等待加工的晶圆数;而对于多批加工的设备,排队队长则是排队的工件按一定的算法分批后所得到的批次。

3.1.3 成本指标

1) 在制品值

对于晶圆生产车间，其产品需要经过多道加工工序才能够完成，而各加工区的负荷不均衡，所以只通过生产线总在制品(work in process，WIP)值并不能很好地衡量系统性能。晶圆生产线根据各个设备加工工艺的不同划分为不同的加工区，按照关心的范围不同，将在制品值分为各加工区的在制品值和总在制品值。各个加工区的在制品包括加工区内所有设备上正在加工的晶圆和相应缓冲区内等待加工的晶圆；总在制品包括生产车间所有加工区的在制品和在运输途中的在制品。

2) 及时交付率

及时交付率(on-time delivery，OTD)反映企业对客户需求的真实满足能力，直接影响企业信誉度和订单数量。及时交付率可以用一定时间内准时交付订单的数量与需要交付订单的数量的比值(百分数)来表示。

3.1.4 其他性能指标

除了上面提到的质量、效率、成本等方面的指标，整个生产过程中的能耗、碳排放、环境污染及系统安全等指标也是企业所关注的指标。

除上述分类之外，由于晶圆制造系统的运行性能具备了多维的特点，因此从系统维度、产品维度、设备维度来看，也有不同的系统性能指标。从这三种不同维度对晶圆车间的运行性能指标进行分类：①系统维性能指标，包括系统准时交付率、库存水平、设备空载率、等待队列长度等；②产品维性能指标，包括晶圆良率、测试寿命、电子性能与成品良率等；③设备维性能指标，包括设备利用率、工序良率、机台平均失效前时间和平均故障间隔时间等。

3.2 车间运行分析的常用方法

车间运行分析通过对车间制造系统及其运行过程进行建模，分析系统的静态因素(包括加工机床数量、生产物流路线数量和车间架构布局等)和动态因素(包括机床加工速度、订单交付期变化和紧急订单插入等)对车间运行性能的影响，目的是为车间运行优化决策提供基础。其常用方法包括模型分析法、数据统计法、智能分析法等，然而现有的国内外研究主要集中于模型分析法，其余方法使用较少。由于车间数据量的提升及多样化，未来可以通过对这些常用方法的进一步挖掘探索新的车间运行分析方法，提高解决效率。目前模型分析法的研究主要包括利用数学规划、排队论、网络流、马尔可夫模型等的建模方法，建立系统性能与系统结构和运行参数间的因果关系，辅助实现性能预测与优化。下面将主要以晶圆制造 AMHS 为例，对一些车间运行分析的常用模型分析法进行详细介绍。

3.2.1 数学规划模型分析法

数学规划是运筹学的一个重要分支，也是现代数学的一门重要学科。数学规划的研究对象是数值最优化问题，这是一类古老的数学问题。其基本思想出现在 19 世纪初，并由美国哈佛大学的 Robert Dorfman 于 20 世纪 40 年代末正式提出。从那以后，由于大量实际问题的需要和电子计算机的高速发展，数学规划得以迅速发展，并成为一门十分活跃的新兴学科。数学规划的内容十分丰富，包括许多研究分支，如线性规划、非线性规划、多目标规划、动态规划、参数规划、组合优化和整数规划、随机规划、模糊规划、非光滑优化、多层规划、全局优化、变分不等式和互补问题等。目前，数学规划在晶圆制造 AMHS 中也有较为广泛的应用。

基于数学规划模型的车间运行分析方法通常对制造系统进行简化，将其等效为某一类数学规划模型，通过对车间制造系统的运行特性进行分析，优化系统运行参数。Ting 和 Tanchoco 采用数学规划的方法建立物料运输系统的运行分析模型，基于模型分析运输捷径和导轨的位置对运输小车负载运输时间的影响。Egbelu 采用数学规划的方法建立了四种物料运输系统分析模型，研究小车堵塞时间、小车数量和速度等因素对运输小车的空载时间和小车负载率等系统性能指标的影响。Mahadevan 等提出了一种数学分析模型，用于分析运输小车的数量对柔性制造系统产出量等性能指标的影响。

在物料运输问题中，基于数学分析模型的方法通常将物料运输问题简化等效为数学规划模型，再基于数学规划的方法对物料运输系统的运行特性进行分析，确定优化的系统运行参数。然而，该方法没有考虑到物料运输系统的晶圆卡到达随机等特性，难以保证系统运行分析的准确性和有效性。在其他车间运行问题中，如供应链管理生产和运输规划、制造企业战略能力规划等，该方法同样是将问题简化、抽象为数学规划模型，但由于规划模型表达和计算能力受限，一些约束没有考虑到，因此难以保证分析的精确性。

3.2.2 排队论模型分析法

排队论是研究系统随机聚散现象和随机服务系统工作过程的数学理论和方法，又称随机服务系统理论，为运筹学的一个分支。排队论通过对服务对象到来及服务时间的统计研究,得出这些数量指标(等待时间、排队长度、忙期长短等)的统计规律,然后根据这些规律来改进服务系统的结构或重新组织被服务对象,使得服务系统既能满足服务对象的需要,又能使机构的费用最经济或某些指标最优。将排队论应用于系统的优化问题,其目的是正确设计和有效运行各个服务系统,使之发挥最佳效益。

排队论目前已经广泛应用于计算机网络、生产、运输、库存等各项资源共享的随机服务系统。在车间运行的分析中,可以基于排队论构建不同的模型,用来分析不同的性能指标。Nakano 和 Ohno 采用排队论的方法建立物料运输系统的运行分析模型,分析运输捷径和运输导轨位置等因素对物料运输时间和产出量等指标的影响。Benjafaar 采用 G/G/1 排队论模型分析具有单运输小车的物料运输系统,分析了物料运输系统的运输捷径位置对系统在制品数量的影响。Ghezavati 和 Saidi-Mehrabad 采用排队论模型构建不确定因素扰动下的单元制造系统描述模型,分析加工时间、工件到达时间等波动变量对制造系统性能的影响。Siltepavet 等采用排队论模型构建以资源利用率与加工时间为目标的车间分析模型,用以分析车间资源利用率、加工时间与动态因素之间的关系。Van 采用排队论方法构建由加工中心与并行产品生产站串联的单元制造模型,用以分析下游的并行生产站中出现次品的概率稳定性。

基于排队论模型的方法通常将物料运输系统简化为物料排队等待小车服务的过程。建模过程中通常需要对模型进行大量简化,忽略物料运输过程中的小车堵塞和运输小车的空载运输时间等因素,这将影响 AMHS 运行分析结果的准确性。另外,尽管排队论模型能有效描述车间运行过程中的随机行为,但通常仅适用于小规模制造系统的运行分析;对于大规模、复杂、动态车间制造系统,应用排队论模型容易导致模型状态的维度爆炸问题。

3.2.3　网络流模型分析法

网络流理论是图论中的一种理论与方法,主要研究网络上的一类最优化问题。1955 年,Harris 在研究铁路最大通量时首先提出在一个给定的网络上寻求两点间最大运输量的问题。1956 年,Ford 和 Fulkerson 等人给出了解决这类问题的算法,从而建立了网络流理论。网络流的理论和应用在不断发展,出现了具有增益的流、多终端流、多商品流及网络流的分解与合成等新课题。网络流的应用已遍及通信、运输、电力、工程规划、任务分派、设备更新及计算机辅助设计等众多领域。

许多实际的网络流问题,如运输问题、转运问题、分配问题、最短路径问题、最大流问题等,都可以转化为这类网络流规划问题。网络流理论在车间运行分析领域也有着广泛的应用。Peters 和 Yang 采用基于网络流模型的方法建立了 Interbay 物料运输系统的运行分析模型,并对 Interbay 物料运输系统的运行性能进行了分析。Rajotia 等采用基于网络流模型的方法对物料运输系统进行建模,分析了运输小车数量对物料运输系统性能的影响。Li 等建立了基于结构重用网络流的柔性制造系统描述模型,用以分析车间停顿与运行参数之间的关系。Sharda 等建立了基于网络流的制造系统分析模型,采用贝叶斯理论描述动态因素,分析动态因素与最大完工时间、交货拖期成本之间的关系。

基于网络流模型的方法通常将物料运输问题简化为确定性有向图模型,将物料运输时间简化为确定的时间,对有向图模型的长期行为进行统计分析。但该方法在建模过程中对物料运输的随机特性进行了简化,难以有效用于随机、动态变化环境下的物料运输系统的运行分析。

3.2.4 马尔可夫模型分析法

马尔可夫模型(Markov model)是一种统计模型,用来描述数学中具有马尔可夫性质的离散事件随机过程。该过程中,在给定当前知识或信息的情况下,过去(即当前以前的历史状态)与预测将来(即当前以后的未来状态)是无关的。

马尔可夫模型在车间运行分析领域也有着广泛的应用。Nazzal 和 Mcginnis 基于马尔可夫模型的方法建立单闭环的晶圆物料运输系统的运行特性分析模型,分析了晶圆卡等待时间、运输小车数量等对物料运输系统的运行性能的影响。Petering 等将连续马尔可夫模型用于多小车的串行物料运输系统建模,并对堵塞等特性下的系统性能进行了分析。Kahraman 等采用马尔可夫近似方法建立具有单运输小车和单闭环导轨的性能分析模型,分析了自动导引小车在不同运行速度和装载/卸载时间下的运行性能。Zhang 等基于拓展的马尔可夫模型,分析了晶圆制造 AMHS 中运输小车数量、小车速度、运输捷径设置、小车堵塞、晶圆卡到达和等待时间等因素对系统性能的影响。

然而,基于马尔可夫模型的方法仅适用于小规模问题分析,在大规模、具有运输捷径的复杂导轨布局环境下,该方法容易导致模型状态空间的"维数爆炸",使得模型求解十分困难。

3.2.5 其他建模分析法

除了数学规划、排队论、网络流、马尔可夫等模型分析法,目前,晶圆制造 AMHS 的建模方法还包括 Petri 网模型及仿真模型等。

1) Petri 网模型

Petri 网是德国学者 C. A. Petri 于 1962 年在他的博士论文中首次提出的,

作为描述系统各元素的异步并发操作的工具模型。Petri网采用可视化图形描述方法,同时又可以为形式化的数学方法所支持,用于表达离散事件动态系统(discrete event dynamic system,DEDS)的静态结构和动态变化。它是一种结构化的 DEDS 描述工具,可以描述系统异步、同步、并行等逻辑关系,从而利用这些描述来检查分析系统运行的性能。比如对于制造系统的设备使用率、生产率、可靠性等指标,利用 Petri 网可以很好地进行描述分析。

Petri 网理论在计算机、电子、机械、化学、物理、能源等许多领域获得了广泛应用,已经成为晶圆制造 AMHS 建模的有力工具。Liao 等提出了基于 Petri 网的方法,用于 300 mm 晶圆物料运输系统的建模,并对基于整数规划的调度方法进行性能评价与验证。Li 等对柔性制造系统的解死锁调度策略及 Petri 网建模方法进行了综述。Nishi 等将 Petri 网模型用于晶圆加工系统和物料运输系统建模,基于模型对运输任务指派、运输小车路由等控制策略进行了性能评价。但是,针对复杂和大规模的自动化物料运输系统,基于 Petri 网的方法容易导致模型空间爆炸,且无法对系统调度的时间特性进行评价。

针对以上问题,高层 Petri 网模型被提出并得到应用。Wu 和 Zhou 将面向资源的有色 Petri 网(colored resource-oriented Petri net,CROPN)模型用于柔性制造系统建模,并对前馈控制策略的性能进行了评价。基于高层 Petri 网的调度性能评价建模方法虽然能够减小模型的规模,但该建模方法的可重用性差。采用面向对象的 Petri 网(object-oriented Petri net,OOPN)模型在一定程度上可以解决 Petri 网模型的复杂性、可重用性问题。基于 OOPN 模型的方法是将面向对象的概念引入 Petri 网技术中,对 Petri 网进行扩展,使复合模型既有易于理解的图形描述方式,又能保持 Petri 网的可重用能力。Zhang 等将面向代理(多代理)的有色赋时 Petri 网(agent-based colored timed Petri net,ACTPN)模型用于晶圆加工系统的调度性能评价建模,实现了对晶圆加工自主协调调度和控制逻辑的描述。但该方法不支持对物料运输调度决策和运行过程所需信息与知识进行描述,物料运输调度难以与性能评价模型有效集成。

2) 仿真模型

仿真模型是指把所有关心的现象分解为一系列基本活动和事件,并按活动和事件的逻辑关系把它们组合在一起。仿真模型是被仿真对象的相似物或其结构形式。它可以是物理模型或数学模型。但并不是所有对象都能建立物理模型。早在 20 世纪 60 年代中期,美国学者 P. J. Kiviat 和 M. R. Lackner 就对经典的仿真策略进行了分类研究;1973 年,G. S. Fishman 又将调度分为事件调度(event scheduling)、活动扫描(activity scanning)和进程交互(process interaction)三种类型。在现代计算机仿真中解决问题的过程主要分为模型构建、仿真实验和数据分析三部分。

晶圆制造 AMHS 涉及的加工设备及物料运输设备数量众多，同时，AMHS 调度也具有大规模、实时、随机和多目标等特征，且 AMHS 中物料运输过程存在临时性堵塞、死锁、晶圆卡运输时效性约束和在制品平衡约束等问题，传统的数学分析方法必须对 AMHS 调度问题进行大量的简化，无法收到理想的分析效果。仿真模型则很好地弥补了这一缺陷，能够尽可能细致地模拟 AMHS 的运行过程并输出全面详细的统计数据，从而为研究人员提供了有力的工具。到目前为止，已有众多学者将仿真模型运用到 AMHS 调度问题的研究当中。

Lin 等采用仿真的方法建立光刻区仿真模型，以在制品值、产出量和晶圆卡加工周期等为性能指标，对提出的推拉结合的物料运输调度策略的性能进行了评价。Liao 等建立 300 mm 晶圆物料运输系统的仿真模型，对提出的基于最高优先级的物料运输派发规则的性能进行了验证。Kuo 等建立晶圆 Intrabay 物料运输系统的仿真模型，对基于多规则切换的调度方法进行了性能评价和验证。Kim 等建立晶圆制造系统的仿真模型，对基于重指派策略的物料小车调度方法的性能进行了验证和评价。

总体来看，基于仿真模型的调度评价建模方法能够实现对 AMHS 调度运行过程的详细描述，然而该方法建模周期长，建模效率较低，且建模方法可重用性较差。

3.3　车间运行决策的常用方法

车间运行决策的目的是实现生产成本的降低、产品质量和生产效率等车间性能的提高。近年来，随着制造系统复杂程度越来越高，为实现系统性能的优化，国内外学者在建模和算法方面进行了大量研究。下面将针对生产调度决策问题，详细介绍基于运筹学的决策方法、基于启发式规则的决策方法和基于智能优化算法的决策方法。

3.3.1　基于运筹学的决策方法

基于运筹学的决策方法结合数学和运筹学的理论来求解调度问题。虽然该类方法大多能从理论上求得最优解，但是它仅适合简单的调度问题；当面对复杂的环境时，该类方法存在计算复杂、运算耗时等困难，从而难以在实际环境中得到广泛应用。同时这一类方法需要对研究对象的特点进行全面的分析，对问题的依赖性很强，不利于推广。

针对调度问题，主要的基于运筹学的决策方法有分支定界法和数学规划法两大类。基于运筹学的决策方法在晶圆制造车间优化决策方面已经得到了广泛的应用。Desaulniers 等考虑到小车冲突对物料运输的影响,将 AMHS 调度问题转换为数学规划问题,并采用变数产生法和分支定界法进行模型求解,获得优化的物料运输调度方案。Correa 等采用混合整数规划的方法求解柔性制造物料运输系统的调度问题。Liao 等以晶圆卡加工时间为优化目标,将晶圆制造物料运输调度问题转化为整数规划问题,并采用拉格朗日松弛法对模型进行简化求解。Im 等考虑到运输小车堵塞等特性,采用匈牙利方法进行晶圆制造物料运输调度问题优化。

基于运筹学方法的物料运输调度方法能够在考虑小车临时性堵塞等因素的情况下,获得系统全局最优解或次优解。但由于数学规划模型求解计算量大、计算时间长,通常该方法适用于小规模调度问题;对于复杂、大规模和随机的物料运输调度问题,该方法难以在较短的时间中获得合适的解,无法满足实际的实时调度需求。

3.3.2 基于启发式规则的决策方法

基于启发式规则的决策方法是一类局部优化方法,通过一些规则快速建立调度问题的解。但是对求得的解的可行性和最优性难以保证,也无法对解的性能进行定量的评估。启发式规则一直以来都是晶圆制造 AMHS 调度领域的研究热点,在实际生产中得到了广泛应用。De-Koster 等采用改进的最近运输小车优先规则研究晶圆物料运输系统调度。Liao 和 Wang 等考虑到紧急晶圆卡对晶圆物料运输系统的影响,提出了一种基于预先占用的最高优先级规则用于物料运输小车的调度。基于单一启发式规则的方法通常用于晶圆制造物料运输系统的单一性能指标的优化,如晶圆加工周期最短、晶圆卡等待时间最短、晶圆在制品数量最少和设备利用率最高等。但单一启发式规则方法难以实现晶圆制造 AMHS 运行的多目标优化。

Jeong 和 Randhawa 考虑到小车当前位置、加工设备输入/输出缓冲区物料数量等参数,提出基于权重的复合启发式规则,用于 AGV 系统调度。Lin 等考虑到产出量、小车等待时间及运输时间等参数,提出一种基于推拉结合的复合启发式规则,用于晶圆制造物料运输系统调度。Bilge 等考虑到运输时间、设备缓冲区中物料数量等,提出一种基于双参数的复合启发式方法,用于物料运输调度。Kim 等考虑到晶圆卡等待时间、晶圆卡与小车之间的距离等参数,提出一种面向重指派的多参数复合启发式方法,用于运输小车的动态调度。基于复合启发式规则的方法在调度过程中同时考虑多个系统参数,如空载小车运输时间、晶圆卡等待时间、等待运输的晶圆卡数量、晶圆卡与小车之间的距离和小车当前位置等,能够实现晶圆制造物料运输系统的多目标优化。然而,复合启发式规则中各参数的权值通常被设定为固定值,仅适用于静态环境下的物料运输系统调度优化;在动态、随机变化的物料运输环境下,该方法无法根据系统状态和干扰因素的动态变化进行调度策略的动态调整,难以实现物料运输的动态优化。

3.3.3 基于智能优化算法的决策方法

在过去的几十年里,传统的运筹学方法和启发式规则得到了很大的发展,但是实际的生产调度问题十分复杂,规模也很庞大,这些传统的调度方法无法用来求解实际生产调度问题。理论调度与实际调度之间存在很大的差距,这个问题一直困扰着广大研究者。自20世纪80年代起,人工智能的思想被引入生产调度问题中,孕育了大量有效的智能优化算法。前面介绍的基于启发式规则的决策算法,属于构造型算法,即从什么都没有开始,逐步增加一个工件,最后获得完整的调度解。而智能优化算法属于改进型算法,它是从一个完整的调度解开始,不断改进,以获得更优的调度解。与传统的运筹学方法相比,智能优化算法不需要对具体问题进行深入分析,对问题的依赖程度小,仅仅通过计算机的迭代运算就可以完成整个搜索优化过程。但是智能优化算法最终求得的解不一定是全局最优解,它只能保证在较短的时间内获得一个较为满意的解。目前,智能优化算法如遗传算法、模拟退火算法、禁忌搜索算法、蚁群算法、粒子群算法及帝国竞争算法等在晶圆制造系统中也得到了广泛的运用。

Kuo等考虑到晶圆制造物料运输系统的晶圆卡等待时间、晶圆卡搬运时间、小车位置等参数,采用模糊逻辑的方法动态选取物料运输调度规则。Wang等考虑到晶圆卡加工时间、晶圆卡等待时间和小车运输时间等参数,提出基于多代理的方法,用于单闭环Interbay物料运输系统的动态调度。基于多代理的智能调度方法能够实现物料运输系统的动态优化调度,然而对于复杂、大规模的调度问题,该方法难以有效保证调度的实时性;基于模糊逻辑的智能规则调度方法具有动态适应性,然而,该方法本质上仍是基于启发式规则的决策算法,没有考虑多运输小车堵塞和晶圆卡运输时效性约束等因素对调度性能的影响,难以满足AMHS调度的多目标优化需求。

3.4 大数据驱动的"关联+预测+调控"的新模式

在"大数据"的概念出现之前,车间生产过程的运行分析与决策非常依赖模型及算法。以生产调度决策过程为例,要得到良好的调度方案,首先,需要分析调度参数与调度目标之间的因果关系,建立合适的数学模型来描述调度问题,包括约束、目标等;然后,针对该模型设计相应的算法求解。当问题规模较小时,通常可以用数学方法求得精确解;但问题规模较大时,往往需要针对问题特性,设计精妙的算法来得到近似优化解(如各种智能算法在车间生产调度中的广泛应用)。因此,针对复杂系统的调度问题能否得到更好的解决,极大地取决于建模是否更加精确和算法是否更加高效。随着产品需求和工艺越来越多样,制造系统变得越来越复杂,传统的"因果＋模型＋算法"模式已经举步维艰。

事实上,因果关系仅是事物联系的一种形态,在大数据背景下,运用关联性可以比以前更容易、快捷、清楚地分析事物间的内在联系,不需要了解具体的因果关系就能够得出结论。例如:谷歌并未探究病毒在时域与地域上的传播机理,仅仅根据网民搜索内容分析全球范围内流感等病疫传播情况,对这些数据进行统计分析,就能实现对传染性疾病高精准(97%～98%)的追踪和预报。PatientsLikeMe并不分析诊疗方案与病患医治效果之间,以及制药行业的药品研发与病患医治效果之间的因果关系,而是将大量用户的数据集合起来,探究病患、医疗行业、制药行业数据之间的关联关系,对病患就医方式和药品销售情况进行预测,从而为医疗行业的诊疗方案制定、制药行业的药品研发及销售计划制定提供决策支持。由此可见,大数据处理和分析技术,不是对数据简单的统计和分析,而是能从数据中获取更多具有前瞻性意义的信息,从而帮助制定相应决策。这种基于大数据的处理和分析的预测和控制模式,在公共卫生、金融、医疗等社会领域已有不少先驱应用。

对于制造业而言,大数据同样提供了这样一种新的思维方式——如何利用车间生产过程中产生的海量数据,从中挖掘有价值的信息来指导车间运行优化?这在近年来引起了学术界和工业界的极大关注。2013年6月20日,通用电气(GE)在美国旧金山宣布推出第一个大数据分析平台,管理云中运行的由大型工业机器所产生的数据。该平台通过提供实时数据管理,即时分析海量原始数据,并灵活地将分析结果与其他现有工业数据流互动和对比,来从云端大数据中提取有用信息,支持实时决策,让全球重要行业能够从被动的工业运营模式转向主动预测模式。

笔者所研究的正是利用大数据作为驱动,针对智能车间的运行分析与决策问题,提出"关联＋预测＋调控"的新模式,取代现有的"因果＋模型＋算法"模式。在这种新的模式下,车间运行过程以一种预测和调控不断迭代而逐渐演化的形态,最终实现性能的优化。

3.4.1 第四范式:数据科学

所谓第四范式,是著名计算机科学家吉姆·格雷在NRC-CSTB(National

Research Council-Computer Science and Telecommunications Board)大会上公开发表的演讲——《科学方法的一次革命》中提到的。在这篇演讲中,吉姆·格雷将科学研究的范式分为四类,除了之前的实验范式、理论范式、仿真范式之外,新的信息技术已经促使新的范式出现——数据密集型科学发现(data-intensive scientific discovery)。这个第四范式,所谓的"数据密集型",也就是现在我们所称的"大数据"。

国家自然科学基金委员会及工程与材料科学部发布的《机械工程学科发展战略报告(2011~2020)》中指出:高精度数字化制造技术的发展依赖制造过程的数字化描述,工艺参数对产品性能的影响规律,制造过程中物质流、信息流、能量流的传递规律与定量调控等方面的基础研究。这些基础科学问题一直是车间运行优化领域的研究重点。而随着大数据时代的到来,以上内容能够更加深层次地发掘车间运行规律,这些规律可以降低我们对模型精确度与算法复杂度的依赖,甚至构建出全新模型,在此基础上通过对规律相关参数的合理定量调控,帮助实现车间运行过程的准确决策。

具体以晶圆制造车间中的晶圆良率优化为例说明。对晶圆良率数据存在影响的晶圆制造数据,包括机台加工数据、缺陷分布数据、电性测试数据等。这些数据既包括机台加工数据等以表格形式存在的结构化数据,又包括缺陷分布数据等以扫描图片形式存在的非结构化数据,以及电性测试数据等一些以报告形式存在的半结构化数据。传统晶圆良率优化方式是基于人工经验从机台加工数据等结构化数据中选取少量关键参数作为决策输入,通过有限历史数据训练神经网络等良率预测模型,由工程师基于经验规划优化措施。而在大数据环境下,可以通过数据预处理手段从海量高速的晶圆制造数据中抽取正确可靠的历史数据,聚类面向质量主题的非关系型数据仓库对以上多样化数据进行存储与组织,并通过数据挖掘以关联规则和相关系数等形式分析认知晶圆质量相关数据之间的关联关系。例如可以发现机台加工数据影响缺陷分布数据所属模式、缺陷分布模式影响电性测试数据的显著波动,从而认知车间生产过程中科学运行的内在规律。然后可以利用深度神经网络等机器学习方法,基于海量历史数据构建以机台加工数据为输入层、多级缺陷分布数据和电性测试数据为隐含层、晶圆良率数据为输出层的复杂结构深度神经网络,利用各层之间的连接关系对数据之间的相关性系数进行描述,实现车间运行规律知识的描述与表达,从而可以根据机台加工数据对晶圆良率进行准确预测。最后建立科学控制机制,例如针对晶圆良率优化目标,对如何控制电性测试数据水平、如何避免某些特定缺陷分布、如何设定与监控机台加工数据等做出定量反馈调控规划,使车间性能向优化方向发展。

利用大数据解决智能车间运行分析与决策问题的新思路如图 3-1 所示。首先基于大数据思维,将设备状态、计划执行情况等运行参数,以及质量、交货期等性能指标数据化,通过聚类、序列模式挖掘、关联等算法分析这些数据之间的关联关系;然后通过数据挖掘手段获取及时交付率、产品合格率等车间性能在设备状态、运行过程等参数影响下的演化规律,建立性能预测模型;最后基于控制理论,从演化规律中找到关键参数进行定量控制,保证性能达到要求。在以上思路中,形成了大数据驱动的"关联+预测+调控"的决策新模式。

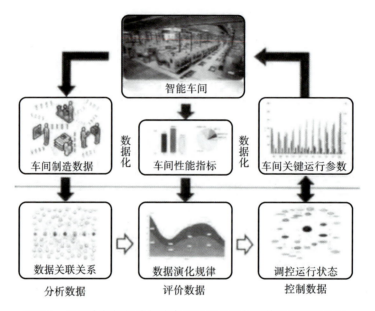

图 3-1　利用大数据解决智能车间运行分析与决策问题的新思路

3.4.2　车间制造数据的耦合机理:关联

在大数据背景下,运用关联性可以比以前更容易、快捷、清楚地分析事物间的内在联系。关联是指通过对车间制造数据的关联分析,发现隐藏其间的关系。需要在清洗、分类与集成等制造数据预处理基础上,构建制造数据时序模型并挖掘序列模式,实现不同制造数据的关联分析,挖掘数据之间的影响规律。关联分析的核心是量化数据值之间的数理关系。通过大数据挖掘发现不同数据间的关联关系,成为人们观察并分析事物的最新视角。同时,大数据时代的到来也彻底改变了人们对于建模和算法的依赖,当数据规模越来越大时,数据本身(而不是研究数据所使用的算法和模型)保证了数据分析结果的有效性。即便缺乏精准的模型和精妙的算法,只要拥有足够多的数据,也能得到接近事实的结论,数据因此而被誉为新的生产力。当数据足够多的时候,不需要了解具体的因果关系就能够得出问题结论。大数据处理和分析技术,不是对数据简单的统计和分析,而是能从数据中获取更多具有前瞻性意义的信息,从而帮助制定相应决策。

3.4.3 车间性能的演化规律:预测

预测是指利用关联分析结果,描述车间制造过程与性能指标的内在关系。需要将车间性能指标数据化,通过建立模型,描述车间运行过程数据对性能指标数据的影响规律,实现车间性能预测。具体的实现路径如下。

(1) 建立车间性能统一评价模型。车间性能可以从产品、设备、运行等多个角度衡量,如产品合格率、设备利用率、日产出量、生产周期等。这些性能指标中,有的可以直接通过传感器或者智能感知设备获取,更多的则是大量相互关联制造数据的统计表征。借助制造数据复杂网络关系模型,研究车间性能的多维描述方法,建立面向多种性能指标的统一评价模型。

(2) 建立车间性能演化模型。车间性能的演化是与之关联的制造数据协同作用的结果,在动态制造数据时序分析和车间性能统一评价模型的基础之上,研究相互耦合的制造数据对不同车间性能的影响规律,挖掘车间性能的时变演化规律。

(3) 建立基于误差反馈的车间性能预测方法。利用车间性能演化规律,可以实现车间性能的预测,然而车间运行过程中广泛存在的动态扰动,如制造数据的随机误差、子系统预测误差,会极大地影响预测精度。研究不确定性在车间性能预测过程中的传播机制,建立基于误差反馈的车间性能预测改进方法。

3.4.4 车间运行的管控机制:调控

调控是指基于车间性能预测模型,找到车间运行过程的关键制造参数,进行优化控制。需要确定影响质量控制、交货期控制的关键参数,运用规律知识建立针对产品合格率、及时交付率等性能指标的科学调控机制。以晶圆制造为例,产品质量智能决策方法和制造系统智能调度方法实现路径如下。

(1) 建立基于比例积分微分(proportional plus integral plus derivative, PID)自整定的车间运行调控机制。在制造过程大数据关联分析的基础上,引入PID调控的思想,研究车间运行过程的比例控制、积分控制和微分控制模型;研究车间运行过程控制参数的自整定方法,确定比例系数、积分时间和微分时间的大小,以消除车间运行调控过程中的稳态误差,改善系统振荡和失稳等动态特性。

(2) 建立状态参数驱动的产品质量智能决策方法。由于在车间生产过程中会不断地更改产品加工工艺参数、原材料、质量特性等变量,晶圆制造过程呈现出统计复杂性,难以用数学模型精确描述制造过程参数与产品质量间的因果关系。利用大数据驱动,构建晶圆制造过程中的状态参数(如设备运行参数)和质量性能指标(如晶圆合格率)的关联关系网络,挖掘晶圆成品率演化规律,研究基于状态参数调控的晶圆质量智能决策方法。

(3) 建立规则自适应的制造系统智能调度方法。晶圆制造过程中广泛存在工件再回流、成批加工、作业等候时间长、设备宕机率高等现象,传统的调度方法难以适用。目前大多半导体工厂采用人工或一些基于规则的自动派工软件进行调度排产,而这些调度方法往往只限于局部的微调改善,无法统观全局。按照大数据的思想,这些规则本身也可看作一种数据,作为资源,具备一定的价值。可以利用大数据处理和分析方法,研究车间性能(如晶圆产出率、设备利用率等)与大量的各种调度规则之间的关联关系,构建调度规则自动生成模型与自适应优化模型,挖掘晶圆制造系统多种性能的演化规律,研究基于调度规则调控的晶圆制造系统智能调度方法。

3.5 新模式下的车间运行分析与决策关键方法

本节继续对实现"关联+预测+调控"新模式过程中用到的关键技术展开讨论,从而形成大数据驱动的车间运行分析与决策方法体系。

3.5.1 海量高维多源异构制造数据预处理技术

海量高维多源异构制造数据预处理技术包括过滤规则多级组合优化、基于本体论的数据统一建模和基于字典学习的多维视图构建,可分别实现车间制造数据的清洗去噪、建模集成与多尺度分类。

1) 过滤规则多级组合优化

智能车间采集的制造数据可能存在数据残缺、数据错误、数据冲突与数据重复等多种情况,这些情况降低了数据的可用性和可靠性。如晶圆刻蚀阶段的腔槽深度数据可能因检测设备漏测而存在空值,可能因检测设备异常而存在错误值,也可能因检测设备在同一空间位置采样而存在重复值,因此需要定义空值、非法值、不一致数据与相似重复记录的检测与处理规则,以构建传统的数据过滤器。在此基础上进一步研究过滤规则多级优化组合方式,分析多级过滤器的不同组合对数据质量的影响,通过多级过滤结构优化实现车间制造大数据清洗,提高数据可信度。

2）基于本体论的数据统一建模

智能车间制造数据同时存在多源异构的特点，如非结构化的晶圆热氧化系统 CAD 图、半结构化的刻蚀机维修表单与结构化的单晶硅供应清单，因此需要基于本体论提出面向全局的车间制造数据模型与关系描述，通过本体构建定义数据的多维度语境与相应度量值，并在数据集成中间件中转换为全局数据模型，特别需要建立半结构化和非结构化数据的结构化文本的描述手段，以实现对结构化、半结构化与非结构化制造数据的统一建模。

3）基于字典学习的多维视图构建

智能车间运行分析与决策存在制造数据复用需求，如晶圆光刻的对焦精度数据既要在晶圆质量控制时使用，也要在调度优化中考虑晶圆重入时使用。由于在多维数据库中存在大量稀疏矩阵，因此需要建立制造大数据的稀疏表示框架，提出维度成员字典的在线学习方法，根据指定尺度下的维度成员分布对数据进行按列簇聚类，以快速建立车间制造数据的多维分类视图，为车间运行分析与决策的具体应用提供支持。

3.5.2 动态制造数据多尺度时序分析技术

动态制造数据多尺度时序分析技术包括时序数据集的增量式多维索引、时序模型多尺度转换和不规则波动下的数据时变规律分析。

1）时序数据集的增量式多维索引

车间制造数据的可视化展示与统计分析需要实现数据时序集合的快速索引。如索引得到某批次晶圆在某台刻蚀机上干法刻蚀时温度传感器测到的空气温度的度量值集合，需要通过 R-tree 局部索引与控制器局域网（controller area network，CAN）覆盖网络全局索引结合，建立 RT-CAN 索引方法，并进一步与增量式索引更新器结合，实现在车间制造数据多维分类视图中对数据时间序列的快速索引，建立制造数据时序模型。

2）时序模型多尺度转换

车间制造数据时序模型需要在不同时间尺度之间转换，以满足不同时间跨度的统计分析与模式挖掘需求，例如按秒度量的刻蚀机空气温度与按小时级时间尺度测量的晶圆刻蚀腔槽深度之间的统计分析，需要采用多网格蒙特卡罗方法，建立时序数据集的小尺度离散化与大尺度均匀化过程，根据目标尺度构建新的时序数据集，实现时序模型在不同时间尺度间的转换。

3）不规则波动下的数据时变规律分析

针对智能车间随机性事件频发导致的时序数据集中普遍存在的不规则波动，如光刻机故障、晶圆刻蚀缺陷等导致的晶圆产出率波动，需要基于小波变换获取动态制造数据时序模型的频域谱,通过设置合适的过滤阈值提取不失真小波基,获得平稳时序模型,进一步对其进行序列模式挖掘,确定数据在时间维的变化规律。

3.5.3　制造大数据的关系网络建模与关联分析技术

制造大数据的关系网络建模与关联分析技术包括数据关联关系描述、数据关系网络建模和数据的关联分析。

1) 数据关联关系描述

在智能车间中,产品数据、工艺数据、设备数据、系统运行数据等制造数据之间相互影响,如晶圆尺寸数据、刻蚀工艺数据会对晶圆良率数据产生影响,因此需要在海量高维数据多尺度分类方法和动态制造数据时序分析方法的基础上,设计针对不同类型制造数据的时间序列尺度归一化算法,并研究关联关系的定义、分类及描述方法,构建数据关联关系描述模型。

2) 数据关系网络建模

为对车间制造数据间可能的相互影响进行全面描述,如若干工艺参数误差的累积效应对晶圆良率数据的影响,基于车间制造系统在拓扑结构上与复杂网络的相似性,建立不同类型制造数据与复杂网络节点之间的映射关系,设计数据时序变化在复杂网络模型中的数学描述方法,以及产品、工艺、装备、系统等制造数据时序变化向复杂网络节点集聚、消散、衰亡、派生等行为的映射规则,获得基于复杂网络的制造数据关系网络模型。

3) 数据的关联分析

针对车间制造数据间关联关系的直观表述需求,如明确工艺参数的何种组合变化会对晶圆良率数据产生何种影响,在分析制造数据关系网络模型中节点间的边权分布、节点集聚程度等复杂网络特性的基础上,设计 Hadoop 架构下基于 FP-growth 的关联分析算法,分析网络节点之间的同步机制,以量化车间制造数据时间序列之间的关联关系,揭示制造数据之间的相关性规律。

3.5.4　车间运行状态演化规律挖掘与预测技术

车间运行状态演化规律挖掘与预测技术包括车间性能统一评价、车间性能演化分析和基于误差反馈的车间性能预测。

1) 车间性能统一评价

车间性能可以从产品、设备、运行等多个角度,如产品合格率、设备利用率、日产出量、生产周期等进行度量。这些性能指标中,有的可以直接通过传感器或者智能感知设备获取,更多的则是大量相互关联的制造数据的统计表征,因此需要基于增量式多维索引方法,建立产品合格率、日产出量、生产周期等可以直接从智能设备获取的车间性能指标的语义表征,并基于制造数据关联分析算法,针对设备利用率等需要通过多元数据表征的车间性能指标建立统一描述方法。

2) 车间性能演化分析

车间性能的演化是与其关联的制造数据协同作用的结果,例如原材料数据、工艺设计数据、加工过程数据等共同决定了晶圆良率数据,因此需要在制造数据时序分析和关联分析的基础上,通过神经网络、专家系统等手段学习和表述与车间性能存在关联关系的制造数据对车间性能的影响规律,从而根据制造数据的时序模式进一步挖掘车间性能演化规律。

3) 基于误差反馈的车间性能预测

车间运行过程中广泛存在的动态扰动,如温度传感器的数据采集误差和设备加工良率预测误差,会极大地影响晶圆良率等数据的预测精度,需要通过数据不规则波动的时序模式挖掘,分析数据不确定性的演化规律及其在车间性能预测过程中的传播机制,从而采用基于误差反馈的车间性能修正机制实现车间性能准确预测。

3.5.5　基于定量调控机制的车间运行决策方法

基于定量调控机制的车间运行决策方法的关键是基于 PID 自整定的车间运行调控。智能车间运行分析与决策的目标是实现车间性能优化,例如通过工艺规范数据和设备加工数据控制实现晶圆良率优化,或者通过订单优化级数据和设备组能力数据调整实现晶圆完工期优化等。因此需要运用制造过程大数据关联分析方法,将制造过程参数聚类为过程的输入输出、静态误差、冲击误差三类参数,分别作为比例控制、积分控制和微分控制的信号来源;利用前述车间运行状态预测方法对车间的未来状态进行预测,与车间调控目标进行比较,得出静态误差和冲击误差;采取协同粒子群算法,利用耦合分析将参数的不同调整方向作为目标搜索空间中的不同维度方向,将系统的误差作为粒子群优化算法的评价函数,即适应度函数输入,根据粒子群的寻优结果确定比例系数、积分时间和微分时间,以消除车间运行调控过程中的稳态误差,改善系统振荡和失稳等动态特性。

3.6　本章小结

本章首先对车间运行性能指标体系进行介绍,以晶圆车间为例,具体探究晶圆制造的运行性能指标,详细阐述了基于两种不同分类方法的评价体系。然

大数据驱动的智能车间运行分析与决策方法

后对车间运行分析和决策的常用方法进行介绍,这些方法都对模型精确度与算法复杂度有较高的要求,在实际的生产应用,如晶圆制造这一典型应用中,会出现很多不足。于是针对制造业的基础科学问题,提出了大数据驱动的"关联＋预测＋调控"的新模式,详细介绍了大数据思维在智能制造车间内的应用思路,对关联、预测和调控这些概念进行解释说明,并分五个层次具体阐述了大数据驱动的车间运行分析与决策技术架构,重点讨论了海量高维多源异构制造数据预处理、动态制造数据多尺度时序分析、制造大数据的关系网络建模与关联分析、车间运行状态演化规律挖掘与预测、基于定量调控机制的车间运行决策等关键技术方法。

本章参考文献

[1] 李培根,张洁. 敏捷化智能制造系统的重构与控制[M]. 北京:机械工业出版社,2003.

[2] 蔡宗琰. 可重构制造系统的性能分析[J]. 航空学报,2004,25(5):516-519.

[3] EGBELU P J. The use of non-simulation approaches in estimating vehicle requirements in an automated guided vehicle based transport system[J]. Material Flow,1987,4(1-2):17-32.

[4] MAHADEVAN B,NARENDRAN T T. Estimation of number of AGVs for an FMS:an analytical model[J]. International Journal of Production Research,1993,31(7):1655-1670.

[5] TING J H,TANCHOCO J M A. Optimal bidirectional spine layout for overhead material handling systems[J]. IEEE Transactions on Semiconductor Manufacturing,2001,14(1):57-64.

[6] GHEZAVATI V R,SAIDI-MEHRABAD M. An efficient hybrid self-learning method for stochastic cellular manufacturing problem:a queuing-based analysis[J]. Expert Systems with Applications,2011,38(3):1326-1335.

[7] SILTEPAVET A,SINTHUPINYO S,CHONGSTITVATANA P. Improving quality of products in hard drive manufacturing by decision tree technique[J]. International Journal of Computer Science Issues,2012,9(3):29-34.

[8] VAN DO T. A closed-form solution for a tollbooth tandem queue with two heterogeneous servers and exponential service times[J]. European

Journal of Operational Research, 2015, 247(2): 672-675.

[9] PETERS B A, YANG T. Integrated facility layout and material handling system design in semiconductor fabrication facilities [J]. IEEE Transactions on Semiconductor Manufacturing, 1997, 10(3): 360-369.

[10] LI Z W, LIU G Y, HANISCH H-M, et al. Deadlock prevention based on structure reuse of Petri net supervisors for flexible manufacturing systems [J]. IEEE Transactions on Systems, Man, and Cybernetics-Part A: Systems and Humans, 2012, 42(1): 178-191.

[11] NAZZAL D, MCGINNIS L F. Analytical approach to estimating AMHS performance in 300 mm fabs [J]. International Journal of Production Research, 2007, 45(3): 571-590.

[12] KAHRAMAN A F, GOSAVI A, OTY K J. Stochastic modeling of an automated guided vehicle system with one vehicle and a closed-loop path [J]. IEEE Transactions on Automation Science and Engineering, 2008, 5(3): 504-518.

[13] ZHANG J, QIN W, WU L H. A performance analytical model of automated material handling system for semiconductor wafer fabrication system [J]. International Journal of Production Research, 2016, 54(6): 1650-1669.

[14] LIAO D Y, JENG M D, ZHOU M C. Application of Petri nets and Lagrangian relaxation to scheduling automatic material-handling vehicles in 300-mm semiconductor manufacturing [J]. IEEE Transactions on Systems, Man, and Cybernetics-Part C: Applications and Reviews, 2007, 37(4): 504-516.

[15] LI Z W, ZHOU M C, WU N Q. A survey and comparison of Petri net-based deadlock prevention policies for flexible manufacturing systems [J]. IEEE Transactions on Systems, Man, and Cybernetics-Part C: Applications and Reviews, 2008, 38(2): 173-188.

[16] NISHI T, SHIMATANI K, INUIGUCHI M. Decomposition of Petri nets and Lagrangian relaxation for solving routing problems for AGVs [J]. International Journal of Production Research, 2009, 47(14): 3957-3977.

[17] WU N Q, ZHOU M C. Deadlock modeling and control of semiconductor track systems using resource-oriented Petri nets [J]. International Journal of Production Research, 2007, 45(15): 3439-3456.

[18] ZHANG J, ZHAI W, YAN J. Multiagent-based modeling for re-

entrant manufacturing system[J]. International Journal of Production Research,2007,45(13):3017-3036.

[19] LIN J T,WANG F K,CHANG Y M. A hybrid push/pull-dispatching rule for a photobay in a 300 mm wafer fab[J]. Robotics and Computer-Integrated Manufacturing,2006,22(1):47-55.

[20] LIAO D Y,WANG C N. Differentiated preemptive dispatching for automatic materials handling services in 300 mm semiconductor foundry[J]. International Journal of Advanced Manufacturing Technology,2006,29(9-10):890-896.

[21] KUO C H,HUANG C S. Dispatching of overhead hoist vehicles in a fab intrabay using a multimission-oriented controller[J]. International Journal of Advanced Manufacturing Technology,2006,27(7-8):824-832.

[22] KIM B I,OH S J,SHIN J,et al. Effectiveness of vehicle reassignment in a large-scale overhead hoist transport system[J]. International Journal of Production Research,2007,45(4):789-802.

[23] CORRÉA A I,LANGEVIN A,ROUSSEAU L-M. Scheduling and routing of automated guided vehicles: a hybrid approach[J]. Computers & Operations Research,2007,36(6):1688-1707.

[24] IM K,KIM K,PARK T,et al. Effective vehicle dispatching method minimizing the blocking and delivery times in automatic material handling systems of 300 mm semiconductor fabrication[J]. International Journal of Production Research,2009,47(14):3997-4011.

[25] DE-KOSTER R B M,LE-ANH T,VAN-DER-MEER J R. Testing and classifying vehicle dispatching rules in three real-world settings[J]. Journal of Operations Management,2004,22(4):369-386.

[26] BILGE Ü,ESENDURAN G,VAROL N,et al. Multi-attribute responsive dispatching strategies for automated guided vehicles[J]. International Journal of Production Economics,2006,100(1):65-75.

[27] WANG K-J,LIN J T,WEIGERT G. Agent-based interbay system control for a single-loop semiconductor manufacturing fab[J]. Production Planning & Control,2007,18(2):74-90.

第4章
车间制造大数据融合方法

准确可靠的数据资源是实现大数据驱动的智能车间运行分析与决策优化的基础,但是车间运行的自身特点,使得制造大数据存在着噪声干扰、频率不一致、数据类型不统一等情况,难以保障数据分析及最终决策结果的准确性与有效性。因此,针对车间制造过程中所采集的数据的噪声高、干扰大、质量差等问题,需要采用合理手段对制造大数据进行融合处理,包括对车间数据进行梳理、抽取、格式标准化、类型标准化等,以获取对车间运行分析与决策有利的数据信息。

本章针对包括数据清洗、数据抽取与数据分类的车间制造大数据融合处理体系,展开详细介绍,并以实际案例验证测试方法体系的有效性。

4.1 车间制造大数据融合的必要性

数据融合技术是一门能将多源数据转换为知识的技术,应用在制造车间中,通过选取适合的数据融合算法来提取数据的特征,一方面可以消除车间数据的错误性、异构性及不确定性,另一方面能提高车间对数据的利用率,消除车间数据利用率低和数据冗余等问题,是智能车间实现自动决策和判断的一项重要技术手段。另外,随着智能车间行业的发展与需求变化,车间中产生的数据量越来越大,数据结构也越来越复杂,对数据融合的要求也越来越高,因此如何对智能车间进行数据融合将会是未来研究的重点。

从数据系统的观点来看,智能车间的运行过程可以看成一个数据产生、数据加工与数据处理的过程。在生产制造过程中,车间的产品与设备不断地产生数据,制造现场利用传感器、RFID阅读器、数据采集卡等数据采集工具对产生的数据进行采集,通过各种网络将这些数据传输到车间数据处理层,并将处理结果用于指导车间的各种决策、生产调度、报表分析及其他应用模型等,如图4-1所示。

与传统孤立、粗放的制造车间相比,一方面,智能车间是相互协作、相互配

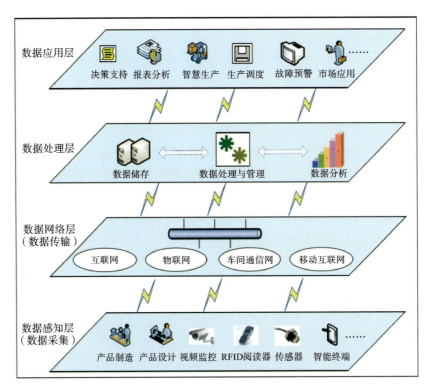

图 4-1　智能车间数据融合流程

合、相互共享的,它使得车间各个单元之间互联互通,可解决传统车间的数据冗余和信息孤岛等问题;另一方面,智能车间的应用层直接以生产数据为客观依据,改善了传统车间的主观生产模式。智能车间的主要运作方式是以数据为信息载体,故车间数据对其而言起着重要的作用,它是保证制造车间正常运行的基础。

在制造车间中,对某个对象进行分析判断,例如分析设备的状态、诊断故障时,需要对设备的多个参数值进行采集,然后对所有采集的数据进行融合,将各个方面的数据进行互补,消除冗余数据,才能正确地获得反映事件的真实信息。多源数据融合具有很多优点,它能大大地增强系统的生存能力,提高系统推理的可信度,扩展空间和时间覆盖范围,降低信息的不确定性或模糊度,改善系统的探测能力,提高数据的利用率,具有较高的自适应能力,且实现成本低。

4.2　通用数据融合方法

1. 数据融合模型

自从美国数据融合联合指挥实验室在 1987 年提出了第一个数据融合原始

模型(JDL 模型)之后,30 多年来,随着数据融合领域的发展,相继出现了多种数据融合模型,这些模型基本都是在 JDL 模型的基础上发展起来的,包括情报环模型、Boyd 模型、混合模型等。

1) JDL 模型

JDL 模型共有三级融合功能。一级处理为目标估计/身份估计,主要对预处理后的数据进行聚集与关联,并对来自同一数据源的数据进行初步组合处理,实现对象的可靠预测。二级处理为态势估计,主要用于发现隐藏在对象和环境中的态势知识,并为进一步的决策提供准确的知识信息。三级处理为威胁估计。威胁估计是在目标估计和态势估计两个处理阶段之后,对可能产生的威胁进行综合估计的过程,例如对突发事件、机器故障等的预测。JDL 模型如图 4-2 所示。

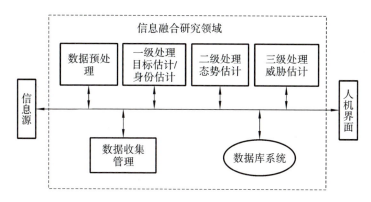

图 4-2 JDL 模型

2) 情报环模型

在数据融合中,一些具有循环特征的处理过程不能在 JDL 模型中表现出来,情报环模型便主要体现出这些特征,如图 4-3 所示。

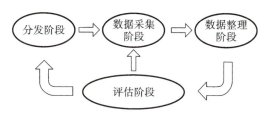

图 4-3 情报环模型

情报环模型一般有如下四个数据处理阶段。

(1) 数据采集阶段:获取需要分析的数据。

(2) 数据整理阶段:对数据采集阶段获取的数据进行初步分析与处理。

(3) 评估阶段:对数据整理阶段得到的数据进行融合与分析,并及时将分析的结果传送至下一阶段。该阶段是模型的核心。

(4) 分发阶段:主要的任务是将评估阶段融合得到的结果分发给相关用户。

3) Boyd 模型

Boyd 模型是一种环形回路模型,最初用于军事领域,现在广泛应用于各个领域的数据融合。Boyd 模型如图 4-4 所示。

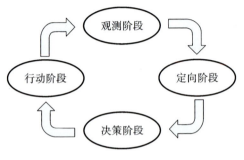

图 4-4　Boyd 模型

该模型有如下四个数据处理阶段。

(1) 观测阶段:主要从传感器中获取数据。该阶段与 JDL 模型中的一级处理相类似。

(2) 定向阶段:主要负责数据的综合处理,用以分析数据的发展势态,调整发展方向。该阶段相当于 JDL 模型的二级处理。

(3) 决策阶段:主要用于制订反应计划,即对对象做出决策。该阶段等同于 JDL 模型的三级处理。

(4) 行动阶段:主要用于执行决策计划。

Boyd 模型的四个处理阶段首尾相连,形成一个封闭的环,从而确定了数据融合是一个循环的过程。在 Boyd 模型中,传递到下一阶段的数据量会随着数据融合的进行而逐步减少,从而使融合结果越来越精确。

4) 混合模型

混合模型结合了上述几种模型的优点。它使用了类似于 Boyd 模型的环形回路,但是与 Boyd 模型的环形回路相比,混合模型所提供的处理过程更加详细,循环特征也更加明确,如图 4-5 所示。混合模型中有四个处理模块,分别如下:

(1) 控制与资源分配模块,对应 Boyd 模型中的行动阶段;

(2) 传感器与数据处理模块,对应 Boyd 模型中的观测阶段;

(3) 特征提取与模式处理模块,对应 Boyd 模型中的定向阶段;

(4) 关系处理与决策制定模块,对应 Boyd 模型中的决策阶段。

第 4 章
车间制造大数据融合方法

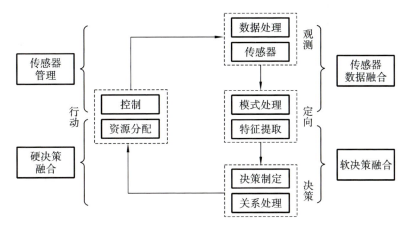

图 4-5　混合模型

2. 数据融合算法

对数据进行融合需要依靠相应的算法来实现,目前存在的数据融合算法很多,但是没有任何一种融合算法能适用于所有的情形,一般都是根据具体的应用与需求来选择。图 4-6 列举了目前比较常用的数据融合算法,下面对其中几种进行详细的介绍。

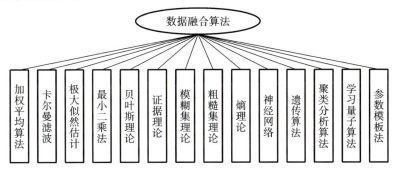

图 4-6　常用数据融合算法

1) 贝叶斯理论

贝叶斯理论(Bayesian theory)在数据融合中得到了很广泛的应用,尤其是在静态数据环境中。该方法主要运用概率的思想对数据进行组合,并使用条件概率来表示数据中存在的不确定性。利用贝叶斯理论对数据进行融合时,一般步骤为:首先将数据特征与目标属性进行相互关联与分类;然后利用条件概率值表示每个数据在各个假设为真时的情况,并利用贝叶斯公式将多个条件概率数据进行融合处理;最后通过逻辑判断准则得到融合结果。

2) 模糊集理论

模糊集理论(fuzzy set theory)将传统集合推广到模糊集合,为研究具有模糊性的对象提供了扎实的数学基础。模糊集理论的基本思想是把传统集合中的隶属关系进行扩展,将对象的隶属度情况只能取 0 和 1 两个值,推广到可以任取区间[0,1]上的某个值,从而实现对对象的定量描述。显然,模糊集理论能在某种程度上解决传统概率方法所不能表述的问题,使信息在表达和处理方面更加接近于人的思维逻辑。

在数据融合中,可以应用模糊集理论表示数据中存在的不确定性,并利用对应的逻辑对其进行推理,然后利用融合规则对数据信息进行融合。然而目前模糊集理论自身还不够系统化,并且仍然存在着很大的主观性,缺少客观事实性。

3)粗糙集理论

粗糙集理论(rough set theory)是波兰科学家 Pawlak 在 20 世纪 80 年代提出的,是一种解决模糊性和不确定性问题的重要数学方法。粗糙集理论的核心思想是在不改变知识库分类的情况下,对知识进行简约处理或近似刻画,然后找出问题决策或分类的一般规则,方便数据的认识与处理。该理论的最大优势在于不需要其他任何先验知识和信息,仅仅通过原始数据便能够从中发现隐藏的知识和规律,能更加真实和客观地对数据进行描述,因此在机器学习、知识获取等方面得到广泛的应用。但是该理论不能处理具有不精确性或不确定性的数据,因此应用受到了很大的限制。

4)证据理论

证据理论(evidence theory)的基本框架由 Dempster 于 20 世纪 70 年代初次建立,它利用多值映射的方法推导出上下概率的概念,并用其对各类信息进行建模。之后他的学生 Shafer 对该框架作了进一步完善,建立了问题和集合之间的相互对应关系,并把问题的不确定性向集合的不确定性转化,形成证据推理的重要数学基础。

证据理论作为一种不确定推理的数学方法,在处理不确定数据融合方面得到很大的研究与应用。同概率决策的贝叶斯理论相比,它可以分辨和解决是"不确定"引起还是"不知道"引起的不确定性问题,因此具有更好的实用性;同时,证据理论可以在同一辨识框架下,用证据合并规则将不同的数据信息合并为一个信息体;此外,证据理论还能将信度值直接赋予相应的信息,保持了信息的真实情况。证据理论的这些优点,使其在数据融合与决策判断等方面得到了广泛应用。

5)神经网络

神经网络(neural network)能对许多数据进行运算和处理,并能够对这些数据的基本特征进行描述,因此在数据融合中得到了较多应用。其基本思想是:首先利用特定的数据处理方法对样本数据进行预处理,获得数据的基本特征,然后利用这些特征对采集的数据进行不断的融合并再学习。

基于神经网络理论的数据融合算法具有以下优点:有较强的自适应能力,有知识的自动获取与自动处理能力,具有一定的联想记忆功能,有大规模并行处理数据的能力等。

4.3 智能车间制造大数据融合过程

传统车间中的运行分析与决策通常以较为单一的数据资源为基础,通过深入追踪和分析形成执行方案,要求业务人员对数据的来源和结构有深层次了解。例如:在晶圆质量检验过程中,主要通过统计过程控制(SPC)方法,对每个可能影响晶圆质量的参数逐个进行统计分析;由于影响参数众多,仅能在有限时间内找到部分与晶圆良率相关的参数,对于组合参数对晶圆良率的影响情况及多源数据的影响情况,难以通过 SPC 方法进行有效控制。

在高度自动化、网络化、信息化的智能车间中,制造设备普遍广泛配备了各类传感器,可自发获得各种类型的海量数据,为上层信息系统提供支持,具有更好的大数据分析和应用条件。但是车间制造大数据具备的"3M"(多来源、多噪声、多尺度)特性,使得智能车间存在数据资源缺失、错误、重复等多种噪声干扰,以及不同信息系统之间的数据相互割裂的情况,无法按照运行分析与决策优化的具体需求勾勒相关业务场景的全貌;导致各应用系统间缺乏透明性与集成性,难以充分利用数据资源支持车间运行优化。因此,数据融合处理成为智能车间业务人员充分利用多样、多源数据资源,对数据进行梳理、分析和挖掘的重要工具。

数据融合与数据仓库、数据一体化不同,它的目的不是将智能车间的所有数据集中在一起并标准化而产生运行规律,而是以具体业务场景为目标,将多种数据源中的相关数据提取、融合、梳理整合成一个分析数据集。分析数据集是独立且灵活的实体,可随数据源的变化重组、调整和更新。数据融合通常包括以下六个基本步骤:

①连接所需多源数据库并获取相关数据;
②研究和理解所获得的数据;
③数据梳理和清洗;
④数据转换和建立结构(抽取集成);
⑤数据分类组合;
⑥建立分析数据集。

在数据融合过程中,通过分析智能车间的大数据资源,以应用系统之间的数据接口为数据交互工具,可以基本完成前两步。而中间三步的数据梳理清洗、数据抽取集成和数据分类组合,在面向智能车间大数据资源的"3M"特性时,显得尤为重要。因此,本章将围绕图4-7所示的车间制造大数据融合处理方法体系深入展开,介绍如何利用数据清洗、数据抽取与数据分类,提高智能车间制造数据的可靠性与可用性。

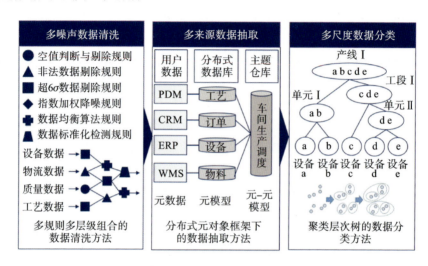

图4-7 车间制造大数据融合处理方法体系

(1)多噪声数据清洗:针对噪声干扰下制造大数据在多个维度存在非法值、错误值和偏差值的现象,从数据特点和使用需求出发,对多种数据规则进行选取与组合,形成具体可行的数据清洗方法。如刻蚀腔内气体流量由流速传感器采集而来,数据空缺、错误值多,量纲多样,背景噪声大,因此组合使用空值判断与剔除规则、超6σ数据剔除规则、数据标准化检测规则和指数加权降噪规则进行数据清洗;对订单数据,需检查交货期、需求数量等数值的正确性,因此使用格式检测规则实现数据清洗。

(2)多来源数据抽取:智能车间通过使用CAPP、PDM、ERP、MES和协同仿真平台等多类型软件系统,辅助完成设计、工艺、生产、计算等部门的业务需求,但是往往存在PDM只管理设计部门数据,CAPP、MES和ERP等信息系统之间的数据交互困难,没有形成面向信息系统端到端的产品价值链集成的情况。因此需要构建统一的数据模型,实现面向多来源特点的分布式对象框架,形成面向不同业务主题的数据仓库。例如,在构建面向系统主题的数据字典时,从MES、ERP、PPS等系统中抽取晶圆订单、加工设备、晶圆物料、加工工艺、成品库存等元数据,其中MES提供包含加工能力、可靠性等属性的加工设备元数据,而 ERP 系统提供包含寿命、品牌等属性的加工设备元数据。

(3) 多尺度数据分类:针对智能车间原始数据按固定关系型数据库、面向特定制造环节进行组织的特点,利用制造大数据的多维度视图分类方法,将反映单一制造过程特性的各维数据组织为面向全局性统计分析和优化决策的多维数据视图。以设备可靠性数据立方体为例,它涉及时间、参数、加工晶圆三个维度,通过钻取可从数据立方体上层扩展到下一层,将汇总数据拆分为更细节的数据。例如:对每天的晶圆总生产数进行钻取来查看每小时的生产数量;通过切块选择特定区间的数据,如选取某个时刻若干设备若干参数的值进行分析。在获得所需维度视图后,开发复杂查询分解指派方法,将单一查询请求按数据维度、数据间关联和分类关系合理拆分为多个子任务,根据字典中定义的元素与查询对象相关关系,利用 MapReduce 实现并行查询,提高检索效率。

4.4 车间制造大数据清洗方法

所谓的数据清洗,也就是 ETL 处理,包含抽取(extract)、转换(transform)、加载(load)这三个步骤。车间生产过程的动态性、不均衡性及高速特性等,造成所采集的数据同时存在重复、缺失、异常、量纲差异等问题,使得进一步的数据分析与挖掘过程难以实现,因而对同时存在这些问题的车间制造数据,需要将多规则、多层级的数据清洗方法组合配套使用,以达到有效清洗数据的目的。在车间制造大数据挖掘过程中,面对的至少是 GB 级别的数据量,包括用户基本数据、行为数据、交易数据、产品生产流程数据及第三方数据等,因此选择正确的方式来清洗特征数据极为重要。

4.4.1 数据清洗常用方法

数据清洗是将重复、多余的数据筛选清除,将缺失的数据补充完整,将错误的数据纠正或者删除,最后整理成我们可以进一步加工、使用的数据。以下将从缺失值清洗、异常值清洗、重复记录清洗和噪声数据清洗四个方面简述数据清洗常用方法。

1) 缺失值清洗方法

通常使用的方法有下面几种。

(1) 删除缺失值。当样本数量很多且出现缺失值的样本占整个样本的比例相对较小时,我们可以直接剔除有缺失值的样本,简单有效地达到缺失值清洗的目的。

(2) 均值填补法。当缺失值是数值型时,若变量服从正态分布或近似正态分布,则分别计算出每个变量的均值,将缺失项对应的属性的平均值作为填补值进行补齐;若变量的分布是偏态的,则选用中位数填补缺失值。当缺失值是非数值型时,则采用众数填补缺失值。

(3)回归填补法。该方法基于没有缺失值的数据集,利用辅助变量与目标变量的关联关系,建立变量之间的回归模型,针对包含缺失值的样本对象,将已知的辅助变量输入回归模型中,预测缺失值,进而填补至数据缺失处。此外,常用的缺失值清洗方法还有最近距离决定填补法、回归填补法、多重填补方法、K-最近邻法、有序最近邻法、基于贝叶斯的方法等。

2)异常值清洗方法

(1)基于统计的方法。利用切比雪夫定理,根据属性值的期望、标准差,考虑每一个属性取值的置信区间,以该区间来识别异常的属性和记录。

(2)基于模型的检测。首先建立一个数据模型,异常是那些同模型不能完美拟合的对象。更进一步,如果模型是簇的集合,则异常是不显著属于任何簇的对象。而在使用回归模型时,异常是相对远离预测值的对象。

(3)基于聚类的方法。将数据集分组为多个类或簇,在同一个簇中的数据对象(记录)之间具有较高的相似度,而分别在不同簇中的对象之间的差别就比较大。散落在外,不能归并到任何一类中的数据称为"孤立点"或"奇异点"。把整个数据集进行空间聚类,能发现在字段级检查未被发现的孤立点,常采用距离来度量对象之间的相似度。常用的距离有欧氏距离、绝对距离(曼哈坦距离)、闵可夫斯基距离等。用来度量簇间距离的方法有最小距离法和最大距离法等。

3)重复记录清洗方法

(1)近邻排序法。

① 创建排序关键字。抽取记录属性的一个子集序列或属性值的子串,为数据集中每一条记录计算出一个键值,即排序关键字。

② 排序。根据该排序关键字对整个数据集进行排序。尽可能地使潜在的可能的重复记录调整到一个邻近的区域内,从而可以将对特定的记录进行记录匹配的对象限制在一定的范围之内。

③ 合并。在排序后的数据集上滑动一个固定大小的窗口,数据集中每条记录仅与窗口内的记录进行比较。窗口的大小为 w 条记录,则每条新进入窗口的记录都要与先前进入窗口的 $w-1$ 条记录进行比较,以检测重复记录,然后最先进入窗口内的记录滑出窗口,最后一条记录的下一条记录移入窗口,再把此 w 条记录作为下一轮比较对象,直到数据集中的记录均完成比较。

(2)多趟近邻排序算法。独立地执行多趟上述基本的近邻排序法(SNM),

每趟创建不同的排序关键字和使用相对较小的滑动窗口。然后采用基于规则的知识库来生成一个等价原理,作为合并记录的判断标准,将每趟扫描识别出的重复记录合并为一组,在合并时假定记录的重复是具有传递性的,即计算其传递闭包(transitive closure)。所谓传递闭包是指若记录 R_1 与 R_2 互为重复记录,R_2 与 R_3 互为重复记录,则 R_1 与 R_3 互为重复记录。计算每趟扫描识别出的重复记录的传递闭包,可以得到较完全的重复记录集合,能部分解决漏配问题。

(3)优先权队列算法。该算法的基本思想是:首先根据排序关键字对数据集进行排序,然后根据排序结果顺序扫描数据集。假定当前考察的记录为 R_i,如果 R_i 已在优先权队列的某个聚类中,则将该聚类的优先权设为最高,再继续考察数据集中的下一条记录。否则,按优先权的高低,将 R_i 逐个与各个聚类的特征记录进行比较。假定和 R_i 比较的当前记录是 R_j,一旦判定两者为重复记录(相似度高于某一特定值 match_thresh),则通过 Union 操作合并两者所在的聚类;如果两者的相似度低于某个值 high_thresh(该值大于 match_thresh,但小于 1),说明 R_i 具有一定的代表性,因此将 R_i 作为合并后的聚类的特征记录放入优先权队列,这有助于后面检测到更多的潜在重复记录。反之,如果 R_i 和 R_j 的记录比较结果值低于某个特定值 low_thresh(该值小于 match_thresh),说明 R_i 属于 R_j 所在的聚类的可能性已经很小,因此无须再和该聚类中的其他特征记录进行比较。此时 R_i 直接和下一个优先级的聚类的代表记录进行比较。如果扫描整个优先权队列之后,发现 R_i 不属于其中任何一个聚类,则将 R_i 本身所在的聚类加入优先权队列中,并且具有最高优先权,同时 R_i 成为该聚类的第一个特征记录。如果此时优先权队列的元素的个数已经超过了固定的大小,则删除优先权最低的那一项。继续考察数据集中的记录,直至结束。最终可获取输入数据集中的所有重复记录聚类。

以重复记录聚类为元素的优先权队列结合特征记录的算法,通过适当地设置 high_thresh 和 low_thresh 两个阈值,可以大大减少不必要的记录比较操作。而且该算法几乎不受数据规模的影响,能很好地适应数据规模的变化。

4)噪声数据清洗方法

噪声,是被测量变量的随机误差或方差。对于噪声数据的处理,通常有下面两种方法。

(1)分箱法。分箱法通过考察数据的近邻(即周围的值)来平滑有序数据值。这些有序的值被分布到一些"桶"或"箱"中。由于分箱法考察近邻的值,因此可利用其进行局部平滑。用箱均值平滑,指箱中每一个值被箱中的平均值替换。用箱中位数平滑,指箱中的每一个值被箱中的中位数替换。用箱边界平滑,指箱中的最大值和最小值同样被视为边界,箱中的每一个值被最近的边界值替换。一般而言,箱的取值区间即箱的宽度越大,平滑效果越明显。

(2) 回归法。可以用一个函数拟合数据来平滑数据。线性回归指找出拟合两个属性(或变量)的最佳直线,使得凭借一个属性值就能预测另一个的值。多线性回归是线性回归的扩展,它涉及两个以上属性,并且将数据拟合到一个多维面。使用回归法,找出适合数据的数学方程式,能够帮助消除噪声数据。

4.4.2 多规则多层级组合的车间制造数据清洗

根据智能车间运行数据源的不同活跃程度,分别针对静态数据源、即时数据源和延时数据源设计了直接导入、事件导入和滞后导入三种数据导入方法。此外,由于数据在采集过程中会有遗漏和奇异值,因此对原始数据进行预分析和过滤有助于确保数据的完整性和正确性,可以避免后续步骤中由于数据不正确而引发的一些问题。在晶圆大数据处理中,在从 ERP、MES 等信息系统导入大数据系统阶段和数据的使用阶段等两个阶段进行数据清洗。

(1) 残缺数据或丢失数据的处理。残缺数据或丢失数据主要是一些应该有的信息缺失,如参数名称、参数值缺失或丢失,业务系统中主表与明细表不能匹配等。产生原因是传感器故障、传输过程丢失、信号干扰、数据堵塞等。对于这一类数据,需要先过滤,按缺失的内容分别写入不同的临时文件,向数据源反馈,要求在规定的时间内补全,补全后才写入数据仓库。对丢失的数据,由于在大量数据中剔除个别样本不会影响最终的结果,因此在数据接收过程中,可剔除所有出现丢失值的样本。

(2) 错误数据的清洗。错误数据产生的原因是业务系统不够健全,在接收输入后没有进行判断就直接写入后台数据库,比如数值数据输成全角数字字符、字符串数据后面有一个回车操作、日期格式不正确、日期越界等。这一类数据也要分类,对于类似于全角字符、数据前后有不可见字符的问题,只能通过写 SQL 语句的方式找出来,然后要求客户端在业务系统修正之后抽取;日期格式不正确或日期越界这一类错误会导致 ETL 运行失败,这一类错误需要去业务系统数据库用 SQL 方式挑出来,交给业务主管部门限期修正,修正之后再抽取。

(3) 重复数据。对于这一类数据,特别是维表中会出现这种情况,将重复数据记录的所有字段导出来,由客户端确认并整理。

(4) 奇异点分析。奇异点的产生原因是信号干扰、传输错误、传感器异常等。处理方法是剔除远离数据中心的奇异点。奇异点判别采用超 6σ 数据剔除规则,6σ 范围为 $[\bar{x}-6\sigma, \bar{x}+6\sigma]$,可涵盖 99.9999998% 的区间,剔除区间外的点即可。

综上所述,针对导入数据在多个维度存在非法值、错误值和偏差值的现象,设计如下多种过滤规则:

①面向数值、字符(串)、日期等多种数据类型的空值判断与剔除规则；
②基于正则表达式的数据格式检测与非法数据剔除规则；
③基于移动均值和标准差的流数据统计分析与超 6σ 数据剔除规则；
④基于指数加权移动平均的数据降噪规则；
⑤基于非参数核密度估计的多尺度数据标准化检测规则；
⑥基于 K-最近邻和线性插值的数据均衡 SMOTE(合成少数过采样技术)算法规则。

在实际问题中，从数据特点和使用需求出发，对以上规则进行选取与组合，形成具体可行的数据清洗方法。

4.5 车间制造大数据抽取方法

分布式元对象框架下的数据抽取是从分布式元对象框架的数据源中抽取数据的过程。实际应用中，数据源较多采用关系数据库。

4.5.1 数据抽取常用方法

数据抽取的常用方法通常包括全量抽取与增量抽取，以下将主要对这两种方法进行介绍。

1. 全量抽取

全量抽取需要对数据库中的所有数据进行提取，类似于数据迁移或数据复制，它将数据源中的表或视图数据原封不动地从数据库中抽取出来，并转换成自己的 ETL 工具可以识别的格式。全量抽取比较简单，适用于数据量较小的数据库。

2. 增量抽取

增量抽取只抽取自上次抽取以来数据库中要抽取的表中新增或修改的数据。准确、快速地捕获变化的数据是实现增量抽取的关键。优秀的增量抽取机制要求 ETL 能够将业务系统中的变化数据按一定的频率准确捕获，同时不能对业务系统造成太大的压力，影响现有业务。相较于全量抽取而言，增量抽取的设计更复杂，应用范围更广。目前增量抽取常用的捕获变化数据的方式有以下几种。

1) 触发器方式

该方式指根据抽取要求，在要抽取的表上建立需要的触发器，一般要建立插入、修改、删除三个触发器。每当源表中的数据发生变化，相应的触发器就将变化的数据写入一个临时表，抽取线程从临时表中抽取数据，临时表中抽取过的数据被标记或删除。

优点：数据抽取的性能好，ETL加载规则简单，速度快，不需要修改业务系统表结构，可以实现数据的递增加载。

缺点：要求业务表建立触发器，对业务系统有一定的影响，容易对源数据库构成威胁。

2）时间戳方式

该方式是一种基于快照比较的变化数据捕获方式，在源表上增加一个时间戳字段，系统中更新修改表中数据的时候，同时修改时间戳字段的值。当进行数据抽取时，通过比较上次抽取时间与时间戳字段的值来决定抽取哪些数据。有的数据库支持时间戳自动更新，即表的其他字段的数据发生改变时，时间戳字段的值自动更新。有的数据库不支持时间戳自动更新，这就要求业务系统在更新业务数据时，手工更新时间戳字段的值。

优点：同触发器方式一样，时间戳方式的性能比较好，ETL系统设计清晰，源数据抽取相对清楚简单，可以实现数据的递增加载。

缺点：时间戳维护需要由业务系统完成，对业务系统也有很大的侵入性（加入额外的时间戳字段），特别是对不支持时间戳自动更新的数据库，还要求业务系统进行额外的更新时间戳操作；另外，该方式无法捕获对时间戳以前数据的删除（delete）和更新（update）操作，在数据准确性上受到了一定的限制。

3）全表删除插入方式

该方式是指每次抽取前先删除目标表数据，抽取时全新加载数据。该方式适用于数据量不大、全量抽取的时间小于增量抽取的情况。

优点：数据加载规则简单，速度快。

缺点：对于维表加外键不适应，当业务系统产生删除数据操作时，综合数据库将不会记录所删除的历史数据，不可以实现数据的递增加载；同时对于目标表所建立的关联关系，需要重新创建。

4）全表比对方式

该方式是指在增量抽取时，ETL进程逐条比较源表和目标表的记录，将新增和修改的记录读取出来。优化之后的全部对比方式是采用MD5校验码，需事先为要抽取的表建立一个结构类似的临时表，该临时表记录源表的主键值及根据源表所有字段的数据计算出来的MD5校验码。每次进行数据抽取时，对源表和MD5临时表进行比对，如有不同，进行更新操作；如目标表不存在该主键值，表示该记录还没有，即进行插入（insert）操作。

优点：对已有系统表结构不产生影响，不需要修改业务操作程序，所有抽取规则由ETL完成，管理维护统一，可以实现数据的递增加载，没有风险。

缺点：ETL比对较复杂，设计较为复杂，速度较慢。与触发器和时间戳方式中的主动通知不同，全表比对方式是被动地进行全表数据比对的方式，性能较差。当表中没有主键或有唯一列且含有重复记录时，全表比对方式的准确性较差。

5）日志表方式

在业务系统的数据库中添加业务日志表，当业务数据发生变化时，更新维护日志表内容。增量抽取时，通过读日志表数据决定加载哪些数据及如何加载。

优点：不需要修改业务系统表结构，源数据抽取清楚，速度较快，可以实现数据的递增加载。

缺点：日志表维护需要由业务系统完成，因此需要对业务系统的业务操作程序做修改，记录日志信息。日志表维护较为麻烦，对原有系统有较大影响。工作量较大，改动较大，有一定风险。

4.5.2　分布式元对象框架下的车间制造数据抽取

在智能车间中，针对制造大数据的实时性特征，分布式ETL已经成为大数据的研究热点，即在数据源完成数据的集成处理，而非将所有数据传输到数据仓库实现集成，以通过分布式计算手段实现对海量数据的实时处理，因此在各数据源需要构建相应的元数据模型。同时，由于不同部门之间有着明显的职能区分，各部门都会单独部署自己的应用系统，如调度部门的APS（高级计划与排程）系统、质量部门的质量监控系统等，这些系统相互独立完成数据的获取、集成与挖掘应用，也需要构建相应的元数据模型。再者，制造大数据也需要进一步在整个企业中进行各种程度的统一集成管理，来应对不同层次的跨部门应用需求。一个常见实例就是工艺部门的CAD系统需要与质量部门的CAPP系统进行交互，以通过工艺改良手段实现加工质量的提升，即需要根据不同的企业级业务需求构建相应的元数据模型。因此在大数据环境下的制造企业中，元数据模型在数据采集、部门系统、企业应用三个层次都具备分布式特征，并随着层次上升体现出更高的集成需求。

因此，基于元对象框架建立包含元-元模型（即本体）、元模型、元数据和用户数据的四层元数据体系结构。首先基于本体论描述产品、系统和设备等元-元模型包含的元模型实例，并利用元模型实例中的词汇、规则和关系对所涉及的结构化、半结构化和非结构化等异构数据进行语义描述，在元模型层次实现数据多维度语境定义。针对以上异构数据的统一建模需求，通过在不同应用系统之间定义基于统一建模语言（UML）的公共元模型，建立模型驱动的元数据多层次集成体系架构,分别在应用系统层次、性能优化层次建立数据统一模型。基于产品、系统和设备等主题的本体分类层次树,建立面向不同主题的数据字典,记载对应的对象名称、属性结构、数据类型、存储方式、处理逻辑等信息,并根据数据字典从元数据中筛选数据抽取对象,按公共元模型进行元数据融合,最后导入用户数据形成面向主题的数据仓库。

以晶圆制造为例,全局统一模型采用元对象框架定义生产机台状态、晶圆质量状态、制造过程数据等数据之间的关系。该元数据模型如图4-8所示,包括四个层次。

(1) 最底层描述一个实体信息(晶圆和机台),以晶圆为例,它包含晶圆大小、设计人、晶圆种类等属性信息。

(2) 分析模型层采用UML类图表示,包含晶圆的属性和制造方法。

(3) UML元模型层包括定义元数据模型的标准语言、描述元数据关系的语义(属性、类、操作、关联、角色、约束)、UML标识符、对象约束语言(object constraint language,OCL)等。

(4) 元-元模型层是元对象设施(meta-object facility,MOF)的核心,MOF不仅提供标准的模型库,还提供一套完整的方法使相关成员在同一模型下工作。它展现给用户的是一系列接口而不是具体的实现,通过接口支持对元模型数据的查找、扩充和共享。

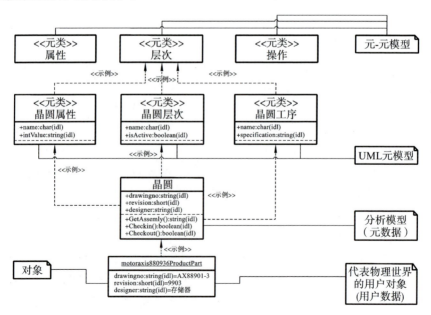

图4-8 晶圆元数据模型示例

4.6 车间制造大数据分类方法

数据分类调研分析的基础是数据,而数据可以分为连续性的变量和分类变量等类型。基于聚类层次树的数据分类方法就是把具有某种共同属性或特征的数据归并在一起,通过其类别的属性或特征来区别数据。换句话说,就是把相同内容、相同性质的信息,以及要求统一管理的信息集合在一起,而把相异的或需要分别管理的信息区分开来,然后确定各个集合之间的关系,形成一个有条理的分类系统。

4.6.1 常用数据分类方法

按照数据的计量层次,可以将统计数据分为定类数据、定序数据、定距数据与定比数据。

(1) 定类数据。计量层次是最低层。数据按照类别属性进行分类,各类别之间是平等并列的关系。这种数据不带数量信息,并且不能在各类别间进行排序。例如,某商场将顾客所喜爱的服装颜色分为红色、白色、黄色等,红色、白色、黄色即为定类数据。又如,人类一般按生理性别分为男性和女性,男性和女性也属于定类数据。虽然定类数据表现为类别,但为了便于统计处理,可以将不同的类别用不同的数字或编码来表示。如 1 表示女性,2 表示男性,但这些数字或编码不代表这些数字可以区分大小或进行数学运算。不论用何种编码,其所包含的信息都没有任何损失。对定类数据执行的主要数值运算是计算每一类别中各项目的频数和频率。

(2) 定序数据。计量层次是中间层。定序数据不仅可以将数据分成不同的类别,而且各类别之间还可以通过排序来比较优劣。也就是说,定序数据与定类数据最主要的区别是定序数据之间是可以比较顺序的。例如,人的受教育程度就属于定序数据。我们仍可以采用数字或编码表示不同的类别,例如:不合格零件=0,可返修零件=1,合格零件=2。通过对数字排序,可以明显地表示出零件合格与否。虽然这种差异程度不能通过数值之间的差异进行准确的度量,但是可以确定其高低顺序,即可以通过数值进行不等式运算。

(3) 定距数据。定距数据是具有一定单位的实际测量值(如摄氏温度、考试成绩等)。此时不仅可以知道两个变量之间存在差异,还可以通过加、减法运算准确地计算各变量之间的实际差距。可以说,定距数据的精确性比定类数据和定序数据前进了一大步,它可以对事物类别或次序之间的实际距离进行测量。例如,工人甲一天生产零件个数为 80 个,工人乙一天生产零件个数为 85 个,可知工人乙在一天内生产零件数量比工人甲多5个。

(4) 定比数据。计量层次是最高层。它的数据表现形式同定距数据一样，均为实际的测量值。定比数据与定距数据唯一的区别是：在定比数据中是存在绝对零点的，而定距数据中是不存在绝对零点的(零点是人为设定的)。因此定比数据间不仅可以比较大小，进行加、减法运算，还可以进行乘、除法运算。

4.6.2 基于聚类层次树的车间制造数据分类

智能制造车间原始数据是按设备、产品、工艺等固定数据表组织的，侧重反映单一制造过程特性，不能立即用于全局性的统计分析和优化控制；且智能车间制造过程各项技术指标、生产数据、控制参数间存在相互关联和制约关系，单一视角无法全面反映制造过程状态。因此，我们从 UML 元模型出发建立维度成员字典，利用列存储数据库的高可扩展性实现性能指标的稀疏表示。针对常规字典学习算法在大规模训练集中计算代价过高的不足，使用在线重构字典学习算法，引入线性分类器和期望目标函数，使用块梯度下降法提升算法求解速度。根据维度成员字典上列出的索引，在高维数据立方体上通过钻取、上卷、切片、切块、旋转等方式构建数据立方体多维视图。

以晶圆制造为例，首先针对制造过程中的设备、产品和系统三个维度，对半导体制造过程中的业务进行建模，划分出半导体制造过程中的核心业务，如图 4-9 所示。半导体制造车间的性能具有典型的多维度特点，与半导体制造设备有关的车间性能指标有机台平均失效时间、机台平均故障间隔时间、设备利用率、工序良率等，与半导体产品相关的车间性能指标有晶圆良率、晶圆测试寿命、晶圆电子性能等，与半导体制造系统相关的车间性能指标有库存水平、晶圆工期、设备空载率和设备的等待队列长度等。在系统的运行优化中，针对这些性能指标又形成了具体的性能优化业务，如设备利用率的预测和调控、库存水平的优化、晶圆电子性能的改善等。在面向这些性能指标的制造系统性能优化中，以设备利用率优化、晶圆良率的改善和晶圆工期的优化为例，进行面向设备、产品和系统三个主题的多维度业务模型构建。在这三个车间性能指标中，在线准确侦测晶圆加工异常并反馈控制，准确预测与优化批次完工期和准确预测晶圆良率是其中的核心子业务。

在对半导体制造车间的优化性能进行业务建模之后，需要对这些核心业务背后涉及的实体进行抽象，抽象出实体、事件、说明等，从而找出业务表象后抽象实体间的相互关联性，保证数据模型的一致性和关联性。半导体制造系统是典型的复杂制造系统，其设备数量多、种类杂，产品工艺复杂而漫长，系统在制品数量多、规模庞大，这些特点使得半导体制造中的性能指标之间相互关联而

第 4 章 车间制造大数据融合方法

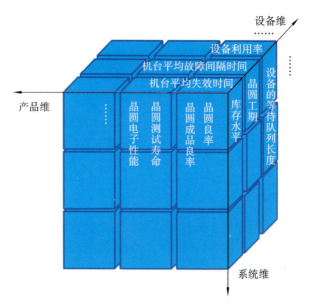

图 4-9 半导体制造车间多维性能模型

错综复杂。

在完成了半导体制造大数据的业务建模和领域建模(见图 4-10)之后,得到如生产机台状态等数据实体,需要对这些实体进行逻辑与物理建模。通过对这些实体的了解,完善数据实体的属性信息,形成数据实体描述的元数据模型。

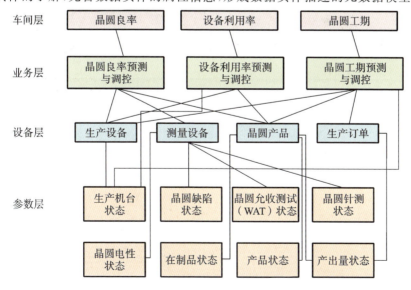

图 4-10 半导体制造大数据的领域建模

· 81 ·

4.7 车间制造大数据融合处理平台

以半导体企业车间制造过程的数据融合平台建设方案为例,为了验证半导体制造大数据分析平台方案能否满足企业实际数据存储、融合与处理需求,本节基于企业实际情况制订了基于 Hadoop 平台的车间制造数据多源融合实现方案,并进行了测试。测试结果证明了半导体制造大数据多源融合平台方案的可行性,其他行业的数据融合平台建设可以参照以下配置进行针对性部署。

4.7.1 平台配置

半导体制造大数据分析平台由硬件和软件两部分组成。硬件方面,4 台服务器构成了一个分布式集群,部署运行 Hadoop、HBase、Hive 等工具,作为数据存储和处理的基础。其中,Hadoop 主控服务器由 1 台 HP DL580G7 服务器(2 个 Intel® Xeon® E7-4807 处理器,48 GB 内存,300 GB+2 TB×3 硬盘)组成,数据计算存储节点 DataNode 由 3 台 DELL R730 服务器(2 个 Intel® Xeon® E5-2620v3 处理器,64 GB 内存,300 GB×3+2 TB×3 硬盘)组成。各节点间通过千兆以太网连接。其网络配置如图 4-11 所示。

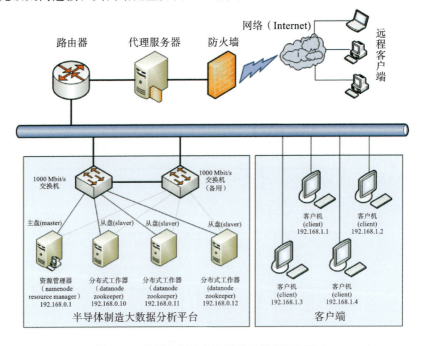

图 4-11 半导体制造大数据分析平台网络配置

4.7.2 数据获取与导入

本节选取上海某半导体制造厂 8 in(约 20.32 cm)晶圆车间作为数据来源。该车间日常运行过程中,产生了以下类型的数据。

(1) 非结构化数据。晶圆制造过程中,会产生一系列非结构化的图形、图像、音频、视频文件。如刻蚀完毕后,需利用高倍率光学显微镜对晶圆表面进行拍照检查,以判断各功能器件、连线、穿孔刻蚀是否正常。这期间产生的照片文件作为中间检测数据需要保存,以备后续工艺分析、改进、失效排查所用。

(2) 结构化数据。该部分数据大部分存储于 MES 等信息系统数据库中,少部分以 Excel、CSV、TXT、日志记录 Log 等文件形式存储。

对已保存在本地计算机硬盘中的非结构化数据,通过 Hadoop 分布式文件系统(Hadoop distributed file system,HDFS)的文件操作应用程序编程接口(API)实现上传。对已有的图像、音频、视频文件,定位至需要上传文件的目录,使用 HDFS-put 命令直接上传。对 Excel、CSV、TXT、日志记录 Log 等数据文件,除使用 HDFS 命令上传外,还需要建立 MapReduce 任务进行解析。HDFS 文件上传命令示例如示例 4-1 所示。不同格式的文件需要使用不同的解析程序。CVS 文件解析示例如示例 4-2 所示。

对上传后的文件,还需与其他数据建立关联关系,以便后续使用。

示例 4-1　HDFS 文件上传命令

格式:hadoop dfs-put⟨localsrc⟩…⟨dst⟩

作用:将单个的源文件 src 或者多个源文件 srcs 从本地文件系统拷贝到目标文件系统(⟨dst⟩对应的路径)中;也可以从标准输入中读取输入,写入目标文件系统中。

示例:

hadoop dfs-put localfile /user/hadoop/hadoopfile

hadoop dfs-put localfile1 localfile2 /user/hadoop/hadoopdir

hadoop dfs-put localfile hdfs:// nn. example. com/hadoop/hadoopfile

hadoop dfs-put-hdfs:// nn. example. com/hadoop/hadoopfile

示例 4-2　CSV 文件解析

StringTokenizer itr＝new StringTokenizer("，")；　//设定解析符号，CSV 文件分隔符为"，"

　　while(itr.hasMoreTokens()){

　　word.set(itr.nextToken())；　//行解析

　　context.write(word,one)；　//输出行解析结果

}

已保存在数据库中的结构化数据的导入，可用工具 Sqoop 加以实现。Sqoop 是一个数据导入工具，允许用户将数据从关系数据库抽取到 Hadoop 中，用于进一步处理。导入的数据存储于分布式列存储 NoSQL 数据库 HBase 中。基于 Sqoop 的结构化数据（以 Oracle 数据库数据为例）导入示例如示例 4-3 所示。

示例 4-3　Oracle 数据库数据导入

　　CONNECTURL＝jdbc：oracle：thin：@20.135.60.21：1521：DWRAC2　//Oracle 连接字符串，其中包含了 Oracle 的地址、SID 和端口号

　　ORACLENAME＝test　//使用的用户名

　　ORACLEPASSWORD＝23　//使用的密码

　　oralceTableName＝table　//需要从 Oracle 中导入的表名

　　columns＝EQP_ID,PARA_INX,WAFER_INX,…　//需要从 Oracle 中导入的表中的字段名

　　hdfsPath＝apps/as/hive/$oralceTableName　//将 Oracle 中的数据导入 HDFS 后的存放路径

　　sqoop import--append--connect $CONNECTURL--username $ORACLENAME--password $ORACLEPASSWORD--target-dir $hdfsPath--num-mappers 1--table $oralceTableName--columns $columns--fields-terminated-by '\001'　//执行导入逻辑，将 Oracle 中的数据导入 HDFS 中

半导体生产线监控系统采集到的生产原始数据包括晶圆表、监控参数表、参数明细表、设备表、控制图表、数据表等 6 个表，因此在 HBase 中构建 6 个列簇：column=>eqp,column=>cht,column=>cdata,column=>oodata,column=>wafer,column=>para,用于储存相关数据。

这里导入了该半导体制造厂 8 in 晶圆车间 2014 年 4 月至 9 月间的机台运

行数据。该车间拥有机台580台,监控参数5200余个,参数数据21.7亿条,报警数据4550万条,最终导入的总数据量达1.12 TB,存储于建立的Hadoop集群中。

4.7.3 平台测试

对平台的存储、访问性能进行测试,以说明平台对大规模数据的存储、分析能力。

(1) 批量读写性能。在用Sqoop将现有信息系统Oracle数据库中数据导入HBase的过程中,节点平均导入速度达10万条/秒,折合约30 MB/s。从HDFS上读取数据进行分析,读取速度平均为300 MB/s。

(2) 数据库操作。数据库统计性能:单机扫描(count)性能大于4000万条/秒(每条记录包含200~300字节)。数据库测试命令如表4-1所示。

表4-1 数据库测试命令

操作类型	SQL 操作指令
单机扫描(count)	select count(*)from tool_data_record;
分组查询 (group-by)	select WAFER_INX,count(EQP_ID)from tool_data_record where time_id='2014052810' group by WAFER_INX;
过滤器(filter)	create table toolanalysis as select EQP_ID, FAB_ID, EQP_MODEL, POD_TYPE from eap_cfg_model_eqp where EQP_MODEL like '％etch％' and time_id>='2015052207' and time_id<'2015071024';
关联查询(join)	create table toolanalysis as select / * ＋mapjoin(b) * / a. SID,a. EQP_ID,a. TIME_STAMPS from tool_data_record a join(select EQP_ID,TIME_STAMPS from eap_cfg_model_eqp where SID='90B9157F81AE796EBD3C6EFCEA22280E' and time_id='2015060205')b on a. EQP_ID=b. EQP_ID where time_id>='2012052803' and time_id<'2012072805';

性能测试数据如图4-12所示。

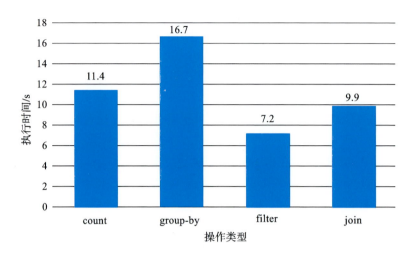

图 4-12 半导体制造大数据分析平台性能测试数据

以上测试结果很好地验证了半导体制造过程大规模数据存储和处理方案的合理性。测试结果表明基于 Hadoop 的半导体制造大数据分析平台具有良好的性能，是一种合适的解决方案。

4.8 本章小结

本章针对车间制造数据的"3V+3M"特征，提出了大数据清洗、抽取与分类方法体系，并详细介绍了多规则多层级组合的数据清洗、分布式元对象框架下的数据抽取、基于聚类层次树的数据分类等具体方法，以实际案例验证了基于以上方法体系的大数据平台的性能，为不同企业进行车间制造大数据融合平台的建设提供部署建议。

本章参考文献

[1] 张洁，高亮，秦威，等. 大数据驱动的智能车间运行分析与决策方法体系[J]. 计算机集成制造系统，2016，22(5)：1220-1228.

[2] ZHENG Y. Methodologies for cross-domain data fusion: an overview[J]. IEEE Transactions on Big Data, 2015, 1(1):16-34.

[3] DURRANT-WHYTE H, HENDERSON T C. Multisensor data fusion[M]// SICILIANO B, KHATIB O. Springer Handbook of Robotics.

Berlin:Springer,2016.

[4] STEINBERG A N, BOWMAN C L, WHITE F E. Revisions to the JDL data fusion model[J]. Proceedings of SPIE-The International Society for Optical Engineering,1999,3719:430-441.

[5] LLINAS J,BOWMAN C L, ROGOVA G, et al. Revisiting the JDL data fusion model Ⅱ[C]//The Seventh International Conference on Information Fusion. Stockholm:2004:1218-1230.

[6] BRAUN J J. Dempster-shafer theory and Bayesian reasoning in multisensor data fusion[J]. Proceedings of SPIE-The International Society for Optical Engineering,2000,4051:255-266.

[7] DENG Y, SU X Y, WANG D, et al. Target recognition based on fuzzy dempster data fusion method[J]. Defence Science Journal,2010,60(5):525-530.

[8] LIN G P, LIANG J Y, QIAN Y H. An information fusion approach by combining multigranulation rough sets and evidence theory[J]. Information Sciences,2015,314:184-199.

[9] QIAN Y H, ZHANG H, SANG Y L, et al. Multigranulation decision-theoretic rough sets[J]. International Journal of Approximate Reasoning,2014,55(1):225-237.

[10] 罗志增,蒋静坪. 基于D-S理论的多信息融合方法及应用[J]. 电子学报,1999,27(9):100-102.

[11] 陈华新,武秀文,黄樟灿. 基于神经网络的多传感器信息融合[J]. 武汉理工大学学报:信息与管理工程版,2001,23(2):13-15.

[12] HOU Z J, LIAN Z W, YAO Y, et al. Cooling-load prediction by the combination of rough set theory and an artificial neural-network based on data-fusion technique[J]. Applied Energy,2006,83(9):1033-1046.

[13] 王曰芬,章成志,张蓓蓓,等. 数据清洗研究综述[J]. 现代图书情报技术,2007,2(12):50-56.

[14] 周奕辛. 数据清洗算法的研究与应用[D]. 青岛:青岛大学,2005.

[15] 周芝芬. 基于数据仓库的数据清洗方法研究[D]. 上海:东华大学,2004.

[16] 戴浩,杨波. ETL中的数据增量抽取机制研究[J]. 计算机工程与

设计,2009,30(23):5552-5555.

[17] SUN Y X,WU N Q. Cycle time analysis for wafer revisiting process in scheduling of single-arm cluster tools[J]. International Journal of Automation and Computing,2011,8(4):437-444.

第 5 章
车间时序制造数据特征提取方法

智能车间内广泛存在的时间序列(时序)数据记录了车间运行的整个过程。管理层在制定决策信息的时候,不仅仅需要用到当前的多维度数据,还需要用到过去或者将来的多维度时序数据。从时序数据中提取时序特征,在减少数据量的同时提高分类准确率,是后续进行数据关联关系分析和车间运行性能预测的重要基础。

本章结合车间时序制造数据的来源和特点,介绍了时序数据特征提取的三类主要方法;然后从车间时序制造数据在线持续学习框架出发,介绍面向时序制造数据流的特征关系分析,以及分层的时序制造数据在线快速分类方法,系统阐述车间时序制造数据的特征提取方法。

5.1 车间时序制造数据的来源

股票大盘走势、气象变化、内存监控数据、轴承上的加速度传感器数据、车间制造数据等都是典型的时序数据。车间时序制造数据中的每一个数都是同范围、同一点上的制造数据。车间时序制造数据是基于时间的一系列车间运行过程中的数据,来源于车间运行中围绕"人机料法环"五大要素(见图5-1)的各个生产阶段。

首先是"人"。在车间制造过程中,人员是核心要素,划分为四个层级:领导层,拥有决策、下达指令的领导能力;中间管理层,具有组织执行和沟通能力;基层管理层,能凭借专业的技术能力带领员工进行实际操作并进行良好沟通;员工层,能在团队意识的指导下进行实际操作。每个层级的工作人员都有对应的工作编号,可以通过工作编号查询详细时间节点发生的操作步骤。领导层定时开会制定发展的战略方针,确定团队人员及目标任务完成的时间节点,定期与下属人员进行工作沟通;中间管理层和基层管理层对上级领导层的意见进行及时传达,对下属员工的操作进行指导和意见反馈,以及进行绩效考核评估。他们所产生的数据信息,以及员工层各工位零件的操作时间和处理步骤,各工位

图 5-1 车间"人机料法环"五大要素

某批次零件的完成效率、合格品数量、报废品处理记录等数据信息,形成车间时序制造数据的一部分。表 5-1 所示的是晶圆制造车间人员时序数据,记录了某时间段内车间人员的数据信息,包括领导层任务的制定,中间管理层及基层管理层对任务的细化和分配,员工层完成工件的加工。

表 5-1 晶圆制造车间人员时序数据

操作时间	人员编号	任务	人员类别	操作步骤	操作结果
20170801—20170810	1000001	制定总体任务	领导层	针对市场需求,制定阶段任务	完成
20170805—20170814	1100001	制定生产计划	中间管理层	修改部分任务细节,修改任务计划	完成
20170815—20170820	1110001	分配生产计划	基层管理层	确定参加生产的人员,分配任务	完成
20170910—20170930	1111001	加工工件(15 天)	员工层	15 道工序	延期(设备异常)
20170910—20170930	1111002	加工工件(20 天)	员工层	10 道工序	完工

其次是"机"。机器设备是车间进行生产活动的物质基础。机器设备的管理分为三个方面:使用、点检、保养。使用时根据机器设备的型号、参数信息、分配的加工任务、批次零件完工时间进行操作和信息记录,点检时对使用前后的

设备按照一定标准确认其性能状态、机床零部件损耗、加工异常报警,保养时按照一定时间间隔对设备进行检修、清洁、上油等,这些过程所产生的数据信息是车间时序制造数据的重要组成部分。表 5-2 所示的是晶圆制造车间设备时序数据,记录了不同工件在对应设备上的加工时间及数量信息。

表 5-2 晶圆制造车间设备时序数据

操 作 时 间	设备型号	加工任务	加工件数	异常报警次数
20170910,00:30:00.000	F1001	工件 1	3830	0
20170910,01:00:00.000	F1003	工件 2	3815	0
20170910,01:30:00.000	S0001	工件 3	3784	1
20170910,02:00:00.000	S0015	工件 4	3793	1
20170910,02:30:00.000	S1011	工件 5	3808	0
20170910,03:00:00.000	S1021	工件 6	3826	0
20170910,03:30:00.000	S1103	工件 7	3846	0

接着是"料"。物料管理是车间生产中的基本工作,需要对消耗品、原材料、在制品、完成品等各种各样的物料进行管理。考虑制程工艺的繁杂度,从采购面料、辅料、底材的时间、数量和价格出发,根据物料的重要程度划分等级和区域,进行物料的保管、领取、使用;在初级加工后发放车间进行生产,到物料的上线时间、周边的加工时间、面部的生产时间、半成品底材的到位时间,各单位的配码生产,生产报废后的及时补料,这其中会产生大量的车间时序制造数据。表 5-3 所示的是晶圆制造车间物料时序数据,晶圆制造过程不同阶段所产生的时序数据能够反映晶圆的品种、质量的优良等信息。

表 5-3 晶圆制造车间物料时序数据

操作时间	晶圆 lot_ID	晶圆类别	晶圆良率	完成时间/ms
20170911,00:30:00.000	D9A081	7	0.96793	2910
20170911,01:00:00.000	D9A082	5	0.96501	3000
20170911,01:30:00.000	D9A083	3	0.96501	2900
20170911,02:00:00.000	D9A084	3	0.95335	3840
20170911,02:30:00.000	D9A085	4	0.97085	3380
20170911,03:00:00.000	D9A086	2	0.96501	2856

然后是"法"。车间进行生产制造,从确定订单到向客户提供产品,需要各个部门的配合与协调,操作方法是引导操作的路线。对于每种工件的加工时间和交货期、每道加工工序,制定详细的作业安排,包含计划确定、安排(人力、机

器、物资供应等)、根据作业顺序和加工任务开具传票(加工单、检验单、出库单等)、指示人员作业内容等;给定不同机器设备的使用方法;将操作时间、操作内容、更换刀具的步骤、加切削液的时间等收集起来,形成投入/产出控制报告、预期和延期报告、废品报告、返工报告等,均会产生车间时序制造数据。表 5-4 所示的是晶圆制造车间操作方法时序数据。

表 5-4 晶圆制造车间操作方法时序数据

生产计划表之生产时间	生产图样	工艺指导书	标准工序指引	产品作业人员编号	规定交货期
20170910—20170920	工件1	清洗—氧化—沉积—光刻—氧化—退火	晶圆处理工序—针测工序—构装工序—测试工序	1111001	20170930
20170910—20170925	工件2	清洗—氧化—沉积—光刻—氧化—退火	晶圆处理工序—针测工序—构装工序—测试工序	1111002	20170930
20170910—20170930	工件3	清洗—氧化—沉积—光刻—氧化—退火	晶圆处理工序—针测工序—构装工序—测试工序	1111003	20170930

最后是"环"。环境可直接影响车间生产制造。车间生产制造遵循"整理、整顿、清扫、清洁、安全、素养"的"6S"管理思想。以现场管理为出发点,车间各种产品、原材料和工具的摆放,生产过程中对六种化学物质(铅、汞、镉、六价铬、多溴联苯、多溴二苯醚)的控制,对生产条件的温度、湿度、无尘度的控制等,这些信息数据也属于车间时序制造数据。表 5-5 所示的是晶圆制造车间环境时序数据,涉及原材料、加工设备及危险化学品的存放位置和存放要求等信息。

表 5-5 晶圆制造车间环境时序数据

操作时间	质量/(吨/台)	名称	车间位置	温度	湿度	无尘度
20170910,08:30:00.000	30	原材料	运输线周边	<30 ℃	<60%	M4.5
20170910,10:00:00.000	20	加工设备	分散	<30 ℃	<60%	M3.5
20170910,11:30:00.000	10	危险化学品	特殊隔离间	<22 ℃	<75%	M4.5

5.2 车间时序制造数据的特点

典型的车间时序制造数据有车间整体产能时序制造数据、晶圆良率时序制造数据、工件加工时序制造数据、车间晶圆加工物料时序制造数据等,它们的主要特点是具有趋势性和周期性。趋势性指的是随着时间的推移,数据值的整体趋势是波动的。周期性指的是数据在特定的时间段内变动。表 5-6 所示为一段时间内某个集群里各机器上各端口的出入流量,每半小时记录一个观测值。表中的 host、port,代表某台机器的某个端口,每半小时产生一条数据,随着时间的推移,数据的测量值不断变化,具有短时间内时序数据量极大的特点。

表 5-6　一段时间内某集群的时序制造数据

timestamp(时间戳)	host	port	average bytes_in（平均输入字节）	average bytes_out（平均输出字节）
20171130,00:30:00.000	host4	53325	38.304	2974.45
20171130,01:00:00.000	host3	47720	38.159	3048.47
20171130,01:30:00.000	host4	56331	37.844	3053.75
20171130,02:00:00.000	host4	51514	37.937	2897.26
20171130,02:30:00.000	host4	51514	38.089	3009.86
20171130,03:00:00.000	host4	53325	38.268	3018.34
20171130,03:30:00.000	host2	47720	38.463	2756.87

车间整体产能时序制造数据的趋势性如图 5-2 所示。其中蓝色折线代表了某车间加工产能随年份的变化趋势,可以看到,由于时序数据的离散性,该车间整体产能时序制造数据都有一个周期性、内置在数据中的趋势元素。车间产能每年的数据都存在波动且每一年内也存在较大波动,虽然整体产能呈现增长趋势,但不够直观。为了得到平稳可处理的车间时序制造数据,针对车间时序制造数据的趋势性,通常会对数据进行一次一阶差分(增量)或者二、三阶差分处理。差分的目的主要是针对真实数据,放宽平稳的要求,消除一些波动,使数据趋于平稳。可以看出差分处理后数据的均值和方差在时间轴上的振幅明显缩小,数据是稳定的,这样就得到了能够进一步处理的车间整体产能时序制造数据。

车间晶圆加工物料时序数据的周期性如图 5-3 所示。其中蓝色折线代表了每个月晶圆的加工物料消耗情况,呈现出"小幅增长—大幅增长—大幅衰退"的特点;黄色方框标出的数据图形在外观上非常相似,说明数据具有周期性规律,代表了每月较为一致的物料消耗数据。这些时序数据的变化多具有重复性,在分析车间时序制造数据的时候会造成数据冗余和重复分析,不利于找寻具有特殊意义的数据。针对车间晶圆加工物料时序数据的周期性,通常选择聚合、平滑、多项式过滤等方法去除数据的重复性,目的是缩小值域,同时保留其他信息。可以看出,经过数据平滑处理之后,数据基本上没有了随时间变化的趋势,数据是稳定的,可以进一步分析车间晶圆加工物料时序数据的其他信息。

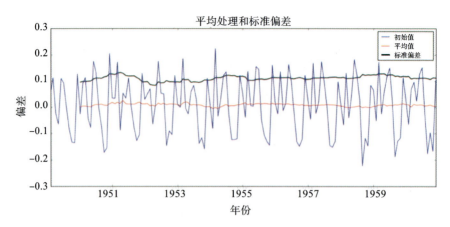

图 5-2　车间整体产能时序制造数据的趋势性

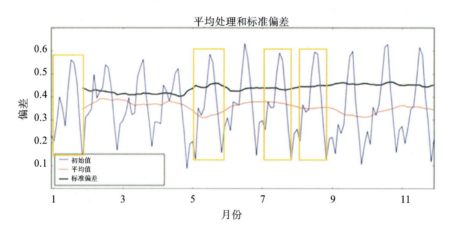

图 5-3　车间晶圆加工物料时序数据的周期性

5.3　时序数据特征提取方法分类

时序数据在其时间轴上的采样值通常又被称为特征,时序特征是能够明显区别不同类别时序数据的一段时序数据子序列。由于时序数据与时间相关联,原始时间序列往往是一组高维数据,数据量庞大但特征是隐藏的,直接进行挖掘难度较大,这就对时序数据的特征提取提出了要求。晶圆制造工艺具有的多重入特性使这些时序数据的特征与特征之间、特征与结果之间存在着自相关关系,挖掘这层关系可以探索不同的产品缺陷种类和局部制造工艺之间的关系,也可以用于机器故障诊断、产品质量预测等。

时间序列的特征提取,本质上是一种映射,将原始时间序列映射至特征空间,这样维数相对较低;同时,如果特征提取方法得当,时间序列的特征会在特征空间更明显地显现。通过特征提取的方法在分类前对数据时间采样值进行适量的归约,提取时序数据中的时序特征,可在减少数据量的同时提高分类准确率。

基于大数据的车间时序制造数据特征提取方法通常可以分为三大类:时域相似性特征提取方法、模型相似性特征提取方法和形状相似性特征提取方法。

5.3.1 时域相似性特征提取方法

假设同一类别的时间序列都是在时间维度上对某一潜在相同曲线的观察结果,它们之间的不同可能是由噪声和相位漂移所引起的。因此,只要找到一种合适的距离度量方式,即可表达时间序列特征。常用的有欧氏距离(Euclidean distance,ED)、动态时间规整(dynamic time warping,DTW)距离。对于这类特征,后续可以方便地使用各类数据挖掘方法,比如最近邻(1-nearest neighbor,1-NN)算法进行分类。时域相似性特征提取方法直观简单,它在时间序列数据挖掘中的应用最为普遍,通常和时间序列相似性度量方法相互配合使用。利用这种方法分割时间序列,建立线性模型。根据分割方法的不同,采用的分割策略也不同。据分析研究可知,对于滑动窗口方法和自底向上的方法而言,其时间复杂度和序列长度的关系是前者为后者的平方阶;而对于自顶向下的方法而言,其时间复杂度为线性阶。滑动窗口方法在某些情形下对时间序列的拟合程度不够好,对于原始时间序列中蕴含的变化信息,不能够全面地反映出来。自顶向下方法的时间复杂度虽然相对来说更高一些,然而,在图像处理及机器学习方面,它的应用极为广泛。该方法通过对时间序列进行识别和扫描,寻找其中的关键性片段,如波谷和波峰,然后再自顶向下切割。但是,欧氏距离对时间序列噪声及序列段突变有很强的敏感性,对数据的预处理操作依赖性较强,而且,对时间序列的位移不能进行有效的识别。最重要的是,它只局限于度量相同长度的时间序列段,对不同长度的时间序列不适用。所以,一般情况下,欧氏距离都要充分结合时间序列的特征表示方法来度量时间序列相似性。尤其是在对特征表示之后的空间进行度量时,一定要满足其下界的要求,避免有所漏报。

短时傅里叶变换主要是针对傅里叶变换无法分析非平稳信号的问题而提出的,主要思想是将原信号分成多个小段信号,每个小段信号可以近似看作平稳信号,针对每小段信号进行傅里叶变换,然后按时域组合就能得到短时傅里叶变换的结果。短时傅里叶变换是一种较早被提出来的方法,在时序数据的各个领域已经得到了充分的研究与应用,但是每段信号截取多长是一个很难取舍的问题。如果在时域上截取信号太长,那么时域的分辨率会较差,难以判断特征的时间关系;截取信号太短,频域分辨率会较差,难以清晰地分辨特征。为了解决这个问题,可以使用小波变换进行多尺度的特征提取。

小波变换将傅里叶变换中无限长的三角基替换成了有限长、会衰减的小波基,因为时域上基的能量分布不同,小波变换能够天然地对时间序列进行时频分析。由于小波变换具有良好的时频特性,因此它在时序数据分析领域得到了大量的应用。

5.3.2 模型相似性特征提取方法

模型相似性特征提取方法首先对时间序列建模,如隐马尔可夫模型(hidden Markov model,HMM)、自回归滑动平均(auto regressive moving average,ARMA)模型,以及近年来流行的深度学习(deep learning,DL)。

隐马尔可夫模型是马尔可夫链的一种,它的状态不能直接观察到,但能通过观测向量序列观察到。每个观测向量都是通过某些概率密度分布表现为各种状态,由一个具有相应概率密度分布的状态序列产生。所以,隐马尔可夫模型是一个双重随机过程——具有一定状态数的隐马尔可夫链和显示随机函数集,通过产生标记序列提供了有关状态的一些序列的信息。注意,"隐藏"指的是该模型传递的状态序列,而不是模型的参数;即使这些参数是精确已知的,我们仍把该模型称为一个"隐藏"的马尔可夫模型。

自回归滑动平均模型是研究时间序列的重要方法,以自回归模型(AR模型)与滑动平均模型(MA模型)为基础"混合"而成,具有适用范围广、预测误差小的特点。该模型对输入的数据进行判断,判断其是否为平稳非纯随机序列,若平稳则直接进入下一步;若不平稳则进行数据处理。通过自相关和偏自相关函数,并结合赤池信息准则(AIC)或贝叶斯信息准则(BIC)对建立的模型进行模型识别和定阶。完成模型识别和定阶后,进入模型的参数估计阶段。完成参数估计后,对拟合的模型进行适应性检验。如果拟合模型通过检验,则开始进行预测。若模型检验不通过,则重新进行模型识别和定阶,即重新选择模型。最后,利用适应性高的拟合模型预测序列的未来变化趋势。ARMA模型虽然所需的参数数量较少,但参数估计的方法是求解非线性方程组,其运算远比AR模型的复杂。

时间序列模型最常用的强大工具就是循环神经网络(recurrent neural network,RNN)。相比于普通神经网络各计算结果之间相互独立的特点,RNN的每一次隐含层的计算结果都与当前输入及上一次的隐含层结果相关。通过这种方法,RNN的计算结果便具备了记忆之前几次结果的特点。

RNN 架构图如图 5-4 所示,右侧是计算时为便于理解记忆而展开的结构。简单来说,x 为输入层,o 为输出层,s 为隐含层,而 t 指计算次数,V、W、U 为权重。计算第 t 次的隐含层状态的公式为

$$s_t = f(U \times x_t + W \times s_{t-1})$$

以实现当前输入结果与之前的计算挂钩的目的。由于 RNN 模型如果要实现长期记忆,需要将当前的隐含层状态的计算与前 n 次的计算挂钩,即

$$s_t = f(U \times x_t + W_1 \times s_{t-1} + W_2 \times s_{t-2} + \cdots + W_n \times s_{t-n})$$

那么这样计算量会呈指数式增长,导致模型的训练时间大幅增加,因此 RNN 模型一般直接用来进行长期记忆计算。

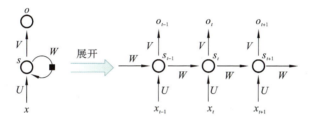

图 5-4　RNN 架构图

长短期记忆(long short-term memory,LSTM)模型是 RNN 模型的一种变型,最早由 Juergen Schmidhuber 提出。经典的 LSTM 模型结构如图 5-5 所示。

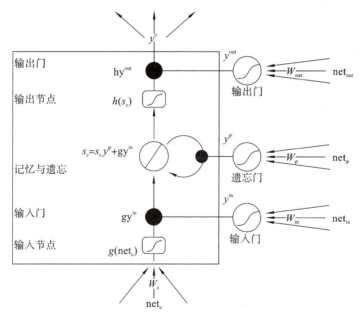

图 5-5　经典的 LSTM 模型结构

LSTM 模型的记忆功能就是由图中的阀门节点实现的。当阀门打开的时候，前面模型的训练结果就会关联到当前的模型计算；而当阀门关闭的时候，之前的计算结果就不再影响当前的计算。因此，通过调节阀门的开关就可以实现早期序列对最终结果的影响，而当不希望之前的结果对之后产生影响时，比如自然语言处理中开始分析新段落或新章节的时候，把阀门关掉即可。

　　图 5-6 具体展示了阀门是如何工作的：阀门开闭使序列 1 的输入影响序列 4、6 的计算结果。

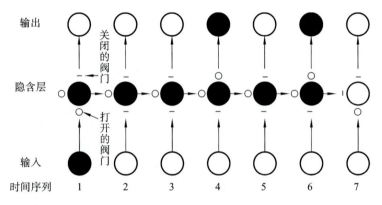

图 5-6　LSTM 模型的阀门工作原理示意图

　　图中黑色实心圆代表该节点的计算结果输出到下一层或下一次计算，空心圆则表示该节点的计算结果没有输出到下一层或者没有从上一次计算收到信号。

5.3.3　形状相似性特征提取方法

　　目标图像的形状可以用图像的轮廓、区域或者有限点集进行表示。基于轮廓的形状描述符仅仅利用了目标图像的边界信息，而忽略了图像的内容信息，因而这种方法不能很好地适用于内部带有空洞的物体、有部分遮挡的物体及具有不连续区域的结构较为复杂的物体。基于区域的形状描述符则利用了目标图像的边界信息和内部信息，区域的分割与轮廓的分割相比，更加容易实现，但是基于区域的方法提取的特征维数一般较大，这就导致了特征提取和相似性测度计算量增大。基于有限点集的形状描述符表示的是采样点集，这些采样点集来自于应用在目标图像的边缘检测算子的输出数据，不需要进行排序，因此在实际应用中很容易实现。假设同一类别的时间序列是通过一些相同的子序列或形状来区分的，而且这些子序列可能出现在时间序列的任意位置，这是它与时域相似性的主要不同。子序列与时间的相关性越小，基于时域的 1-NN 分类器就越难处理此类问题，此时需要专门的算法识别并提取出这种区别性的形状特征。

基于字典学习的 Shapelet 算法是处理波形随时间变化的数据的一种较好方法,它是一种基于形状相似性的时间序列分类算法。Shapelet 指一段时间序列中最具辨识度的子序列,Shapelet 算法关注的是时间序列的局部特征,它具有不需要领域知识、分类准确率高、可解释性强等特点。但现有 Shapelet 算法及其改进算法都有着一些缺点。基于字典学习的 Shapelet 算法根据时间序列局部特征具有平移不变性的特点,使用平移不变字典学习(shift-invariant dictionary learning,SIDL)技术,能够较好地解决上述问题。在轴承故障诊断的实际案例中,应用基于字典学习的 Shapelet 算法,可以得到 95.2% 的诊断准确度。该算法还可以准确定位故障发生时间,直观表现故障发生模式,有助于深入研究故障发生机理。但 Shapelet 的数量很难确定,候选的 Shapelet 之间往往有很大的相似性,不同尺度的 Shapelet 往往不能共同使用。

时域相似性特征与模型相似性特征提取方法都是从时间序列整体入手,提取全局特征。而形状相似性特征提取方法提取的是一种局部特征。这些特征提取方法各有特点,适用于不同场景,需要结合领域知识,尤其是时间序列的产生机理,妥善选择。车间时序制造数据产生于生产设备上的各个传感器,有着高频、高噪声、高变形等特点,同时,从形状上看,大多数传感器(如振动传感器、声发射传感器)产生的数据是高频振荡数据。这就意味着,模型相似性特征与形状相似性特征提取方法更适用于此场景。

5.4 面向时序制造数据流的特征关系分析

时间序列关联规则发现算法可以挖掘出子序列之间的关联关系,却无法发现子序列内部存在的规则。本节介绍一种改进的基于频繁模式的规则发现算法,通过对频繁模式进行划分,可以找到隐藏在频繁模式内的规则。

定义 频繁模式(frequent pattern):频繁出现在数据集中的模式。在时间序列中,模式指的是时间序列的子序列,而频繁模式则是指频繁出现的子序列。对于频繁模式 F 的实例 $C_{1\sim f}$ 来说,在 $C_{1\sim f}$ 中的每一个子序列都与其他子序列相似。频率为 f 的频繁模式 F 的表示如下:

$$F \Leftrightarrow \{C_1, C_2, \cdots, C_i, \cdots, C_f\}, 1 < i < f \tag{5-1}$$

在本节介绍的在线层次分类算法中,类别子树判定的一个必要条件就是序列的出现次数必须达到某一阈值,可以认为分类字典中的类别都是频繁模式,也可以通过四元组 $\{i, C_i, R_i, V_i\}$ 中 V_i(记录序列发生时间的集合)的长度来统计序列的出现次数,筛选出满足要求的频繁模式。

假设频繁模式 F 由前缀 F_p 和后缀 F_s 两部分组成,F_p 表示频繁模式前一部分，F_s 则是 F 中 F_p 之后的剩余部分，如图5-7所示。若频繁模式 F 出现，那么 F_s 必然会跟在 F_p 之后出现。由于频繁模式在时间序列中频繁出现，因此有理由相信若 F_p 出现，则有很大概率 F_s 也会随之出现。根据这一特性，可以得到规则 $F_p \Rightarrow F_s$。

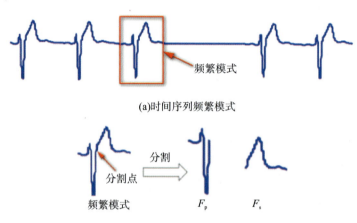

图 5-7 时间序列频繁模式划分图

根据频繁模式 F 生成规则 $F_p \Rightarrow F_s$ 的关键之处在于如何对 F 进行划分。若 F_p 较短，则会有大量的序列与 F_p 匹配，规则的置信度 $P(F_s|F_p)$ 较低。若 F_p 较长，F_s 就会变得很短，得到的规则就没有什么实际的意义。可以根据用户设定的预测窗口的长度来设定 F_s 的长度，从而确定频繁模式的划分位置。实际上并没有明确统一的划分方法，规则的好坏完全由用户设定的参数而定。

为了得到最优的规则，对频繁模式 F 进行多次划分，计算每种划分方式下规则的置信度，由置信度最高的划分方式来确定规则。在计算规则的置信度时，允许 F_p 与 F_s 之间存在一个时间间隔 T，最后得到的是形如 $F_p \overset{T}{\Rightarrow} F_s$ 的规则。

5.4.1 时序制造数据符号化

符号化表示的目的是实现时间序列向字符串序列的转换。当挖掘时间序列数据中的信息时，传统挖掘方法局限于定量数据，在分析和解决问题方面存在很大的不足。在数据结构中，字符串具有两大优点：第一，具备特定的数据存储结构；第二，其操作算法速度快。近几年，很多和字符串有关的算法应用越来越广泛。对于一些特殊的实际问题，很难用具体的定量数据来反映，而通过字符型数据却能收到令人意外的效果。在符号化表示方法之中，符号化聚合近似

(symbolic aggregate approximation, SAX) 表示方法属于最具代表性的一种, 它是在分段聚集近似(piecewise aggregate approximation, PAA) 方法的基础上加以改进形成的一种表示方法。这种表示方法先将时间序列平均分为若干段, 并实现原时间序列的 Z 标准化, 然后针对数据空间, 将其分为出现概率相同的几个部分, 并以不同字符表示, 最后获得的均值序列便是用各部分的字符表示的。因为 SAX 是基于 PAA 的一种符号化表示方法, 所以它也有 PAA 的某些缺陷, 因此, 相关学者提出了兼顾均值和方差并将其转化为符号, 实现在二维空间下的符号化表示。

对时序数据采用 PAA 降维, 然后使用 SAX 将时间序列表示为离散的符号, 如图 5-8 所示, 其中 a、b、c 分别代表时间序列经处理后的不同准确度。虽然通过 PAA 可以降低数据的维度, 并且易于符号化, 但是转换后的数据不可避免地会丢失一些信息, 从而降低最后生成规则的准确度。

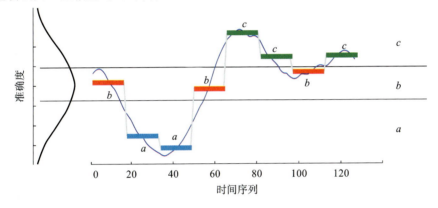

图 5-8 时间序列的 PAA 和 SAX 处理

首先使用滑动窗口将时间序列划分成子序列集合, 然后使用聚类算法对这些子序列集合聚类, 最后将这些类别符号化, 这样就将原始时间序列转换成了离散的符号序列。假设时间序列为 $S=(x_1, x_2, \cdots, x_n)$, 给定一个长度为 w 的滑动窗口, 滑动窗口在序列 S 上每次可截取一个连续的子序列 $s_i=(x_i, x_{i+1}, \cdots, x_{i+w-1})$。滑动窗口每次向后滑动一步可将 S 离散成多个子序列, 子序列的集合表示如下:

$$W(s) = \{s_i \mid i = 1, 2, \cdots, n-w+1\} \quad (5-2)$$

选取一个距离度量 $D(s_i, s_j)$ 来表示 $W(s)$ 中任意两个子序列 s_i 和 s_j 之间的距离, 通过聚类算法可以将 $W(s)$ 聚成类集 $\{C_1, C_2, \cdots, C_k\}$, 给每一个类别 C_h ($h=1, 2, \cdots, k$) 都赋予一个特定的符号 a_h。根据符号集合 $\Sigma = \{a_1, a_2, \cdots, a_k\}$, 将序列 S 重新表述为 $D(s) = (a_{j(1)}, a_{j(2)}, \cdots, a_{j(n-w+1)})$, 进而完成时间序列的离散符号化。

针对时间序列的特征表示，符号化距离能够将之转变为字符串。转变成字符串之后，其度量方法也随之发生了改变，即由定量数据转变为定性符号。它是在欧氏距离的基础上形成的度量方法，针对时间序列做了标准化处理，使之能够满足正态分布，然后再将之转变为字符串。通过查询正态分布图，可以知晓字符串间的距离。据相关资料显示，这种距离方法也符合下限要求，通过它来搜索时间序列相似性，可以避免漏报情况的出现。

编辑距离的含义是：实现两个字符串之间的转换（如删除字符、插入字符等）所需的最少步骤。第一步：将时间序列转变为字符串；第二步：针对两个字符串，借助于编辑距离，度量二者的相似性。编辑距离的主要优点：能够使挖掘算法的性能得到全面提高，更重要的是，其具体操作过程更容易理解和掌握。然而，它也存在一些缺点，比如当两个时间序列不同步时，其相似性度量不能发挥出较好的效果。

在线层次分类算法使用滑动窗口截取长度相等的子序列作为输入数据，然后对子序列进行在线层次分类，最后的分类结果保存在分类字典中。只需要给字典中的类别都赋予特定的符号即可完成时间序列的离散符号化。而且在线层次分类算法剔除了一些差别较大的序列和出现频率较小的类别，分类字典中的类别要优于通过聚类生成的类别。将分类字典中的类别作为规则发现算法的挖掘对象，挖掘出的规则准确度较高。

5.4.2　时序制造数据相关性类别字典构建

在线层次分类算法在分类时，可以有训练集，也可以没有。当存在训练集时，可以根据训练集填充分类字典；若无训练集，则初始分类字典为空。有时候，在进行在线层次分类之前，若当前数据库中已经存在一些时间序列或者可以获取一些相关领域的数据集合，则可先根据层次聚类的算法思想，对数据集进行聚类。这样，一方面可以从当前数据集中提取出类别来填充分类字典，另一方面可以构建层次树，方便后续在线层次分类的进行。

聚类就是按照某个特定标准（如距离准则）把一个数据集分割成不同的类或簇，使得同一个类（或簇）内的数据对象的相似性尽可能大，同时不在同一个类（或簇）中的数据对象的差异性也尽可能地大。聚类后同一类（或簇）的数据尽可能聚集到一起，不同类（或簇）的数据尽量分离。聚类方法主要分为层次聚类方法（hierarchical clustering method）、基于划分的聚类方法（partition-based clustering method）、基于密度的聚类方法（density-based clustering method）、基于网络的聚类方法（grid-based clustering method）、基于模型的聚类方法（model-based clustering method）、基于模糊的聚类（FCM 模糊聚类）方法等。

如果想将值分组到一个结构中,并且通过编号对其进行引用,列表就能派上用场了。字典是一种通过名字引用值的数据结构,字典中的值并没有特殊的顺序,但是都存储在一个特定的键(key)里,键可以是数字、字符串或者元组。表 5-7 中列出了使用的分类字典所包含的信息及描述,分类字典中的项都是类似 $\{i, C_i, R_i, V_i\}$ 的四元组。首先对当前数据凝聚聚类并构建层次树,然后查找层次树中的所有类别子树,根据类别子树提取类别原型 C_i、距离阈值 R_i,以及序列发生时间的集合 $V_i = \{t_1, t_2, \cdots, t_n\}$,并添加到分类字典中。

表 5-7　分类字典信息及描述

信息	描述
i	时间序列类别 i
C_i	类别 i 的时间序列原型
R_i	可判定为类别 i 的距离阈值
V_i	记录类别 i 中序列发生时间的集合

5.4.3　时序制造数据类别字典自适应扩充

当新序列被添加到层次树后,接下来需要判断层次树中是否存在类别子树。若存在,则将新类别的相关信息添加到分类字典中,并将类别子树从层次树中删除,如图 5-9 所示。若不存在,则继续等待新时间序列的到来。

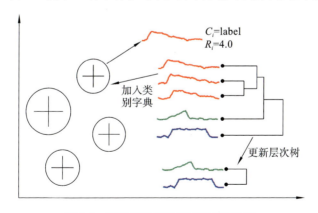

图 5-9　基于层次树的类别子树示意图

类别发现的关键是判定某个子树是否可以作为一个新的类别。这里将可以判定为新类别的子树称作类别子树。把簇间距离作为层次树中子树高度的衡量,簇间的差别越大,则相似距离越大,树的高度越高,例如在图 5-10 中,子树 $\{a_1, a_2\}$ 的高度为 h_1,子树 $\{a_1, a_2, a_3\}$ 的高度为 h_2。直观上来说,如果子树的高度越低,节点个数越多,那么子树就越密集,也就越有可能是一个新的类别。

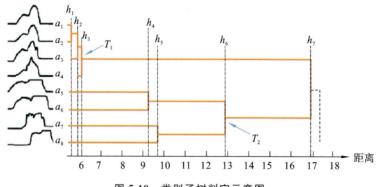

图 5-10 类别子树判定示意图

图 5-10 给出了类别子树的判别方法,如果某子树中簇间距离的最大值不大于阈值 R_{max},并且子树中子序列的个数不少于阈值 min_count,就认为该子树为类别子树。给定类别子树 root,从层次树的构建过程可以看出,子树 root 中最大簇间距离是 root 的两个孩子节点 root.left 与 root.right 之间的距离,原始子序列在层次树中是原子簇,并且都处于叶子节点的位置,用 root.leaf_count 来表示子树 root 中子序列的个数,那么子树 root 为类别子树需要满足以下条件:

$$\text{root.leaf\_count} \geqslant \text{min\_count} \tag{5-3}$$

$$D(\text{root.left}, \text{root.right}) \leqslant R_{max} \tag{5-4}$$

假设 min_count=4,R_{max}=8,在图 5-10 中,子树 T_1 和 T_2 中的子序列个数都满足 min_count 的要求,但是子树 T_1 中簇间的最大距离 $D(\{a_1,a_2,a_3\},\{a_4\})=6$,而子树 T_2 中簇间的最大距离 $D(\{a_5,a_6\},\{a_7,a_8\})=12.8$,所以只有 T_1 可以被判定为类别子树。

5.4.4 实验验证

在 UCR 时序数据集上验证车间时序制造数据的特征关系。所使用的网络结构集合了多尺度小波变换与残差网络,有许多需要人工设定的超参数。实验使用了交叉验证的方式对各种参数进行选择,当验证集(随机从训练集中产生)的效果达到最好时停止网络训练并确定各参数,最后使用测试集测试效果。其中使用的小波为 db4 小波,其算子长度为 8;残差网络部分第一个卷积层的卷积算子长度为小波算子长度减 1,共有 64 个卷积核,记作[7 64],步长为 2;接下来的池化层窗口大小为 3,步长为 2。训练网络时我们使用了小批量随机梯度下降法,训练集大小不同,每批训练数据的数量也不同。除上述公共的参数设置外,其他参数如残差单元参数等如表 5-8 所示。其中除了残差单元 1,其他残差单元第一次循环时的步长为 2。

表 5-8 模型参数

数据集	小波变换层数	批大小	残差单元1	残差单元2	残差单元3	残差单元4
Adiac	2	256	$\begin{bmatrix}3 & 64\\3 & 64\end{bmatrix}$ 重复次数2	$\begin{bmatrix}3 & 128\\3 & 128\end{bmatrix}$ 重复次数2	$\begin{bmatrix}3 & 256\\3 & 256\end{bmatrix}$ 重复次数2	$\begin{bmatrix}3 & 256\\3 & 256\end{bmatrix}$ 重复次数2
Beef	4	32				
CBF	2	32				
ChlorineCon	2	256				
CinCECGTorso	5	32				
Coffee	2	32				

为了进行合理且充分的评估,首先选取最经典的 1-NN 算法下的欧氏距离(ED)、DTW 距离、有搜索边界的 DTW 距离(DTWCV)三种算法进行评估。这三种算法的分类准确率由 UCR 数据集的提供者 Yanping Chen 等人提供。另外我们也选取了近几年其他 10 种优秀的分类算法,分别是:快速定型(fast shapelet,FS)分类方法、基于矢量空间模型的 SAX 方法(SV)、模式袋(bag-of-SFA-symbols,BOSS)分类方法、Shotgun 分类器(SF)、特征袋(bag-of-features,BOF)分类方法、基于弹性距离的联合测量(ensembles of elastic distance measures,EEDM)分类方法、基于矢量空间的 bag-of-SFA-symbols(BOSSVS)分类方法、基于学习的(learning shapelets,LS)分类方法、联合分类(shapelet ensemble,SE)方法和 flat-COTE 方法。此外我们还将三种算法与 Cui 等人提出的另一种多尺度时序数据卷积神经网络分类方法(MCNN)进行了比较,结果显示基于小波和深度卷积神经网络的多尺度模型分类效果更好。最后为了体现多尺度特征提取的优点,我们还进行了单独使用深度卷积神经网络分类的实验,其中网络模型参数和多尺度模型参数一致。表 5-9 所示为本模型和其他算法的实验结果对比。其中 WMCNN 表示我们的模型,CNN 表示单纯使用卷积神经网络的模型。

表 5-9 实验结果对比

数据集	Adiac	Beef	CBF	ChlorineCon	CinCECGTorso	Coffee
DTW	0.396	0.367	0.003	0.352	0.349	0
ED	0.389	0.467	0.148	0.35	0.103	0
DTWCV	0.391	0.333	0.004	0.35	0.07	0
FS	0.514	0.447	0.053	0.417	0.174	0.068
SV	0.417	0.467	0.007	0.334	0.344	0
BOSS	0.22	0.2	0	0.34	0.125	0

续表

数据集	Adiac	Beef	CBF	ChlorineCon	CinCECGTorso	Coffee
SF	0.373	0.133	0.01	0.312	0.021	0
BOF	0.245	0.287	0.009	0.336	0.262	0.004
BOSSVS	0.302	0.267	0.001	0.345	0.13	0.036
EEDM	0.353	0.367	0.002	0.36	0.062	0
LS	0.437	0.24	0.006	0.349	0.167	0
SE	0.435	0.167	0.003	0.3	0.154	0
flat-COTE	0.233	0.133	0.001	0.314	0.064	0
MCNN	0.231	0.367	0.002	0.203	0.058	0.036
CNN	0.251	0.2	0.029	0.158	0.383	0
WMCNN	0.168	0.1	0.024	0.142	0.05	0

在表 5-9 中，第一列是各种时序数据分类算法，第一行是所使用的数据集，每列数据指的是该数据集使用这些分类算法进行分类的错误率。在测试集中每条数据会对应一个实际类别编号，用上述算法对测试集的数据进行分类，能够得到一个分类编号。如果分类编号等于实际类别编号，说明分类正确，不相等则说明分类错误。错误率指的是对测试集分类时所有分类错误的数据占总数的比例。

图 5-11 所示为数据集中时序类别的个数与长度，图 5-12 所示为每个数据集的大小，图 5-13 所示为对每个数据集进行分类所花费的时间，图中的横坐标均表示时间序列标准数据集。

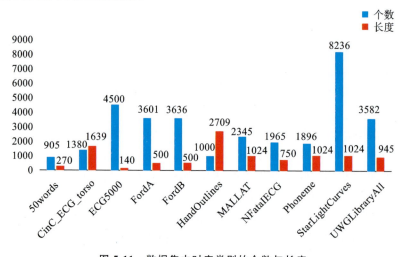

图 5-11 数据集中时序类别的个数与长度

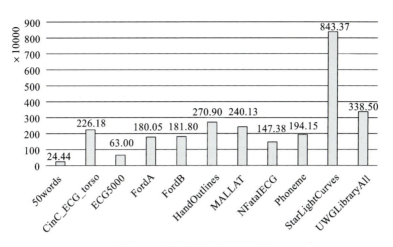

图 5-12 数据集的大小（点数）

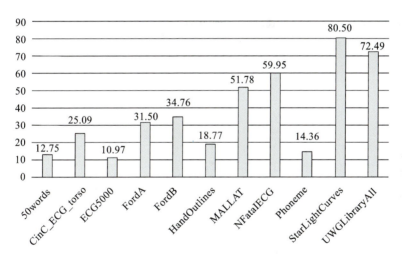

图 5-13 数据集分类所需时间（单位：s）

在发现时序类别时，所耗费的时间不仅与数据集的大小有关，还与时间序列的个数、长度、相似程度，以及分类字典和类别子树所使用的阈值等诸多因素有关。从图 5-12、图 5-13 中可以看出，即便是数据集大小达到百万级别时，该类别发现算法仍然具有较好的时间性能。

这里从算法的时间复杂度和空间复杂度上进行分析。在该类别发现算法中，由于分类字典的存在，并不是所有的序列都要被添加到层次树中，而且每当删除类别子树后，层次树中的节点个数还会减少。以最坏的情况为例，假设有 N 个时间序列需要插入层次树中，那么所构建的层次树中的节点个数为 $2N-1$，因而层次分类算法的空间复杂度为 $O(N)$，这与层次聚类算法的空间复杂度相同。向层次树中插入一个新节点的时间复杂度为 $O(\log N)$，删除类别子树和更新层次树的时间复杂度也是 $O(\log N)$。判定类别子树的时间复杂度为 $O(N)$，构建层次树的时间复杂度为 $O(N^2 \log N)$。

5.5 分层的时序制造数据在线快速分类方法

5.5.1 时序制造数据层次树结构存储模型

时序制造数据层次树的定义是 $n(n \geqslant 0)$ 个节点的有限集。$n=0$ 时称为空树。在任意一棵非空树中，有且仅有一个特定的称为根(root)的节点；当 $n>1$ 时，其余节点可分为 $m(m>0)$ 个互补交互的有限集 $T_1, T_2, \cdots, T_m$，其中每一个集合本身又是一棵树，并称为根的子树(subtree)。对于可能会有很多孩子节点的特殊数据结构，有三种存储结构表示法：双亲表示法、孩子表示法、孩子兄弟表示法。

1. 双亲表示法

双亲表示法如表 5-10 所示。

表 5-10　双亲表示法

data（数据域）	指针域
存储节点的数据信息	存储该节点的双亲所在数组中的下标

假设以一组连续空间存储分类数的节点，同时在每个节点中，附设一个指示器指示其双亲节点到链表中的位置。双亲表示法中，由于根节点是没有双亲的，约定根节点的位置域为 -1。根据节点的 parent 指针很容易找到它的双亲节点。所用时间复杂度为 $O(1)$，直到 parent 为 -1，表示找到了树节点的根。但如果要找到孩子节点，则需要遍历整个结构才行。

2. 孩子表示法

孩子表示法如表 5-11 所示。

表 5-11　孩子表示法

child（数据域）	next（指针域）
存储某个节点在表头数组中的下标	存储指向某节点的下一个孩子节点的指针
data（数据域）	firstchild（头指针域）
存储某个节点的数据信息	存储该节点的孩子链表的头指针

把每个节点的孩子节点排列起来，以单链表作为存储结构，则 n 个节点有 n 个孩子链表，如果是叶子节点则此单链表为空。然后 n 个头指针又组成一个线

第 5 章 车间时序制造数据特征提取方法

性表,采用顺序存储结构,存放进一个一维数组中。对于孩子表示法,要查找某个节点的某个孩子,或者找某个节点的兄弟,只需要查找这个节点的孩子单链表即可。但是当要寻找某个节点的双亲时,就不是那么方便了。所以可以将双亲表示法和孩子表示法结合,形成双亲孩子表示法。

3. 孩子兄弟表示法

孩子兄弟表示法如表 5-12 所示。

表 5-12 孩子兄弟表示法

data(数据域)	firstchild(指针域)	rightsib(指针域)
存储节点的数据信息	存储该节点的第一个孩子的存储地址	存储该节点的右兄弟节点的存储地址

任意一棵树,它的节点的第一个孩子如果存在就是唯一的,它的右兄弟如果存在也是唯一的。因此,设置两个指针,分别指向该节点的第一个孩子和它的右兄弟。

根据以上层次树表示方法,通过改进凝聚层次聚类算法,在整个分类过程中都只维持一棵层次树。每当有新的时间序列到来时,如果需要将序列插入层次树中,该插入过程也只改变层次树的部分结构。当有类别子树从层次树中删除时,也只会影响层次树的部分结构。这样既能减少分类过程中的一些重复工作,又能保证对时序数据流处理的实时性。

如果无法通过分类字典判别时间序列的类别,此时需要将该序列插入层次树中。当层次树中无节点或只有一个节点时,序列的插入位置是显而易见的,如图 5-14 所示。当层次树中的节点数大于 2 时,需要找到合适的位置插入新序列,并合并生成新的节点。如图 5-15(a)所示,当前层次树中已含有 C_1、n_1、n_2 三个簇节点(其中 n_1 和 n_2 为原子簇),n_3 表示新到来的时间序列。在向层次树中插入 n_3 时,既可以和 C_1 合并生成新的簇集合,也可以和 n_1 或 n_2 合并生成新的簇集合。这里参照凝聚层次聚类的思想,将距离最小的两个簇节点合并生成一个新的簇节点。簇节点 n_1、n_2 和 n_3 之间的距离表示如图 5-15(b)所示。

(a)层次树节点数为0   (b)层次树节点数为1

图 5-14 层次树节点数小于 2

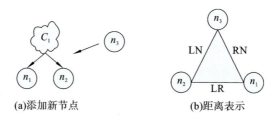

(a)添加新节点 (b)距离表示

图 5-15 层次树节点数大于 2

（1）若 LR＝min(LR,LN,RN)，则表示簇节点 n_1 和 n_2 之间的距离最近，由于二者已经合并成了簇节点 C_1，因此只需要将 C_1 和 n_3 合并成新的簇节点 C_2 即可。插入新节点后的层次树如图 5-16(a)所示。

（2）若 RN＝min(LR,LN,RN)，则表示簇节点 n_3 和 n_1 的距离最近。将 n_3 和 n_1 合并为一个新的簇节点 C_2，并用 C_2 代替原来 n_1 的位置，即 C_2 成为 C_1 的孩子节点。插入新节点后的层次树如图 5-16(b)所示。

（3）若 LN＝min(LR,LN,RN)，则表示簇节点 n_3 和 n_2 的距离最近，其插入过程与情况（2）相似。插入新节点后的层次树如图 5-16(c)所示。

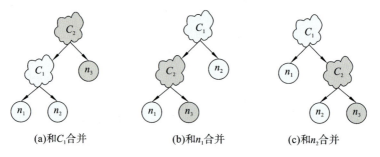

(a)和C_1合并 (b)和n_1合并 (c)和n_2合并

图 5-16 插入新节点 n_3 后的层次树

由于 n_1 和 n_2 是原子簇，不存在子节点，因此上述插入过程在进行到 n_1 和 n_2 位置之后就结束了。但是若与新节点合并的簇节点不是原子簇，则还需要在该簇节点的子树上继续执行插入操作。如图 5-17 所示，待插入节点 n_4 首先在树 T_1（矩形区域）中查找与其合并的节点，若查找结果既不是 C_1 也不是 n_2，此时不能直接将节点 n_4 与簇节点 C_2 合并，而是需要在以 C_2 为根的子树 T_2（圆形区域）上继续执行插入操作。依此类推，直到与新节点合并的簇节点是当前子树的根节点或者是原子簇为止。

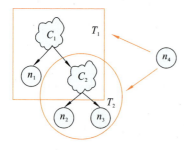

图 5-17 向层次树中插入节点 n_4

5.5.2 时序制造数据特征快速匹配算法

在判断序列是否属于分类字典中的类别 i 时,首先要计算该序列与类别原型 C_i 之间的距离 r_i,若 $r_i < R_i$,则认为该序列属于类别 i。这里的距离可以选择欧氏距离、DTW 距离等。图 5-18 给出了分类字典对应的距离范围示意图,图中的圆圈表示距离范围,当未分类序列位于类别 i 所对应的距离范围时,就认为其属于类别 i。从图中可以看出,不同类别定义的距离范围可能会有重叠,例如图中的 C_1 和 C_3,若一个新序列位于两个类别的重叠区域,则选择序列最接近的类别作为该序列的类别。

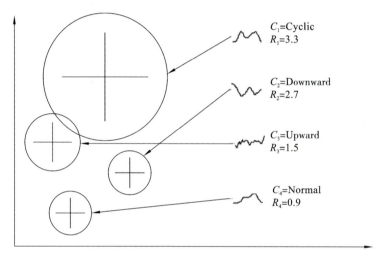

图 5-18 分类字典对应的距离范围示意图

5.5.3 实验验证

数据集 ECG5000_TEST 中共有 4500 个序列,每个序列的长度是 140,共约 630000 个数据点。OHC(online hierarchical classification)算法是我们提出的在线层次分类算法,ALS(active learning system)算法是 Hao 等人针对时序数据流分类提出的算法。经过 OHC 算法分类之后,类别 1 达到了 92.14% 的准确率和 99.95% 的召回率,类别 2 也有 86.65% 的准确率和 97.26% 的召回率。通过表 5-13 中类别的出现频率可以看出,类别 5 的出现频率为 0.49%,包含时间序列的个数较少,再加上一些错误的分类,导致了分类准确性的下降。可通过大量的子序列提取提高准确率,图 5-19 所示为数据集 ECG500_TEST 各个类别的图像。

表 5-13　数据集 ECG5000_TEST 分类结果

类别	出现频率	ALS算法		OHC算法	
		准确率	召回率	准确率	召回率
1	58.38%	0.68	0.8933	0.9214	0.9995
2	35.33%	0.8386	0.8791	0.8665	0.9726
3	1.91%	0.1374	0.3563	0.2832	0.4482
4	3.89%	0.1382	0.623	0.4364	0.7741
5	0.49%	0.0131	0.0769	0.0217	0.0693

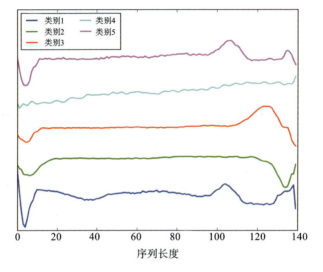

图 5-19　数据集 ECG5000_TEST 各个类别

5.6　本章小结

本章针对数据进行多尺度方向研究,提出一种符合人类直觉方式的数据处理手段来将数据多尺度化。例如人类观察一棵树时,会先忽略细节从整体上去判断,在具体区分树的种类时才会去提取更加细致的特征。这样不仅仅能够提高认知的效率,还能够有效避免过拟合问题。因此,本章首先对车间时序制造数据的来源和特点进行了分析,然后针对车间时序制造的特点,提出了一种在线持续学习框架用于车间时序制造数据的特征提取,对时序数据流具有比较好的分类效果,时间复杂度较低。在整个分类过程中都只维持一棵层次树,而不是每当缓冲区中的时间序列达到一定数目时,就采用层次聚类算法来重新构建层次树。这样不仅能够实时地处理时间序列和发现新的类别,而且有效减少了层次树多次构建带来的重复工作。

本章参考文献

[1] CHRIST M,KEMPA-LIEHR A W,FEINDT M. Distributed and parallel time series feature extraction for industrial big data applications[EB/OL]. [2019-08-20]. http://arxiv.org/pdf/1610.07717v1.pdf.

[2] KHANNA M,SRINATH N K,MENDIRATTA J K. Feature extraction of time series data for wind speed power generation[C]//IEEE 6th International Conference on Advanced Computing. Bhimavaram:2016:169-173.

[3] ANSTEY J S,PETERS D K,DAWSON C. An improved feature extraction technique for high volume time series data[C]// IASTED International Conference on Signal Processing, Pattern Recognition, and Applications. Anaheim,CA:ACTA Press,2007:74-81.

[4] GAY D,GUIGOURÈS R,BOULLÉ M, et al. Feature extraction over multiple representations for time series classification[C]// International Workshop on New Frontiers in Mining Complex Patterns. Berlin:Springer,2013:18-34.

[5] BARRACK D S,GOULDING J,HOPCRAFT K,et al. AMP:a new time-frequency feature extraction method for intermittent time-series data[EB/OL]. [2019-08-20]. http://arxiv.org/pdf/1507.05455.pdf.

[6] RAKTHANMANON T,KEOGH E. Fast shapelets:a scalable algorithm for discovering time series shapelets[C]//Proceedings of the 2013 SIAM International Conference on Data Mining. Pennsylvania:Society for Industrial and Applied Mathematics,2013:668-676.

[7] SENIN P,MALINCHIK S. SAX-VSM:interpretable time series classification using SAX and vector space model[C]//IEEE 13th International Conference on Data Mining . Dallas, Texas:2013:1175-1180.

[8] SCHÄFER P. The BOSS is concerned with time series classification in the presence of noise[J]. Data Mining and Knowledge Discovery,2015,29(6):1505-1530.

[9] SCHÄFER P. Towards time series classification without human preprocessing[C]// International Workshop on Machine Learning and Data Mining in Pattern Recognition. Berlin:Springer,2014:228-242.

[10] BAYDOGAN M G, RUNGER G, TUV E. A bag-of-features framework to classify time series[J]. IEEE Transactions on Pattern Analysis and Machine Intelligence, 2013, 35(11): 2796-2802.

[11] LINES J, BAGNALL A. Time series classification with ensembles of elastic distance measures[J]. Data Mining and Knowledge Discovery, 2015, 29(3): 565-592.

[12] SCHÄFER P. Scalable time series classification[J]. Data Mining and Knowledge Discovery, 2016, 30(5): 1273-1298.

[13] BAGNALL A, LINES J, HILLS J, et al. Time-series classification with COTE: the collective of transformation-based ensembles [J]. IEEE Transactions on Knowledge and Data Engineering, 2015, 27(9): 2522-2535.

[14] CUI Z C, CHEN W L, CHEN Y X. Multi-scale convolutional neural networks for time series classification[EB/OL]. [2019-08-20]. http://arxiv.org/pdf/1603.06995.pdf.

[15] HAO Y, CHEN Y P, ZAKARIA J, et al. Towards never-ending learning from time series streams[C]//Proceedings of the 19th ACM SIGKDD International Conference on Knowledge Discovery and Data Mining. New York: ACM, 2013:874-882.

第 6 章 车间制造大数据关联关系分析方法

随着数控机床、传感器和智能感知设备的广泛应用,车间制造数据呈现出典型的大数据特性。这些数据除了具备"3V+3M"的特性之外,更重要的是它们相互之间,以及它们与车间运行性能之间有着极其复杂的作用关系。以晶圆制备过程为例,其工序多,工期长,设备数量大,制造系统中对晶圆工期存在潜在影响的参数有千余个。对参数间的关联关系展开量化分析,确定影响工期波动的关键参数,是实现工期有效预测和调控的重要基础问题。再以柴油发动机装配为例,整个过程涉及零部件数目众多,装配工艺关联复杂且存在传递耦合效应,装配质量波动随着工序流不断向下一道工序传递、累积,最终共同影响整机质量。因此,如何有效量化分析制造过程参数与功率质量间的关联关系,准确定位关键影响因素,指导生产过程参数优化控制并对产品质量进行有效预测,成为柴油发动机功率一致性控制过程中的瓶颈问题。

本章针对车间制造数据之间的复杂作用关系,以及其对车间运行性能的影响,分析车间制造数据关联关系分析的难点。在此基础上,介绍车间制造数据关联关系的信息熵度量方法,以及基于网络去卷积的车间性能关键影响参数识别方法,系统阐述车间制造大数据关联关系分析方法。

6.1 车间制造大数据关联关系分析的难点

数据关联关系分析是指采用特定的分析方法,针对大量数据集中存在的关联性或相关性进行挖掘,从而描述特征属性出现的规律和模式。由于车间制造数据间的作用机理复杂,数据噪声大、不确定性高,很难设计相应的回归方程、距离判据等数理方程来量化参数之间的作用规律;且参数之间的关联关系多样,除了参数之间的相关性,还存在着参数之间的互补性与冗余性。此外,在复杂制造系统中存在很多生产要素,这些生产要素的波动最终导致了产品质量的不确定性与不稳定性。如果对每一个生产要素都加以控制,那么,一方面随着制造系统的复杂程度提升,控制的维数急剧增加,控制难度会较大;另一方面,并非所有因素都会对产品质量产生重大影响,盲目的质量控制会造成人力、物力、财力的浪费。

因此,针对车间制造数据关联关系多样、耦合作用机理复杂的特点,设计有效的关联关系分析方法,并高效滤取影响车间制造性能预测数据中的关键参数,成为研究中的难点。

6.1.1　车间制造数据的多样相关特性

区别于互联网等大数据场景,车间制造数据多有对应的物理背景,因此数据间的类别和属性差异更为明显,数据类型的多样性加深了数据间关联关系的复杂性。以晶圆加工为例,晶圆制造工艺复杂、约束多、动态性高,晶圆工期参数间的关联关系复杂。其中,部分参数之间的作用机理复杂(见图 6-1),难以通过数理表达方程来度量参数之间的关联关系。在参数的关联关系分析过程中,基于回归的方法和基于信息熵的方法是两种常见的方法。基于回归的方法

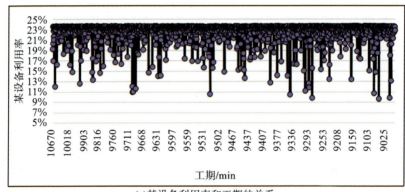

(a)某设备利用率和工期的关系

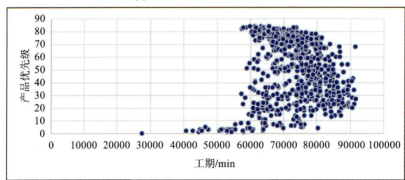

(b)产品优先级和工期的关系

图 6-1　晶圆工期参数作用机理分析

(logistic回归、高斯-牛顿回归、线性回归)需要根据数据间的作用规律,设计两参数间作用关系的数理回归方程,并根据相关系数的计算方法,实现参数间关联性的度量。然而,在晶圆工期关键参数的滤取中,预先设计回归方程来拟合自变量与因变量之间的作用关系,是极为困难的。基于信息熵的方法通过评价参数间作用关系的确定性程度来衡量参数之间的关联性,不需要设计参数间作用关系的表达方程,适用于晶圆工期参数关联关系的度量。

晶圆工期参数之间的关联关系多样,除了参数间的相关关系外,还存在着冗余和互补的情况。晶圆工期参数的相关性描述了潜在参数对晶圆工期波动的影响力,参数影响力的强度决定了相关性的大小。例如在其他状态不变的情况下,车间在制品数量的变化,将直接影响产品的工期。两者之间的相关性描述了车间在制品数量对产品工期的影响力。在晶圆工期参数的关联关系分析中,在具体的场景下,还需要考虑工期参数的冗余性和互补性。例如:某设备的利用率和该设备前等待加工的晶圆组队列长度都描绘该设备的工作忙碌程度,因此这两个参数相互冗余。而若干台设备的等待队列长度共同描绘了某一晶圆组周围的物料流动特性,因此这些等待队列长度参数是互补的。在晶圆工期关键参数的滤取过程中,要综合度量参数之间的相关性、冗余性和互补性,从而实现关联关系的综合评价。

6.1.2 车间制造数据的复杂耦合特性

导致车间制造数据关联关系分析困难的另一个原因是数据的复杂耦合特性。由于车间制造数据的产生通常伴随着物理实体的状态转移,该过程与产品的物理特性、工艺流程等车间运转机理密切相关,因此机理逻辑的相关性导致数据相互间存在耦合作用。以柴油发动机生产为例,其制造过程涵盖研发设计、零部件加工、整机装配及台架测试等多个阶段,各个阶段都会对柴油发动机最终质量产生重要的影响。通常在产品研发设计阶段较少考虑加工装配工艺对产品质量的影响,对加工装配工艺缺乏足够的认识,也就导致了难以确定加工装配过程中关键工艺质量参数,难以量化各工艺质量参数对产品质量有怎么样的影响。事实上,在生产装配阶段,柴油发动机生产工艺参数的设置较大程度上依赖于经验知识及对同类型产品的参考,质量控制也主要依赖于工人师傅的生产经验及台架测试检验。由此可见,当前柴油发动机加工装配过程质量管理理念相对落后,难以准确定位生产过程中关键质量特性因素,难以有效地减少发动机生产过程中生产要素波动对发动机质量的影响。正是这些原因导致目前柴油发动机质量控制水平较低,特别是同一批次柴油发动机之间有着较大的质量差异。

在多工序的柴油发动机加工装配过程中，当前工序的加工质量既受到当前工序操作的影响，同时也与前道工序的加工质量相关，即柴油发动机加工装配过程的工序间存在传递耦合效应；另外，加工装配过程中存在诸多影响加工质量的误差源，它们共同影响着柴油发动机产品的最终质量和性能，这就使得柴油发动机制造过程变得异常复杂。

如图 6-2 所示，生产过程中广泛存在着机床主轴偏差、定位夹具定位误差、工作台偏差等生产要素波动。在利用不同的生产要素进行某一工序加工时，来自不同生产要素的误差会共同作用于产品，造成如同轴度误差、平面度误差等质量偏差，若干质量偏差会造成某一道工序如 P_1 的质量偏差；随着工序流的不断进行，生产要素的误差同样也会作用于后道工序，同时前道工序的偏差也会随着工序流不断向后道工序传递，这样就在制造过程中形成了传递耦合效应。

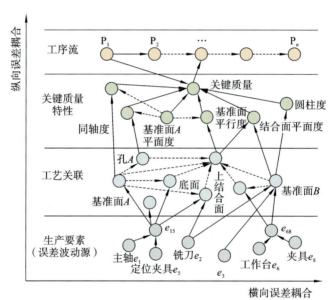

图 6-2　复杂制造过程中的误差传递耦合效应

以柴油发动机缸体表面加工过程为例，如图 6-3 所示，在第一道工序（加工左侧基准面工序）P_1 中首先利用铣刀精加工出缸体左侧面定位基准，作为后序加工定位基准，此时如果铣刀存在磨损，磨损刀具在 P_1 工序中直接导致加工误差，引起平面度、粗糙度等质量指标的波动；在第二道工序（加工缸盖结合面工序）P_2 中利用铣刀精加工缸盖结合面时，磨损刀具仍然会直接导致加工误差，另外第一道工序中磨损的刀具引起左侧面加工误差而导致的基准误差会间接导致缸盖结合面的加工误差。工序误差的传递性表明工序质量波动由当前工序和前道工序的直接和间接作用相互叠加而成，并且随着工序流不断传递直至生

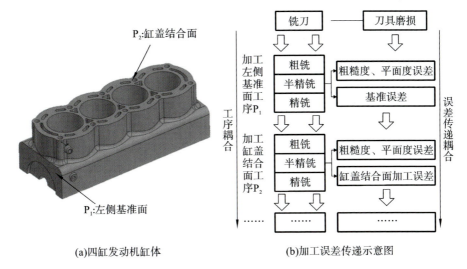

图 6-3 四缸柴油发动机缸体及加工误差传递

产完成。

利用理论建模、仿真分析等传统方法来研究生产装配环节中质量特性参数对柴油发动机性能一致性的影响关系,较大程度上依赖于经验知识和模型假设,比如假设装配过程不存在变形、参数均服从正态分布等,然而生产装配过程中的参数往往并不服从正态分布,且具有尖峰、厚尾的分布特性,这也使得传统方法难以有效量化分析制造过程中工艺质量参数与产品质量的关联关系。此外,由于柴油发动机制造过程工序复杂,参数众多,多工序传递耦合,生产环境动态多变,在实际生产中还可能会存在零部件均为合格品、工艺质量特性符合工艺要求,但是产品的性能却不能满足要求的现象。这种情况表明,虽然制造过程参数符合工艺规范,但并不是最优,传统方法对这种误差累计的影响不具有可预见性。

随着柴油发动机企业信息化和智能化程度的提升,海量制造过程数据被采集和存储,人们也越来越重视蕴藏在海量数据背后的巨大价值的挖掘。数据驱动(data-driven)技术能有效帮助揭示复杂制造过程的内在规律,把数据转化为生产运行规律,帮助企业分析质量问题,优化生产流程,实施产品全生命周期管理,提高产品质量和生产效率。在传统研究方法和手段难以建立复杂受控系统精准数学模型的情况下,数据驱动技术无疑为复杂制造系统分析优化与控制提供了一条新思路:有效利用这些富有价值的离线和在线生产数据,量化柴油发动机生产过程中的各工艺质量特性参数与功率之间的关联关系,帮助识别制造过程中的关键影响因素,为生产过程中优化生产工艺、改进产品质量提供新的视角;同时建立柴油发动机装配质量预测模型,提高产品质量控制能力,降低生产成本。

6.2 常用的数据关联关系分析方法

常用的车间制造数据关联关系分析方法可以分为特征提取方法和变量选择方法。特征提取方法指将原始变量变换到低维的特征空间,如主成分分析、典型相关分析、独立成分分析等方法。变量选择方法是通过关联分析剔除原始变量空间中的无关变量和冗余变量来降低原始变量维数的方法,主要包括皮尔逊(Pearson)相关系数、格兰杰因果分析方法等。

1) 传统的相关系数

传统的相关系数主要是指线性相关系数,也称为皮尔逊相关系数,是线性变换下不变的一种相关指标,具有计算方便、可用于度量多元正态分布相关性、在非线性递增变换下具有不变性等优点,但是只能度量随机变量之间的线性相关关系,而且要求随机变量方差必须有限。除了皮尔逊相关系数,还有Kendall和Spearman秩相关系数,它们可以用来度量两个随机变量间变化的一致性程度,对随机变量的边缘分布没有要求,属于非参数统计方法。这也使得它们的适用范围更为广泛,不过本质上仍然是基于线性的相关系数。

2) 格兰杰因果分析方法

在多元序列中影响关系往往表现为非对称的因果关系。变量Z中包含着影响变量Y的信息特征,并且在变化形式上也会对变量Y产生影响。格兰杰因果分析法是由Granger等人提出的一种分析变量之间是否存在因果关系的方法。

格兰杰因果分析方法的主要思想如下:假设Ω_t是到当前时刻t为止的所有信息集合,Z_t和Y_t是两个时间序列。$Z_t(h|\Omega_t)$表示在已知信息集合Ω_t的条件下对Z_t的h步预测,相应的h步预测的最小均方误差用$\sum Z(h|\Omega_t)$表示。如果至少存在一个h,满足

$$\sum Z(h|\Omega_t) \neq \sum Z(h|\Omega_t \setminus \{Y_s | s \leqslant t\}) \tag{6-1}$$

则称Y_t与Z_t之间存在格兰杰相关。其中$\Omega_t \setminus \{Y_s|s \leqslant t\}$表示在信息集合$\Omega_t$中除去$Y_t$在$t$时刻及以前的信息之后所剩余的信息集合。

对于格兰杰因果相关分析的检验,比较常用的是Wald-Granger(沃尔德-格兰杰)检验。其定义如下:

$$\lambda_\omega = [(\boldsymbol{I}_h \otimes \boldsymbol{R})\boldsymbol{H}^{(h)} + \overline{\omega_\lambda}^{(h)}]^{\mathrm{T}} \times [(\boldsymbol{I}_h \otimes \boldsymbol{R})\sum \boldsymbol{H}^{(h)} + \lambda \overline{\sum_{\widetilde{\omega}}(h)}]^{-1}$$
$$\times [(\boldsymbol{I}_h \otimes \boldsymbol{R})\boldsymbol{H}^{(h)} + \overline{\omega_\lambda}^{(h)}]$$

(6-2)

其中 $\lambda > 0$，是某一固定实数，$\boldsymbol{I}_h$ 表示 $h \times h$ 的单位矩阵，$\boldsymbol{R}$ 表示满足约束 $\boldsymbol{RH}^{(h)} = \boldsymbol{0}$ 的矩阵，且有

$$\sum_{\widetilde{\omega}}(h) = \begin{bmatrix} 0 & 0 \\ 0 & \boldsymbol{I}_{h-1} \otimes \mathrm{diag}(\boldsymbol{R\Sigma R}^{\mathrm{T}}) \end{bmatrix}$$
$$\boldsymbol{H}^{(h)} = [\boldsymbol{\alpha}^{(1)} \ \boldsymbol{\alpha}^{(2)} \ \cdots \ \boldsymbol{\alpha}^{(h)}]^{\mathrm{T}}$$
$$\overline{\omega_\lambda}^{(h)} \sim N(0, \lambda\Sigma(h))$$

(6-3)

格兰杰因果关系分析方法在许多领域都得到了应用，但是对于复杂非线性系统，其分析得出的结果并不可靠。近年来，也有许多基于非线性预测理论的方法对格兰杰因果分析方法进行了改进，如基于径向基函数的非线性因果关系分析模型、以传递熵作为相关性的判别标准的非参数因果关系检验方法等。此外，Quiroaga、Bhatachatya 等人在局域预测模型的基础上，将复杂的非线性问题在局域线性化，并提出评价非线性序列之间相互关联关系的方法。

在理论上，如果一个复杂系统中的所有变量都能够精确测量，则可以引入辅助变量，通过条件因果关系的概念有效地区分多元变量之间直接、间接的关联关系。然而在实际系统中，由于复杂系统的复杂性、未知性及检测手段的有限性，存在诸多不可测隐变量及环境变量，这些都会影响因果关系分析结果的准确性；同时也缺乏对多元变量之间关系的定性定量分析，测量噪声等因素也容易影响分析结果的可靠性。

3）主成分分析方法

主成分分析（principal component analysis，PCA）方法是常用的传统的多变量关系分析方法。它利用统计原理建立描述系统的低维模型，一方面可以提取输入变量的主要特征，另一方面可以降低输入变量的维数。

基于 PCA 提取出变量的主成分，能有效降低维数并提升预测精度。然而如果变量间存在较强的非线性关系，则往往得不到好的预测结果。因此，Scholkopf 等人借鉴了支持向量机中核函数的思想，基于核函数提出了非线性主成分分析（kernel principal component analysis，KPCA），利用非线性变换将原始变量映射至高维特征空间。虽然通过选择不同的核函数可以有效分析非线性主成分，解决许多非线性关联分析问题，但是主成分提取模型本身参数较多，结构复杂，设置恰到好处的模型参数有难度；此外，针对具有实际意义的复杂系统而言，提取出的主成分难以解释其对应的物理意义，更难以用于指导进一步的复杂系统优化控制。

大数据驱动的智能车间运行分析与决策方法

6.3 车间制造数据关联关系的信息熵度量方法

车间制造过程中产生的大数据通常具有典型的非线性关联关系,同时制造过程参数具有尖峰、厚尾、非正态的分布特性。而且,由于车间制造过程数据之间的作用机理复杂,通过线性或非线性相关性分析方法很难描述参数间的作用机理。参数之间的关联关系多样,在具体的场景下,参数之间除了相关关系还存在冗余和互补关系。针对系统中潜在影响参数多且作用机理复杂的特点,我们设计了基于信息熵的参数间关联关系度量方法,对参数间的相关关系、冗余关系与互补关系进行度量。

互信息通过度量变量间的信息不确定度,能描述变量间的非线性关联关系,也无须假设变量服从正态分布。互信息是信息论中信息度量的一种方式,可以理解为一个随机变量中包含的关于另一个随机变量的信息。当随机变量 X 和 Y 之间相互独立时,对应的互信息值为零,当两者具有一定的相关性时,互信息值为某一正数。互信息可以描述非线性关联关系且不易受到噪声及初始化过程中数据转化的影响。

6.3.1 信息熵的定义

互信息是基于数据的概率密度定义的。变量 X、Y 为两个随机变量,当 $X=\{x_1,x_2,\cdots,x_n\}$,$Y=\{y_1,y_2,\cdots,y_m\}$ 时,概率分别为 $p(x_i)$、$p(y_j)$,其中 $i=1,2,\cdots,n,j=1,2,\cdots,m$,$\sum_i p(x_i)=1$,$\sum_j p(y_j)=1$,则相应的信息熵为

$$H(X) = -\sum_{i=1}^{n} p(x_i) \log_2 p(x_i) \quad (6-4)$$

$$H(Y) = -\sum_{j=1}^{m} p(y_j) \log_2 p(y_j) \quad (6-5)$$

设由 X、Y 构成的联合信源 $XY=\{x_1 y_1,x_2 y_2,\cdots,x_n y_m\}$ 的概率分布为

$$XY: \begin{bmatrix} x_1 y_1 & x_1 y_2 & \cdots & x_n y_m \\ p(x_1 y_1) & p(x_1 y_2) & \cdots & p(x_n y_m) \end{bmatrix} \quad (6-6)$$

联合信源 XY 的信息熵为

$$H(XY) = -\sum_{i=1}^{n} \sum_{j=1}^{m} p(x_i y_j) \log_2 p(x_i y_j) \quad (6-7)$$

则信源 X 和 Y 的互信息定义为

$$I(X,Y) = H(X) + H(Y) - H(XY) \quad (6-8)$$

互信息是两个信源 X 与 Y 之间关联程度的度量指标,它满足对称性与非

负性,即

$$I(X,Y) = I(Y,X), I(X,Y) \geqslant 0 \tag{6-9}$$

当 X,Y 完全相同时互信息值最大,当 X,Y 相互独立时互信息值为零。

6.3.2 车间制造数据的互信息描述模型

在综合考虑参数之间的相关性、冗余性和互补性的基础上,设计关键参数的入选测度 $Obj(f_i)$。以晶圆制造为例,在已知晶圆工期 CT、当前关键参数子集 S_j 的情况下,对候选参数 f_i 与晶圆工期的关联关系进行度量,计算方法如公式(6-10)所示。当候选参数 f_i 为识别的首个参数,即参数子集 S_j 为空集时,仅通过候选参数 f_i 与工期 CT 之间的相关性强弱来对候选参数进行筛选。当关键参数子集 S_j 中含有参数时,通过综合考虑三种关联关系,筛选具备最大相关性、最大互补性、最小冗余性的参数作为关键参数。

$$Obj(f_i) = \begin{cases} \text{Rel}_{f_i}^{\text{CT}}, & S_j = \varnothing \\ \alpha \times \text{Rel}_{f_i}^{\text{CT}} - \beta \times \text{Red}_{f_i}^{S} + (1-\alpha-\beta)(\text{Com}(f_i,\text{CT},S_j)), & S_j \neq \varnothing \end{cases} \tag{6-10}$$

式中:$\text{Rel}_{f_i}^{\text{CT}}$ 表示候选参数 f_i 和晶圆工期 CT 之间的相关性;$\text{Red}_{f_i}^{S}$ 表示候选参数 f_i 与关键参数子集 S_j 之间的冗余性;$\text{Com}(f_i,\text{CT},S_j)$ 表示候选参数 f_i 与当前关键参数子集 S_j 的互补性;α 和 β 是权值变量,由数值实验结果分析确定,α、β、$\alpha+\beta$ 的取值范围均为 $[0,1]$。

6.3.3 参数相关性度量方法

在晶圆工期参数关联关系度量过程中,参数与晶圆工期之间的相关性指参数对晶圆工期波动的解释能力,可通过计算参数与晶圆工期之间的互信息值来度量。参数 f_i 与晶圆工期 CT 的相关性 $\text{Rel}_{f_i}^{\text{CT}}$ 定义如公式(6-11)所示,其中 $I(f_i,\text{CT})$ 表示参数 f_i 与晶圆工期 CT 的互信息值。

$$\text{Rel}_{f_i}^{\text{CT}} = I(f_i,\text{CT}) \tag{6-11}$$

为了对参数 f_i 与晶圆工期 CT 之间的互信息值进行计算,首先对熵、联合熵、条件熵和互信息的基本概念进行阐述。熵的概念始于统计热力学,用于描述系统的混乱程度,系统的熵越高表示其越混乱,反之,系统的熵越低则意味着其越有序。信息熵是随机变量的不确定性度量参数。针对某一随机变量 x,信息熵 $H(x)$ 定义如下:

$$H(x) = E[\log_2 p(x)] = -\sum_{i=1}^{n} p(x_i)\log_2 p(x_i) \tag{6-12}$$

式中:$x=\{x_1,x_2,\cdots,x_n\}$;$p(x_i)$ 是 $x=x_i$ 的概率。

信息熵度量事件的发生概率,仅能描述单个参数的不确定性。两个参数之间的不确定性,可用两参数的联合熵来度量,即通过计算两参数的联合概率密度来描述其共有信息量的大小。两者之间的共有信息量越大,两者的作用规律越明显,不确定性越低,联合熵就越高,反之两参数间的共有信息量越小,联合熵就越低。针对某一随机参数对$\{x,y\}$,联合熵$H(\{x,y\})$定义如下:

$$H(\{x,y\}) = -\sum_{i=1}^{n}\sum_{j=1}^{m} p(x_i,y_j)\log_2 p(x_i,y_j) \qquad (6\text{-}13)$$

式中:$x=\{x_1,x_2,\cdots,x_n\}$;$y=\{y_1,y_2,\cdots,y_m\}$;$p(x_i,y_j)$是$x=x_i$且$y=y_j$的概率。

已知一个随机变量的情况时,另一随机变量的不确定性用条件熵度量。两随机变量x与y的条件熵可用$H(x|y)$来描述,其表示已知y变量的情况,随机变量x的不确定性度量。条件熵$H(x|y)$描述了随机变量x对已知变量y的依赖程度,$H(x|y)$越大,表示已知y的情况下,x的不确定性越大,x对于y的依赖程度越小;若$H(x|y)=0$,则表示x完全依赖于y。对于随机变量x和已知变量y,条件熵$H(x|y)$定义如下:

$$\begin{aligned}H(x\mid y) &= -\sum_{i=1}^{n}\sum_{j=1}^{m} p(x_i,y_j)\log_2 p(x_i\mid y_j)\\ &= H(\{x,y\}) - H(y)\end{aligned} \qquad (6\text{-}14)$$

式中:$x=\{x_1,x_2,\cdots,x_n\}$;$y=\{y_1,y_2,\cdots,y_m\}$;$p(x_i,y_j)$是$x=x_i$且$y=y_j$的概率;$p(x_i|y_j)$是已知$y=y_j$的情况下$x=x_i$的概率。

互信息描述了两随机变量互相依赖的程度,其对两变量之间共有信息量的大小进行度量。对于两个随机变量x和y,互信息$I(x,y)$定义如下:

$$I(x,y) = -\sum_{i=1}^{n}\sum_{j=1}^{m} p(x_i,y_j)\log_2 \frac{p(x_i,y_j)}{p(x_i)p(y_j)} \qquad (6\text{-}15)$$

式中:$x=\{x_1,x_2,\cdots,x_n\}$;$y=\{y_1,y_2,\cdots,y_m\}$;$p(x_i,y_j)$是$x=x_i$且$y=y_j$的概率;$p(x_i)$是$x=x_i$的概率;$p(y_j)$是$y=y_i$的概率。当随机变量x与y互相独立时,有$p(x_i,y_j)=p(x_i)p(y_j)$,易得$I(x,y)=0$,表示变量x与y之间不存在相同的信息;反之,若变量x与y相关性越强,则互信息$I(x,y)$值越大,表示两参数之间所包含的相同的信息量越大。联立式(6-13)、式(6-14)与式(6-15),可得随机变量x与y的信息熵、条件熵与互信息之间的转化关系,如式(6-16)所示。由式(6-16)可得,$I(x,y)=I(y,x)$,表明两变量之间的互信息具备对称性。

$$\begin{aligned}I(x,y) &= H(x) - H(x\mid y)\\ &= H(y) - H(y\mid x)\end{aligned} \qquad (6\text{-}16)$$

6.3.4 参数冗余性度量方法

在对参数间相关性进行分析的基础上,对参数间的冗余性进行度量。在晶圆工期关键参数的识别过程中,若当前参数 f_i 与关键参数子集之间存在自相似性,则该参数 f_i 的加入会增加关键参数子集内部的信息冗余性。参数的冗余性可通过当前参数与已经入选关键参数子集的参数之间的共有信息量大小来度量。因此,参数 f_i 与含有 j 个参数的关键参数子集 S_j 的冗余性 $\text{Red}_{f_i}^S$ 定义如下:

$$\text{Red}_{f_i}^S = I(f_i, S_j) \tag{6-17}$$

式中:$I(f_i, S_j)$ 表示当前参数 f_i 与关键参数子集 S_j 之间的互信息。

对式(6-17),按照互信息的定义(式(6-15))展开,可得

$$\begin{aligned}
I(f_i, S_j) &= -\sum_{k=1}^{n}\sum_{t=1}^{n} p(f_i^k, S_j^t) \log_2 \frac{p(f_i^k, S_j^t)}{p(f_i^k) p(S_j^t)} \\
&= -\sum_{k=1}^{n}\sum_{b=1}^{n}\sum_{t=1}^{n} p(f_i^k, x_j^b, S_{j-1}^t) \log_2 \frac{p(f_i^k, x_j^b, S_{j-1}^t)}{p(f_i^k) p(x_j^b, S_{j-1}^t)} \\
&= -\sum_{k=1}^{n}\cdots\sum_{b_j=1}^{n} p(f_i^k, x_1^{b_1}, \cdots, x_j^{b_j}) \log_2 \frac{p(f_i^k, x^{b_1}, \cdots, x^{b_j})}{p(f_i^k) p(x^{b_1}, x^{b_2}, \cdots, x^{b_j})}
\end{aligned}$$
(6-18)

式中:$S_j = \{x_1^{b_1}, x_2^{b_2}, \cdots, x_j^{b_j}\}$ 表示包含 j 个参数的关键参数子集;$p(f_i^k, S_j^t)$ 是 $f_i = f_i^k$ 且 $S_j = S_j^t$ 的概率,同理 $p(f_i^k, x_j^b, S_{j-1}^t)$ 是 $f_i = f_i^k, x_j = x_j^b$ 且 $S_{j-1} = S_{j-1}^t$ 的概率,$p(f_i^k, x_1^{b_1}, \cdots, x_j^{b_j})$ 是 $f_i = f_i^k, x_1 = x_1^{b_1}, \cdots, x_j = x_j^{b_j}$ 的概率。

f_i 与 S_j 的互信息 $I(f_i, S_j)$ 指的是参数 f_i 与关键参数子集 S_j 中所有参数的联合互信息,其计算复杂度将会随着关键参数子集中参数的增加而呈指数级增加。以 S_j 中含有 10 个参数,每个参数离散化为 10 个类别为例,参数 f_i 与关键参数子集 S_j 之间的互信息计算需要考虑 10^{11} 个事件的概率。而晶圆工期的候选参数多,通常有 1000 余个,因此,需要对 $I(f_i, S_j)$ 做数值计算上的简化。这里,借鉴 Peng 等人的做法,通过计算参数 f_i 与关键参数子集 S_j 中所有参数的互信息来计算 $I(f_i, S_j)$,计算方法如下:

$$I(f_i, S_j) \approx \frac{1}{|S_j|} \sum_{x_j \in S_j} I(f_i, x_j) \tag{6-19}$$

式中:$|S_j|$ 表示关键参数子集 S_j 中的参数数量。

6.3.5 参数互补性度量方法

在对参数间的相关性与冗余性进行度量的基础上,对参数间的互补性进行

度量。在晶圆工期关键参数的识别过程中,除了关键参数子集 S_j 与晶圆工期 CT 的信息量之外,若候选参数 f_i 与晶圆工期 CT 之间存在额外的共同信息量,则认为参数间是互补的。参数的互补性定义如下:

$$\mathrm{Com}(f_i,\mathrm{CT},S_j) = I(f_i,\mathrm{CT} \mid S_j) \tag{6-20}$$

它表示已知含有 j 个参数的关键参数子集 S_j 的情况下,参数 f_i 与晶圆工期之间的相关性。按照信息熵理论进行展开,可得

$$I(f_i,\mathrm{CT} \mid S_j) = -\sum_{k=1}^{n}\sum_{b=1}^{n}\sum_{t=1}^{n} p(f_i^k,\mathrm{CT}^b \mid S_j^t)\log_2 \frac{p(f_i^k,\mathrm{CT}^b \mid S_j^t)}{p(f_i^k \mid S_j^t)p(\mathrm{CT}^b \mid S_j^t)} \tag{6-21}$$

按照式(6-21)直接计算对于关键参数子集的互补性,需要计算复杂的联合概率,这将随着关键参数子集中参数的增长带来指数级增长的计算量。为了解决这一难题,对互补性的计算方法进行分解。关键参数子集 S_j 包含 j 个参数 $x_1,x_2,\cdots,x_j$,从中剔除一个参数得到 S_{j-1}。由于更多的参数会带来多样性与不确定性,所以有 $I(f_i,\mathrm{CT}|S_j) \leqslant I(f_i,\mathrm{CT}|S_{j-1})$。同理继续从 S_{j-1} 中删减一个参数,得到参数子集 S_{j-2},有 $I(f_i,\mathrm{CT}|S_j) \leqslant I(f_i,\mathrm{CT}|S_{j-1}) \leqslant I(f_i,\mathrm{CT}|S_{j-2})$。按照规则逐级减少参数,直至关键参数子集中剩余单个参数 x_i 为止,可得:$I(f_i,\mathrm{CT}|S_j) \leqslant I(f_i,\mathrm{CT}|S_{j-1}) \leqslant \cdots \leqslant I(f_i,\mathrm{CT}|x_i)$。在参数识别过程中,期望能够选择互补性最强的参数 f_i 进入关键参数子集中,即 $\mathrm{argmax}_{f_i \in F} I(f_i, \mathrm{CT}|S_j)$,$F$ 为当前候选参数子集。在该条件互信息的计算中,我们通过最小化该子集中参数 x_i 的条件互信息值 $I(f_i,\mathrm{CT}|x_i)$ 来达到近似效果,如式(6-22)所示,计算候选参数 f_i 与晶圆工期 CT 及关键参数 x_i 之间的条件互信息 $\min_{x_i \in S}(I(f_i,\mathrm{CT}|x_i))$,来替代 $I(f_i,\mathrm{CT}|S_j)$。

$$\mathrm{argmax}_{f_i \in F}(\min_{x_i \in S}(I(f_i,\mathrm{CT} \mid x_i))) \tag{6-22}$$

6.4 基于网络去卷积的车间制造关键参数识别方法

在实际生产过程中由于传递耦合效应的存在,关联关系中存在着虚假关联的噪声。基于互信息的方法计算出来的互信息值,即使在使用估计的阈值去掉部分较小的互信息值的情况下,仍然会产生大量的假阳性噪声。目前已有大量学者在消除链式噪声方面进行了深入研究,比如矩阵求逆、波茨模型、偏相关、基于概率的方法(如最大熵模型)等。尽管上述方法可以削弱部分链式噪声,但是在网络节点较多的情况下,这些基于建模、计算概率分布的方法大都有计算成本高、适用范围小等局限性;此外,这些方法并没有从根源去滤除链式噪声。因此,本节利用标准化的互信息(normalized mutual information,NMI)刻画参数间的关联性,并引入网络的概念构建了参数关系网络模型;同时针对制造过

程中存在的传递耦合效应设计了网络去卷积(network deconvolution,ND)方法来减少链式噪声,从而实现对车间制造过程关键参数的有效识别。

6.4.1 制造过程参数关联关系网络建模

为了表示大规模的车间制造参数间的关联关系,本节以柴油发动机制造过程数据为例,借鉴复杂网络和信息场的概念来描述柴油发动机制造过程参数关联关系网络,类似于引力场,为研究复杂的柴油发动机制造系统内部各个参数相互作用的关联关系提供理论基础。在柴油发动机制造过程参数关联关系网络中,以参数作为网络节点,以参数间的关联关系作为对应节点之间的连边权重,如果两个参数间没有关联关系,那么对应两个节点之间没有连边。按照这样的规则可以构建出制造过程参数关联关系网络模型。

在关联关系网络构建中,网络中会存在很多节点和边,图 6-4 展示了网络中部分节点之间的关联关系,图中黑色节点表示参数,连边表示对应参数相互关联。节点 A、B、C、D、E 之间存在连边 AB、BC、CD、DE、BE 及 CE,表明 A、C 之间,A、D 之间,A、E 之间及 B、D 之间不存在关联关系。

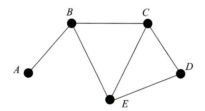

图 6-4 关联关系网络简单示意图

如果用一个邻接矩阵 G 来描述网络,当网络中有 n 个参数节点时,参数间的关联关系网络可以表示成一个 $n \times n$ 的邻接矩阵,并且 $G=(a_{ij})_{n \times n}$,是实对称矩阵,其中 a_{ij} 为节点 i、j 之间的连边权重,可以用节点 i、j 之间的关联性来表示。关联性可以用皮尔逊相关系数、互信息值方法等来量化评价,这里以标准化互信息值为量化评价标准。节点 i、j 之间没有连边,则 $a_{ij}=0$,表示节点 i、j 之间没有关联性。那么图 6-4 所示关联关系网络可以表示为

$$G = \begin{pmatrix} a_{AA} & a_{AB} & 0 & 0 & 0 \\ a_{BA} & a_{BB} & a_{BC} & 0 & a_{BE} \\ 0 & a_{CB} & a_{CC} & a_{CD} & a_{CE} \\ 0 & 0 & a_{DC} & a_{DD} & a_{DE} \\ 0 & a_{EB} & a_{EC} & a_{ED} & a_{EE} \end{pmatrix} \tag{6-23}$$

实际上,如果将一个柴油发动机制造系统当作一个信息场,系统中每一个

参数节点当作信息源,那么每个节点之间都可以存在信息交换,然而并不是每个节点之间都存在直接的信息交换。当我们通过相关性(如皮尔逊相关系数、互信息等)来观察或者评价复杂系统参数的关联性时,却往往因为对系统认识的局限及不足,很可能错误地将观测到的节点间存在的信息交换作为直接关联,但事实上这可能是虚假关联的噪声。

对应柴油发动机制造系统,多工序复杂制造系统中存在多级工序、关联耦合、动态多变等特性,前道工序的偏差随着工序流不断向后道工序传递,表现为制造过程参数间存在传递耦合效应,参数间存在虚假关联,即上述构建的制造过程参数关联关系网络中存在着传递耦合效应。因此,如何消除关系网络中的传递耦合效应,挖掘制造过程参数的真实关联关系,对指导制造系统优化控制具有重要意义。

6.4.2 车间制造数据的网络去卷积解耦算法

网络去卷积算法由麻省理工学院的 Manolis Kellis 教授于 2013 年提出,最先用于消除基因调控网络中的传递噪声问题,目前已应用于蛋白质氨基酸关联关系网络、基因调控网络、社会共作者关系网络分析,并得到有效性验证。下面将对网络去卷积算法进行介绍和推导。

在关联关系网络中,存在各样的噪声,如多工序装配过程工序质量间关联传递,表现为质量参数关联关系中的传递耦合效应。以图 6-5 所示为例,图中最左侧为网络中参数节点间的直接关联关系网络,但是参数间的传递效应使得参数节点之间存在间接关联,表现为关联关系网络中存在传递效应,间接关联与直接关联相互叠加最终形成了观测到的关联关系,如图中最右侧所示。

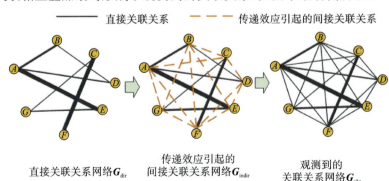

图 6-5 直接关联网络与观测到的关联网络演化图

如果定义 G_{obs} 为观测到的关联关系网络的邻接矩阵,G_{dir} 为直接关联关系网络的邻接矩阵,G_{indir} 为传递效应引起的间接关联关系网络的邻接矩阵,那么可以利用式(6-24)来描述直接关联、间接关联与观测到的关联三者之间的关系：
$$G_{\text{obs}} = G_{\text{dir}} + G_{\text{indir}} \tag{6-24}$$

由 6.4.1 节中的分析可知，间接关联是网络中的信息传导造成的。以图 6-5 中的直接关联关系网络为例，A、E、G 为其中三个节点，A、E，E、G 之间存在连边，即直接关联，那么在观测到的关联关系网络中 A、G 之间也很有可能存在连边，即 A、G 之间可能存在间接关联，信息经过其他节点从 A 到 G 传递，那么传递的路径长度 l 满足 $l \in [2, +\infty)$。

将网络中的间接关联按照传导路径长度分为 2 阶链式噪声（如 $A \to B \to C$）、3 阶链式噪声（如 $A \to B \to C \to D$）、4 阶链式噪声（如 $A \to B \to C \to D \to E$）等。在这样的假设下，网络去卷积算法使用邻接矩阵 G 的 k 次方去模拟 k 阶链式噪声，那么间接关联关系网络的邻接矩阵 G_{indir} 可以用直接关联关系网络的邻接矩阵 G_{dir} 的 $k(k \in (1, +\infty))$ 次方的和来表示：
$$G_{\text{indir}} = G_{\text{dir}}^2 + G_{\text{dir}}^3 + \cdots + G_{\text{dir}}^n \tag{6-25}$$

式中：n 为正整数。

将式(6-25)代入式(6-24)可得
$$\begin{aligned} G_{\text{obs}} &= G_{\text{dir}} + G_{\text{indir}} \\ &= G_{\text{dir}} + G_{\text{dir}}^2 + G_{\text{dir}}^3 + \cdots + G_{\text{dir}}^n \end{aligned} \tag{6-26}$$

若式(6-26)中邻接矩阵元素经过线性缩放可以变换到区间$(0,1)$内，那么上述等比序列可以化为式(6-27)所示形式：
$$\begin{cases} G_{\text{obs}} = G_{\text{dir}}(I - G_{\text{dir}})^{-1} \\ G_{\text{dir}} = G_{\text{obs}}(I + G_{\text{obs}})^{-1} \end{cases} \tag{6-27}$$

式中：I 为单位矩阵，维数与 G_{dir}、G_{obs} 一致。

分别对 G_{dir} 及 G_{obs} 进行特征值分解，假设 G_{dir} 及 G_{obs} 可以分别分解为如下形式：
$$\begin{cases} G_{\text{dir}} = U E_{\text{dir}} U^{-1} \\ G_{\text{obs}} = U E_{\text{obs}} U^{-1} \end{cases} \tag{6-28}$$

式中：U 为特征向量组成的矩阵；U^{-1} 为 U 的逆矩阵；E_{dir} 和 E_{obs} 分别为由 G_{dir} 及 G_{obs} 的特征值 λ_{dir} 和 λ_{obs} 构成的对角矩阵，形式如下：
$$\begin{cases} E_{\text{dir}} = \begin{bmatrix} \lambda_{\text{dir}}^1 & \cdots & 0 \\ \vdots & \ddots & \vdots \\ 0 & \cdots & \lambda_{\text{dir}}^n \end{bmatrix} \\ E_{\text{obs}} = \begin{bmatrix} \lambda_{\text{obs}}^1 & \cdots & 0 \\ \vdots & \ddots & \vdots \\ 0 & \cdots & \lambda_{\text{obs}}^n \end{bmatrix} \end{cases} \tag{6-29}$$

将式(6-29)代入式(6-26)中,可得

$$\begin{aligned}
\boldsymbol{G}_{\text{obs}} &= \boldsymbol{G}_{\text{dir}} + \boldsymbol{G}_{\text{indir}} \\
&= \boldsymbol{G}_{\text{dir}} + \boldsymbol{G}_{\text{dir}}^2 + \boldsymbol{G}_{\text{dir}}^3 + \cdots + \boldsymbol{G}_{\text{dir}}^n \\
&= (\boldsymbol{U}\boldsymbol{E}_{\text{dir}}\boldsymbol{U}^{-1}) + (\boldsymbol{U}\boldsymbol{E}_{\text{dir}}^2\boldsymbol{U}^{-1}) + (\boldsymbol{U}\boldsymbol{E}_{\text{dir}}^3\boldsymbol{U}^{-1}) + \cdots + (\boldsymbol{U}\boldsymbol{E}_{\text{dir}}^n\boldsymbol{U}^{-1}) \\
&= \boldsymbol{U}(\boldsymbol{E}_{\text{dir}} + \boldsymbol{E}_{\text{dir}}^2 + \boldsymbol{E}_{\text{dir}}^3 + \cdots + \boldsymbol{E}_{\text{dir}}^n)\boldsymbol{U}^{-1} \\
&= \boldsymbol{U} \begin{bmatrix} \sum_{i=1}^{n}(\lambda_{\text{dir}}^1)^i & \cdots & 0 \\ \vdots & \ddots & \vdots \\ 0 & \cdots & \sum_{i=1}^{n}(\lambda_{\text{dir}}^n)^i \end{bmatrix} \boldsymbol{U}^{-1} \\
&= \boldsymbol{U} \begin{bmatrix} \dfrac{\lambda_{\text{dir}}^1}{1-\lambda_{\text{dir}}^1} & \cdots & 0 \\ \vdots & \ddots & \vdots \\ 0 & \cdots & \dfrac{\lambda_{\text{dir}}^n}{1-\lambda_{\text{dir}}^n} \end{bmatrix} \boldsymbol{U}^{-1}
\end{aligned}$$

(6-30)

由此可得 λ_{dir} 与 λ_{obs} 的关系:

$$\begin{cases} \lambda_{\text{obs}} = \dfrac{\lambda_{\text{dir}}}{1-\lambda_{\text{dir}}} \\ \lambda_{\text{dir}} = \dfrac{\lambda_{\text{obs}}}{1+\lambda_{\text{obs}}} \end{cases}$$

(6-31)

这样就得到了直接关联关系网络的邻接矩阵 $\boldsymbol{G}_{\text{dir}}$ 与观测到的关联关系网络的邻接矩阵 $\boldsymbol{G}_{\text{obs}}$ 的对应关系,如图 6-6 所示,这也是网络去卷积算法的核心部分。

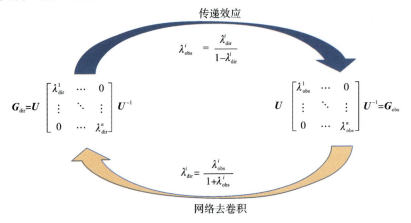

图 6-6 网络去卷积算法

第 6 章　车间制造大数据关联关系分析方法

为了保证式(6-26)中等比数列收敛，G_{dir}的特征值满足$|\lambda_{dir}^{i}|<1$，需要对原始观测到的关联关系网络的邻接矩阵G_{obs}^{us}进行如下线性缩放：

$$G_{obs}=\alpha G_{obs}^{us} \quad (6\text{-}32)$$

假设$\lambda_{+}^{obs(us)}$和$\lambda_{-}^{obs(us)}$分别是G_{obs}^{us}的特征值中的最大正值和最小负值，则α满足

$$\alpha \leqslant \max\left(\frac{\beta}{(1-\beta)\lambda_{+}^{obs(us)}},\frac{-\beta}{(1+\beta)\lambda_{-}^{obs(us)}}\right) \quad (6\text{-}33)$$

由此可以发现，α由$\lambda_{+}^{obs(us)}$、$\lambda_{-}^{obs(us)}$及β共同决定，其中参数β满足$\beta\leqslant 1$。通常来说，在不同的场景下，参数β需要进行寻优。例如，在蛋白质氨基酸关联关系网络中，β值选择为0.99；在社会共作者关系网络中，β值选择为0.95；在基因调控网络中，β值选择为0.5。

6.4.3　基于 NMI-ND 的关键影响因素识别

对于给定参数集$\{X_i\}$，$i=1,2,\cdots,n$，为挖掘参数间的直接关联关系，基于上述标准化互信息及网络去卷积算法，参数关联关系网络建模优化分析算法步骤如下。

（1）计算标准化互信息：对于X_i、X_j，依据式(6-15)，计算互信息$I(X_i,X_j)$，即$\text{NMI}(X_i,X_j)$；

（2）构建观测到的关联关系网络对应的邻接矩阵G_{obs}：

$$G_{obs}=\begin{bmatrix} \text{NMI}(x_1,x_1) & \text{NMI}(x_1,x_2) & \cdots & \text{NMI}(x_1,x_n) \\ \text{NMI}(x_2,x_1) & \text{NMI}(x_2,x_2) & \cdots & \text{NMI}(x_2,x_n) \\ \vdots & \vdots & \ddots & \vdots \\ \text{NMI}(x_n,x_1) & \text{NMI}(x_n,x_2) & \cdots & \text{NMI}(x_n,x_n) \end{bmatrix} \quad (6\text{-}34)$$

（3）去卷积并去除链式影响，获得变量$\{X_i\}$，$i=1,2,\cdots,n$间的直接关联关系网络的邻接矩阵：

$$G_{dir}=G_{obs}(I+G_{obs})^{-1}$$
$$\lambda_{dir}^{i}=\frac{\lambda_{obs}^{i}}{1+\lambda_{obs}^{i}} \quad (6\text{-}35)$$

（4）依据阈值筛选获得特征子集。

6.5　案例验证

6.5.1　标准测试集实验

我们采用标准测试集对我们所提出的参数滤取方法与 DISR 方法和

mRMR_D 方法展开对比实验。实验中采用的四个标准测试算例由美国加利福尼亚大学尔湾分校的机器学习知识库提供，它们在参数数量、参数特点和实例数量上各不相同。为了增加标准样本中数据的冗余性，我们在原有数据集中通过对原有参数进行非线性加权，并增加随机噪声信号，形成若干冗余参数，增加的参数数量与数据集详细情况如表 6-1 所示。为了对滤取得到的关键参数进行评估，基于滤取得到的关键参数采用相同的分类算法，对数据集进行分类，并根据分类准确率来评价参数筛选方法的性能。同时，在每一次分类测试中采用十倍交叉验证的方式来剔除测试数据集中的训练集选择或测试集选择对算法性能的影响。

表 6-1 标准算例实验的数据集

标准数据集	参数数量/个	增加参数数量/个	数据量/条	类别/类	参数类型
Zoo	16	3	1919	7	离散型
Sonar	60	6	13728	2	连续型
Gesture phase dataset(GPD)	19	0	33193	5	兼有
Image segmentation(IS)	19	4	4830	7	兼有

在实验中首先采用三种方法对参数关联关系进行度量，并按照参数与分类目标的关联关系从高到低得到各方法下的参数序列。在此基础上，按照关联关系从高到低依次选择参数作为分类模型的输入，对不同参数数量下的分类结果进行统计，对各方法获得最高分类精度的参数数量进行分析。三种不同的算法在 Zoo、Sonar、GPD、IS 四个数据集上的实验结果如表 6-2 所示。

表 6-2 标准数据集参数滤取结果

标准数据集		GPD	IS	Sonar	Zoo
DISR	TCA	0.682	0.249	0.759	0.639
	Num	18	2	30	13
mRMR_D	TCA	0.679	0.243	0.749	0.665
	Num	10	16	41	12
我们的方法	TCA	0.683	0.263	0.775	0.674
	Num	10	6	24	12

其中，TCA(top classfication accuracy)表示采用滤取得到的参数进行分类实验得到的最高分类精度，Num 表示获得最高分类精度时所用的参数数量。在实验结果中，我们所提出的方法在 IS 数据集上，采用前 6 个滤取得到的关键

参数得到的 TCA 为 0.263,这表示在 IS 数据集的 23 个参数中,采用我们的方法对参数进行关联分析并排序后,取前 6 个参数作为输入参数进行分类,得到的分类精度高于其他的参数组合。在 IS 数据集上,采用 DISR 与 mRMR_D 方法得到的 TCA 分别为 0.249 与 0.243。在 Sonar 数据集上,采用我们的方法滤取得到的前 24 个参数进行分类实验得到的 TCA 为 0.775;而 DISR 方法的 TCA 为 0.759,Num 为 30,mRMR_D 方法的 TCA 为 0.749,Num 为 41。在 Zoo 数据集上,采用我们的方法滤取得到的参数作为输入,得到的 TCA 也要优于 DISR 与 mRMR_D 方法。而在数据集 GPD 上,我们的方法的 TCA 为 0.683,Num 为 10,DISR 方法的 TCA 为 0.682,Num 为 18,mRMR_D 方法的 TCA 为 0.679,Num 为 10。在上述结果中,在 Zoo、Sonar 与 IS 数据集上,采用我们的方法滤取得到的参数进行分类的精度要明显优于 DISR 与 mRMR_D 方法,而在 GPD 数据集上,三种方法得到的结果差异不大。在实验过程中,Zoo、Sonar 与 IS 三个数据集通过线性加权的方法增加了若干冗余参数,而 GPD 数据集并未增加冗余参数,表明我们提出的参数滤取方法在具有冗余参数的情况下能得到较好的参数过滤效果,这正好说明我们的方法适用于滤取晶圆工期参数。

6.5.2 实例验证

1) 晶圆制备实例

采用上海某 300 mm 晶圆生产线的实际数据对我们提出的关键参数滤取方法进行验证。该晶圆制造系统共具备 22 个工作区,共有加工机台 754 台,构成 400 个工作站。本小节根据该制造系统生产的某一逻辑电算法参数优化结果来评价关键参数滤取方法的性能。该产品族晶圆的工艺路线包括 400 道含有多重入流的工序。按照表 6-3 所示的参数设置构建候选参数集,晶圆 lot 的工期候选参数包含该产品的优先级、系统在制品数量、每道工序的加工时间、每台设备的利用率与等待队列长度,共计 1202 个候选参数。

表 6-3 晶圆工期候选参数集

参数类型	参数	符号	数学描述	单位
晶圆 lot 状态参数	每道工序的加工时间	$TP_1, TP_2, \cdots, TP_n$	每道工序的平均加工时间	min
	当前晶圆 lot 的优先级	Pr	优先级可取 [0,99] 上的整数,其中 0 为最高优先级	—

续表

参数类型	参数	符号	数学描述	单位
设备状态参数	每个设备的当前利用率	$L_1, L_2, \cdots, L_m$	设备的开工时间/工厂运行时间	—
	每个设备前等待队列长度（用等待时间来衡量）	$Q_1, Q_2, \cdots, Q_m$	设备缓冲区等待队列中工件的总加工时间	min
车间状态参数	在制品数量	WIP	在制品片数	片

实验所用的数据来自于该产线制造执行系统的 Waferlottransaction 数据表。首先对原始数据进行预处理，对原始数据的缺失值和异常值进行处理之后，对约 800 万条 Waferlottransaction 记录进行数据提取与转换，得到约 2000 组完整的晶圆工期数据，如表 6-4 所示。在此基础上进行数据离散化，并进行关键参数滤取实验。

在数据预处理的基础上，对晶圆工期关键参数滤取过程中的参数 $\gamma(\gamma \in [0, 1])$ 进行优化，根据不同参数 γ 下滤取得到的关键参数进行工期预测实验。在工期预测中，根据所选的关键参数重构数据集，根据工期预测的精度来优化参数 γ，结果如图 6-7(a) 所示。实验结果表明，当 $\gamma=0.7$ 时，根据滤取得到的参数进行工期预测拥有最好的预测效果，其预测精度达到 95%。此外在 $\gamma=0.8$ 的情况下，结合响应曲面法对参数 α 与 β 进行优化，结果如图 6-7(b) 所示。实验结果表明，当 $\alpha=0.3, \beta=0.4$ 时，滤取得到的关键参数子集与晶圆工期具有最强的相关性，$I(S, CT)$ 达到 2.8。因此，在 $\gamma=0.7, \alpha=0.3, \beta=0.4$ 的条件下，展开关键参数的滤取实验。

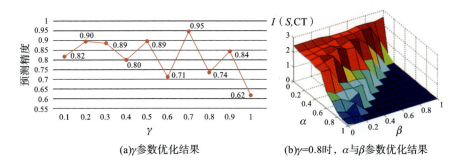

(a) γ 参数优化结果　　(b) $\gamma=0.8$ 时，α 与 β 参数优化结果

图 6-7　算法参数优化结果

表 6-4 晶圆工期关键参数滤取实验的数据集

编号	工期CT/min	每道工序的加工时间 TP/min					每个设备前的当前利用率 L					每个设备前等待队列长度 Q/min					在制品数量 WIP/片	晶圆lot的优先级 P_r
		TP_1	TP_2	...	TP_{400}		L_1	L_2	...	L_{400}		Q_1	Q_2	...	Q_{400}			
1	87975.82	12.81667	13.95	...	109.7667		1.799653	0.64787	...	0.40		184	141	...	101		59695	40
2	90290.18	132.4333	13.1	...	4.216667		1.799653	0.64787	...	0.40		184	296	...	1675		59086	42
3	76673.37	0.3	25.48333	...	0		5.311354	0.530046	...	0.40		49	111	...	398		53265	63
4	65437.47	2	24.31667	...	118.7167		0.133414	0.519317	...	0.41		72	491	...	2626		59758	61
5	69098.03	2.05	13.41667	...	61.38333		0.669583	0.67691	...	0.41		144	174	...	78		59758	81
6	69307.9	0.333333	25.05	...	91.46667		0.669583	0.657813	...	0.41		323	82	...	1734		56997	19
...	...	...	...	...	...		...	...	...	...		...	...	...	...		...	...
1993	75552.07	0.683333	24.68333	...	97.33333		0.073495	0.672153	...	0.42		173	132	...	2742		55999	74
1994	83717.23	0.416667	24.96667	...	72.53333		0.361088	0.587037	...	0.42		73	302	...	145		55817	28
1995	80046.12	86.35	25.13333	...	65.3		0.030613	0.587037	...	0.42		313	28	...	41		56662	71
1996	64078.68	0.716667	13.98333	...	6.816667		5.566076	0.672153	...	0.43		53	32	...	3757		57912	81
1997	91201.38	0.316667	13.71667	...	106.85		0.080637	0.563206	...	0.43		91	377	...	99		59729	23
1998	67006.22	0.516667	13.18333	...	267.2333		1.799653	0.64787	...	0.43		65	419	...	17404		59715	7
1999	61431.03	92.93333	13.2	...	108.4667		1.799653	0.657813	...	0.42		209	43	...	2486		56513	79
2000	74059.45	0.45	25.3	...	0		5.566076	0.899977	...	0.42		314	128	...	0		55106	33

运用所设计的基于信息熵的关键参数滤取方法，从 1202 个候选参数中过滤得到 78 个输入参数，如表 6-5 所示。其中参数影响力由参数滤取过程中，参数带来的测度 $\mathrm{Obj}(f_i)$ 的增益计算而得，参数影响力的计算公式为

$$\mathrm{imp}(f_i) = I(S_j, \mathrm{CT}) - I(S_{j-1}, \mathrm{CT}) \tag{6-36}$$

表 6-5　晶圆 lot 工期关键参数集

序号	参数	参数影响力	注释	序号	参数	参数影响力	注释
1	Pr	4.392	lot 优先级	27	TP_{13}	1.407	热处理制程 01
2	TP_{64}	1.894	湿法制程 13	28	TP_{379}	1.404	刻蚀制程 20
3	L_3	1.877	LAR03-光刻区	29	TP_{284}	1.398	薄膜制程 18
4	TP_{58}	1.793	湿法制程 10	30	TP_{283}	1.391	研磨制程 03
5	TP_{73}	1.791	扩散制程 16	31	TP_{327}	1.384	湿法制程 08
6	TP_{346}	1.790	光刻制程 06	32	TP_{295}	1.376	湿法制程 01
7	L_{10}	1.773	RRT02-扩散区	33	TP_{223}	1.367	刻蚀制程 17
8	TP_{12}	1.691	湿法制程 03	34	L_2	1.355	LAR02-光刻区
9	TP_{306}	1.688	薄膜制程 16	35	Q_{20}	1.353	WSC10-刻蚀区
10	TP_{315}	1.653	光刻制程 03	36	TP_{29}	1.348	热处理制程 05
11	L_{12}	1.638	RRT03-扩散区	37	Q_{17}	1.341	WSC07-刻蚀区
12	TP_{286}	1.635	薄膜制程 18	38	TP_{256}	1.336	湿法制程 02
13	TP_{46}	1.604	湿法制程 10	39	TP_{282}	1.330	薄膜制程 14
14	Q_3	1.603	LAR03-光刻区	40	TP_{106}	1.309	光刻制程 06
15	TP_{11}	1.601	湿法制程 03	41	TP_{279}	1.293	刻蚀制程 18
16	TP_{361}	1.593	湿法制程 01	42	TP_{34}	1.290	注入制程 03
17	TP_{15}	1.504	薄膜制程 04	43	TP_{18}	1.290	热处理制程 05
18	TP_{42}	1.492	湿法制程 13	44	TP_{342}	1.270	刻蚀制程 18
19	TP_{385}	1.491	刻蚀制程 16	45	TP_{62}	1.263	刻蚀制程 05
20	TP_{77}	1.477	刻蚀制程 24	46	TP_{352}	1.263	研磨制程 03
21	WIP	1.474	在制品数量	47	TP_{328}	1.254	刻蚀制程 06
22	TP_{302}	1.461	研磨制程 01	48	TP_{23}	1.245	湿法制程 03
23	TP_{20}	1.454	研磨制程 05	49	TP_{290}	1.243	刻蚀制程 39
24	L_6	1.429	LIL01-光刻区	50	TP_{149}	1.242	热处理制程 06
25	TP_{105}	1.424	湿法制程 13	51	TP_{296}	1.235	光刻制程 06
26	TP_7	1.418	刻蚀制程 34	52	TP_{299}	1.219	湿法制程 01

续表

序号	参数	参数影响力	注释	序号	参数	参数影响力	注释
53	TP_{100}	1.216	注入制程 01	66	TP_{309}	1.175	光刻制程 03
54	TP_{293}	1.212	光刻制程 02	67	TP_{111}	1.173	湿法制程 13
55	TP_{65}	1.211	湿法制程 03	68	TP_{56}	1.172	注入制程 03
56	TP_{104}	1.209	湿法制程 10	69	TP_{9}	1.171	湿法制程 06
57	TP_{240}	1.199	金属化制程 02	70	TP_{348}	1.167	刻蚀制程 18
58	TP_{323}	1.199	湿法制程 01	71	Q_{5}	1.138	LAR05-光刻区
59	TP_{239}	1.196	湿法制程 12	72	TP_{308}	1.138	湿法制程 01
60	Q_{2}	1.193	LAR02-光刻区	73	TP_{148}	1.128	金属化制程 05
61	TP_{343}	1.186	湿法制程 08	74	L_{9}	1.124	LIL02-光刻区
62	TP_{55}	1.183	光刻制程 06	75	Q_{9}	1.115	LIL02-光刻区
63	TP_{19}	1.181	湿法制程 06	76	TP_{345}	1.098	湿法制程 01
64	TP_{232}	1.176	金属化制程 07	77	TP_{95}	1.092	注入制程 01
65	TP_{244}	1.175	光刻制程 02	78	TP_{66}	1.056	热处理制程 05

对晶圆 lot 工期关键参数集进行分析,可得如下结论。

(1) 从参数的组成上来说,属于加工时间类别的关键参数有 64 个。其中主要有 11 道刻蚀制程(参数影响力之和为 14.647)、8 道光刻制程(参数影响力之和为 10.732),还有薄膜制程、研磨制程、(离子)注入制程与金属化制程等。这说明该厂的晶圆 lot 制备中刻蚀、光刻与扩散工序时间对晶圆工期影响较大,这与该晶圆厂的实际运行情况是相符的。此外,有 23 道湿法制程对应的加工时间参数,该制程对晶圆片表面进行湿法清洗,是光刻制程、刻蚀制程、薄膜制程等关键工序的前道辅助工序。这 23 道工序中各有 7 道发生于薄膜区与光刻区,各有 4 道发生于扩散区与刻蚀区,有 1 道发生于金属化区。这说明薄膜区、光刻区、扩散区与刻蚀区的湿法制程的加工时间波动将会对晶圆工期产生较大影响,可通过增配这些区域的湿法清洗设备、设立清洗后的缓冲区来降低其对晶圆工期的影响。

(2) 在 78 个关键参数中,有 12 个设备状态相关参数,其中 8 个参数来自于光刻区域,其分析如表 6-6 所示。这说明光刻区设备的利用率与等待队列长度将较大程度地影响晶圆工期。这与该晶圆厂的实际运行情况也是相吻合的。在晶圆制造中,光刻区设备极为昂贵,从而被设置为系统的瓶颈。因此光刻区设备的状态变化会对产品的工期产生较大影响。

表 6-6　设备相关的关键参数分析

关键参数	RRT02-扩散区	RRT03-扩散区	WSC10-刻蚀区	WSC07-刻蚀区	LAR03-光刻区(L_3)	LAR03-光刻区(Q_3)
影响力	1.773	1.638	1.353	1.341	1.877	1.603
关键参数	LIL01-光刻区	LAR02-光刻区(L_2)	LAR02-光刻区(Q_3)	LAR05-光刻区	LIL02-光刻区(L_9)	LIL02-光刻区(Q_9)
影响力	1.429	1.355	1.193	1.138	1.124	1.115

(3) 晶圆 lot 优先级的平均影响力为 4.392,远超工序加工时间、设备利用率等其他参数的影响力。这证明对于单个 lot 而言,调整其优先级可以有效地影响晶圆 lot 的完工时间。

我们进一步通过晶圆工期预测精度来评价关键参数的识别效果。工期预测模型采用 Chen 等提出的误差反向传播神经网络(back propagation network,BPN)方法,构建增加动量项的三层 BPN 模型,对晶圆工期进行预测。在预测实验中,以滤取得到的 78 个关键参数作为实验组,构建工期预测模型(BPN-78)。参照组(BPN-5)的输入参数采用由人工经验确定的 5 个输入参数,分别为:产品的优先级、车间的在制品数量、所有设备的平均利用率、设备的平均等待队列长度、产品所有工序的加工时间。除输入参数外,实验组与参照组在其他网络结构与参数设置上保持一致。针对两种不同的模型输入参数(BPN-78,BPN-5),在 6 组不同规模的数据集下,进行晶圆 lot 工期预测实验,结果如表 6-7 所示。预测效果的测度包括平均偏差(MD)和方差(SD)两部分。结果表明,BPN-78 方法的测度随着数据规模的增大都呈明显的下降趋势,其中在数据集规模较大(D、E、F)的情况下,相对于 BPN-5 具有明显的优势。在数据集 D 的工期预测中,采用滤取得到的 78 个参数进行工期预测可降低平均偏差 33%,降低方差 47%。因此,采用滤取得到的参数进行工期预测,在预测精度和稳定性上都要优于采用由人工经验确定的输入参数。

表 6-7　6 组不同规模的数据集下晶圆工期预测实验结果

方法		BPN-5		BPN-78	
输入参数个数		5 个参数		78 个参数	
数据集	规模/组	MD	SD	MD	SD
A	50	248.9421	302.293	258.3588	245.1221

续表

方法		BPN-5		BPN-78	
输入参数个数		5个参数		78个参数	
数据集	规模/组	MD	SD	MD	SD
B	100	258.0302	296.715	315.486	384.4998
C	500	254.1979	306.715	283.4263	247.0114
D	1000	252.7561	305.888	168.4844	162.4574
E	1500	253.9728	300.725	205.0387	197.4442
F	2000	249.384	298.979	199.384	186.0225

2）柴油发动机生产实例

利用国内某柴油发动机企业 2015 年 8 月至 2016 年 7 月的 3219 台柴油发动机生产过程的数据对上述方法进行实验研究。在柴油发动机装配线上有 100 多个装配工位，共检测包括曲轴回转力矩、轴向间隙、活塞凸出高度等在内的 172 个装配特性参数。柴油发动机在装配下线后进入台架测试阶段，台架测试检验的指标包括功率、扭矩、排气温度、排气压力等在内的性能参数。图 6-8 给出了部分数据样本。

该型号柴油发动机的额定功率为 254 kW。如果某一台柴油发动机台架测试功率偏差超过了 $\pm 3\%$，则认为该台柴油发动机功率质量不合格，否则认为该柴油发动机是合格品。为提升批产柴油发动机功率一致性，首要任务就是挖掘柴油发动机装配生产过程中与功率直接关联的因素，指导生产过程优化控制。

基于本书之前介绍的数据预处理及本章算法步骤，本案例中我们利用 pandas 包中的 fillna(•)函数实现用均值替换缺失值，利用 Sklearn 包中的标准化函数 sklearn.preprocessing.MinMaxScaler(•)实现制造过程数据的最大最小标准化。在数据预处理的基础上，利用 Python 编程实现前述 NMI-ND 算法，首先获得柴油发动机生产过程参数间的标准化互信息，构建观测到的关联关系网络的邻接矩阵 G_{obs}。由于观测到的关联关系网络的邻接矩阵维度过大，表 6-8 所示仅展示了邻接矩阵 G_{obs} 的一部分。

发动机编号	缸套突出高度01	缸套突出高度02	缸套突出高度03	缸套突出高度04	缸套突出高度05	缸套突出高度06	运行扭矩	轴向间隙	启动扭矩	活塞突出高度01	活塞突出高度02	活塞突出高度03	活塞突出高度04	活塞突出高度05	活塞突出高度06	曲轴回转力矩	标定工况功率
L6AL1G00227	0.141	0.145	0.145	0.143	0.14633	0.15967	5.274	0.215	10.9	-0.141	-0.067	-0.12	-0.115	-0.134	-0.094	35.7	253.8
L6AL1G00347	0.125	0.12867	0.12133	0.123	0.12	0.124	4.89	0.166	17.138	-0.155	-0.097	-0.163	-0.117	-0.151	-0.075	35.302	256.4
L6AL1G00178	0.12133	0.135	0.14333	0.12767	0.123	0.13533	6.017	0.232	12.036	-0.125	-0.11	-0.13	-0.124	-0.117	-0.091	36.583	253.5
L6AL1G00259	0.14	0.131	0.146	0.138	0.14233	0.14233	6.269	0.199	13.33	-0.175	-0.08	-0.179	-0.076	-0.125	-0.032	32.22	250.3
L6AL1G00252	0.144	0.15667	0.15533	0.15133	0.16267	0.14467	5.57	0.204	11.303	-0.141	-0.087	-0.16	-0.119	-0.164	-0.118	31.13	251
L6AL1G00257	0.12167	0.124	0.12133	0.123	0.13	0.12267	6.304	0.191	13.012	0	0	0	0	0	-0.059	31.399	250.2
L6AL1G00254	0.13333	0.13467	0.13833	0.152	0.14433	0.137	6.31	0.197	16.748	-0.152	-0.095	-0.165	-0.117	-0.164	-0.082	33.262	251.3
L6AL1G00192	0.131	0.13367	0.12967	0.12767	0.12667	0.129	6.02	0.205	12.121	-0.114	-0.048	-0.119	-0.096	-0.141	-0.096	33.946	257.7
L6AL1G00261	0.139	0.14167	0.13833	0.13567	0.147	0.13233	6.073	0.168	16.809	-0.175	-0.067	-0.194	-0.109	-0.142	-0.039	33.953	257.3
L6AL1G00263	0.13633	0.132	0.13333	0.12067	0.13267	0.13933	6.188	0.196	26.917	-0.08	-0.036	-0.107	-0.066	-0.086	-0.029	32.615	249.7
L6AL1G00236	0.138	0.14567	0.15133	0.14933	0.147	0.143	5.712	0.22	11.254	-0.174	-0.129	-0.157	-0.157	-0.149	-0.106	31.287	256.9
L6AL1G00229	0.11567	0.11867	0.12	0.11767	0.11833	0.116	5.425	0.22	10.51	-0.189	-0.089	-0.177	-0.108	-0.132	-0.089	33.61	254.5
L6AL1G00361	0.131	0.13733	0.13533	0.13967	0.13833	0.13267	5.319	0.197	10.083	-0.185	-0.181	-0.194	-0.163	-0.175	-0.138	32.774	252.7
L6AL1G00322	0.127	0.12533	0.136	0.13033	0.139	0.138	5.357	0.147	17.114	-0.167	-0.096	-0.167	-0.109	-0.169	-0.075	4.108	256
L6AL1G00239	0.129	0.129	0.111	0.13133	0.11967	0.13833	5.893	0.216	18.005	-0.125	-0.075	-0.141	-0.106	-0.097	-0.066	34.991	257.1
L6AL1G00241	0.12933	0.132	0.13333	0.135	0.12567	0.12233	6.586	0.198	12.146	-0.116	-0.068	-0.139	-0.094	-0.123	-0.058	34.213	252.6
L6AL1G00271	0.10733	0.12267	0.11633	0.125	0.12533	0.11033	5.494	0.173	9.338	-0.111	-0.043	-0.131	-0.064	-0.133	-0.023	33.81	251.2
L6AL1G00275	0.134	0.15233	0.131	0.13933	0.15467	0.14333	6.298	0.191	10.754	-0.175	-0.068	-0.164	-0.09	-0.144	-0.057	31.766	254.2
L6AL1G00267	0.127	0.13067	0.132	0.141	0.14533	0.14367	6.466	0.184	9.301	0	0	0	0	0	-0.029	32.072	255.7
L6AL1G00362	0.13133	0.138	0.139	0.135	0.134	0.129	5.124	0.2	9.899	-0.165	-0.11	-0.16	-0.143	-0.141	-0.092	34.019	257.8

图 6-8　部分数据样本

表 6-8　邻接矩阵 G_{obs}(部分)

参数	运行扭矩	启动扭矩	曲轴回转力矩	功率	活塞漏气量	进气温度	扭矩	排气温度	燃油消耗率	中冷前温
运行扭矩	1.00	0.91	0.91	0.88	0.89	0.90	0.86	0.89	0.90	0.89
启动扭矩	0.91	1.00	0.90	0.84	0.85	0.88	0.81	0.85	0.89	0.88
曲轴回转力矩	0.91	0.90	1.00	0.77	0.91	0.91	0.90	0.73	0.81	0.91
功率	0.88	0.84	0.77	1.00	0.78	0.84	1.00	0.77	0.88	0.84
活塞漏气量	0.89	0.85	0.91	0.78	1.00	0.86	0.74	0.81	0.89	0.86
进气温度	0.90	0.88	0.91	0.84	0.86	1.00	0.81	0.86	0.90	0.88
扭矩	0.86	0.81	0.90	1.00	0.74	0.81	1.00	0.72	0.86	0.81
排气温度	0.89	0.85	0.73	0.77	0.81	0.86	0.72	1.00	0.89	0.85
燃油消耗率	0.90	0.89	0.81	0.88	0.89	0.90	0.86	0.89	1.00	0.90
中冷前温	0.89	0.88	0.91	0.84	0.86	0.88	0.81	0.85	0.90	1.00

分析表 6-8 可以发现,曲轴回转力矩、进气温度、扭矩与功率有着较强关联。然而,一些随机参数之间也呈现出强关联,如进气温度与曲轴回转力矩,关联性达到了 0.91。事实上,进气温度是台架测试的可控参数,通过调节进气空调可以人为改变进气温度的高低,而曲轴回转力矩是柴油发动机装配过程中的一个质量控制点参数,两者之间应当不存在强相关关系,这可能是由于观测到的关联关系中包含由链式影响造成的虚假相关。为了消除这种链式噪声,我们尝试

对上述由标准化互信息所得的邻接矩阵 G_{obs} 进行网络去卷积操作，消除链式噪声后得到邻接矩阵 G_{dir}，表 6-9 所示为 G_{dir} 的一部分。网络去卷积前后的参数关联关系对比如图 6-9 所示。

表 6-9 网络去卷积后的邻接矩阵 G_{dir}（部分）

参数	运行扭矩	启动扭矩	曲轴回转力矩	功率	活塞漏气量	进气温度	扭矩	排气温度	燃油消耗率	中冷前温
运行扭矩	0	0.88	0.96	0.62	0.78	0.87	0.64	0.77	0.92	0.86
启动扭矩	0.88	0	0.90	0.65	0.71	0.81	0.56	0.70	0.86	0.80
曲轴回转力矩	0.96	0.90	0	0.87	0.82	0.71	0.70	0.82	0.96	0.90
功率	0.62	0.65	0.87	0	0.53	0.84	0.98	0.52	0.81	0.85
活塞漏气量	0.78	0.71	0.82	0.53	0	0.71	0.45	0.59	0.78	0.71
进气温度	0.87	0.81	0.71	0.84	0.71	0	0.57	0.71	0.87	0.81
扭矩	0.64	0.56	0.70	0.98	0.45	0.57	0	0.42	0.64	0.56
排气温度	0.77	0.70	0.82	0.52	0.59	0.71	0.42	0	0.77	0.70
燃油消耗率	0.92	0.86	0.96	0.81	0.78	0.87	0.64	0.77	0	0.86
中冷前温	0.86	0.80	0.90	0.85	0.71	0.81	0.56	0.70	0.86	0

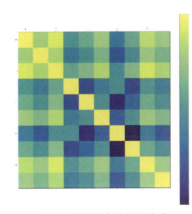
(a) G_{obs} 表示的参数关联关系

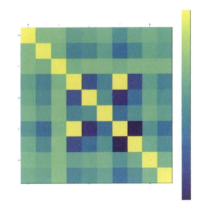
(b) G_{dir} 表示的参数关联关系

图 6-9 网络去卷积前后的参数关联关系对比

由表 6-8 与表 6-9 对比可以看出，网络去卷积方法可以有效消除大部分关联关系，包括一些虚假的关联，如进气温度与曲轴回转力矩的关联已经被去除。同时，一些关联关系被增强，例如，曲轴回转力矩与功率之间的关联关系由 0.77

强化到 0.87。可以发现,当阈值设置为 0.8 时,与功率强相关的参数有扭矩、曲轴回转力矩、燃油消耗率、进气温度、中冷前温,如表 6-10 所示。

表 6-10 与功率强相关的参数

参　　数	NMI-ND 算法下的关联关系
扭矩	0.98
曲轴回转力矩	0.87
燃油消耗率	0.81
进气温度	0.84
中冷前温	0.84

如果用网络图表示柴油发动机制造过程参数间的关联关系,可以发现在基于标准化互信息的参数关联关系网络模型中,各参数节点几乎与其他所有节点都有不弱的关联,其中包括运行原理层的关联,也包括许多随机变量之间的关联,显然这些观察到的关联关系包含了制造过程中的传递耦合带来的链式噪声。而经过网络去卷积的参数关联关系网络模型,经过网络去卷积,原观测到的邻接矩阵中一部分关联关系得到了增强,另一部分得到了削弱,其中大部分随机变量之间的关联关系都被削弱。

6.6　本章小结

本章首先介绍了车间制造数据关联关系分析的难点和常用的数据相关性分析方法,进而详细介绍我们提出的面向车间制造大数据关联关系分析和关键参数识别的方法体系。针对数据关联关系复杂的特性,设计基于信息熵的关联关系度量方法;引入了复杂网络与信息场的概念,构建了制造过程参数关联关系网络模型,并引入邻接矩阵来描述该网络模型;通过网络去卷积操作消除制造过程中的传递耦合效应,即消除关联关系网络中存在的链式噪声,实现车间运行性能关键影响参数的有效识别。

本章参考文献

[1] CHUNG S-H,HUANG H-W. Cycle time estimation for wafer fab with engineering lots[J]. IIE Transactions,2002,34(2):105-118.

[2] ROSSI F,LENDASSE A,FRANÇOIS D,et al. Mutual information for the selection of relevant variables in spectrometric nonlinear modelling[J].

Chemometrics and Intelligent Laboratory Systems,2006,80(2):215-226.

[3] GINSBERG J,MOHEBBI M H,PATEL R S,et al. Detecting influenza epidemics using search engine query data[J]. Nature,2009,457(7232):1012-1014.

[4] BERTSIMAS D,KING A. Logistic regression:from art to science[J]. Statistical Science,2017,32(3):367-384.

[5] CHIEN C-F,HSU C-Y,HSIAO C-W. Manufacturing intelligence to forecast and reduce semiconductor cycle time[J]. Journal of Intelligent Manufacturing,2012,23(6):2281-2294.

[6] HAN B,RYZHOV I O,DEFOURNY B. Optimal learning in linear regression with combinatorial feature selection[J]. INFORMS Journal on Computing,2016,28(4):721-735.

[7] SHA D Y,STORCH R L,LIU C-H. Development of a regression-based method with case-based tuning to solve the due date assignment problem[J]. International Journal of Production Research,2007,45(1):65-82.

[8] WANG H Y,YANG M,STUFKEN J. Information-based optimal subdata selection for big data linear regression[J]. Journal of the American Statistical Association,2019,114(525):393-405.

[9] FRAIMAN R,GIMENEZ Y,SVARC M. Feature selection for functional data[J]. Journal of Multivariate Analysis,2016,146:191-208.

[10] PENG H C,LONG F H,DING C. Feature selection based on mutual information:criteria of max-dependency, max-relevance, and min-redundancy[J]. IEEE Transactions on Pattern Analysis and Machine Intelligence,2005,27(8):1226-1238.

[11] VERGARA J R,ESTÉVEZ P A. A review of feature selection methods based on mutual information[J]. Neural Computing and Applications,2014,24(1):175-186.

[12] CHENG H R,QIN Z G,FENG C S,et al. Conditional mutual information-based feature selection analyzing for synergy and sedundancy[J]. ETRI Journal,2011,33(2):210-218.

[13] CHEN T,WANG Y-C. Incorporating the FCM-BPN approach with nonlinear programming for internal due date assignment in a wafer fabrication plant[J]. Robotics and Computer-Integrated Manufacturing,2010,26(1):83-91.

第 7 章
大数据驱动的车间性能预测方法

依靠大数据技术,不仅能从海量制造数据中寻找隐藏其间的关系和联系,更能深层次地认识和挖掘车间生产过程中科学运行的内在规律,对车间制造系统及其运行过程进行建模,分析系统的静态因素和动态因素对车间运行性能的影响。通过构建制造数据关联关系网络模型,探究车间制造数据间的耦合机理,力求揭示制造数据对车间性能的影响规律,实现车间性能的准确预测,为车间运行优化决策提供基础。本章结合车间实际制造场景,介绍产品工期预测方法、产品质量预测方法及设备故障预测方法,系统阐述大数据驱动的车间运行性能预测方法及其应用。

7.1 车间运行性能预测对象概述

制造车间的运行性能具备多维特点,例如系统维包括产品工期、库存水平、设备空载率、等待队列长度等性能,产品维包括产品质量、测试寿命、电子性能与成品良率等性能,设备维包括设备利用率、设备平均失效前时间和平均故障间隔时间等性能。本节介绍车间运行性能预测的三个主要对象,分别是系统维性能中的产品工期、产品维性能中的产品质量与设备维性能中的设备可用性。

1) 产品工期

在动态多变、竞争激烈的制造业市场环境中,企业面临着不断缩短产品交货期、提高按期交付率等要求,制造过程中产品的准时交付问题一直是车间运行优化中的重点。以晶圆制造系统为例,其特点是在制品数量多、工序多、工期长、工艺繁、品种多,晶圆的工期预测影响参数多、工艺约束复杂。传统的工期预测方法大多依赖于人工取得的先验知识。可是在产品工艺高度复杂的情况下,人工经验的获取需要大量的时间积累与事件经历,完整而系统的先验知识难以得到;此外,在工艺更新和产品换代速度快、车间环境动态性强的晶圆制造系统中,人工经验得到的先验知识难以准确描述车间的实时状态,基于经验的工期预测方法缺乏对动态事件的敏感性,难以取得良好的效果。在晶圆车间的工期调控中,传统的方法大多依赖于事物之间的因果关系,建立车间的运行描述模型,并设计高效的算法进行生产调控,而在大规模的晶圆制造中,建立精准的系统描述模型难以实现。

2)产品质量

在制造过程中,产品质量受研发设计、零部件加工、整机装配及测试等多个阶段的综合影响,呈现出复杂波动规律。以柴油发动机制造为例,柴油发动机的制造功率受到多工序的协同影响,当前工序的加工质量既受到当前工序操作的影响,同时也与前道工序的加工质量相关,即柴油发动机加工装配过程的工序参数间存在耦合效应;另外加工装配过程中存在诸多影响加工质量的误差源,它们共同影响着柴油发动机产品的最终质量和性能,这就使得柴油发动机制造过程变得异常复杂。因此,当前批产发动机功率一致性质量指标预测的难点在于:发动机装配过程工序复杂,质量控制点众多,难以定位关键质量控制点;质量偏差以在制品的形式随工序流不断向后道工序传递而叠加,导致产品质量不稳定,从而造成了各道工艺参数均满足工艺规范,但是发动机质量一致性仍达不到要求。

3)设备可用性

由于晶圆制造车间的设备十分昂贵,加之机台折旧系数大,因此充分利用晶圆加工机台的产能已成为晶圆制造系统的核心需求。产能利用可从机台负荷、机台加工质量和机台持续加工能力等角度衡量,相应的性能指标即为设备可用性指标,包括设备利用率、工序良率、机台平均失效前时间(MTTF)、机台平均故障间隔时间(MTBF)等。为保证设备可用性指标,目前,绝大部分晶圆制造企业均已引入了先进过程控制(advanced process control,APC)技术来保证半导体制造机台的成品率。APC技术是综合利用历史数据和实时数据,判断机台/车间运行状态从而进行优化控制的一种技术,通过对半导体制造机台进行自动过程监视和优化控制,保证生产过程有序进行,确保生产过程的稳定性、设备利用率和产品良率,有效降低企业的运作成本。APC技术主要包含两个部分:异常侦测与分类(fault detection and classification,FDC)和机台运行过程控制(tool runtime control,TRC)。FDC监视并侦测机台运行过程中的异常,TRC根据机台监视情况进行反馈控制,减少异常情况的发生,二者共同保证机台的可用性。

7.2 改进型循环神经网络的产品工期预测方法

产品工期是重要的车间性能指标,工期的变化将影响车间的运行效率、产品的准时交付率等,将对系统的运行性能产生重要影响。本节以晶圆制造系统中晶圆的工期预测为例,阐述产品工期的预测方法。

根据滤取得到的关键参数,对晶圆每层电路的制备工期进行预测,可揭示晶圆逐层制造过程中工期受设备、产品等参数的综合影响而呈现出的波动规律,具有重要的意义。由于晶圆工艺的发展导致电路线宽不断缩小,晶圆制备过程受设备专用约束与工具专属约束等工艺约束的作用加大。在这些工艺约束作用下,晶圆单层工期受到晶圆层传递效应与晶圆 lot 传递效应的影响。如何在预测过程中对这两种传递效应进行存储、表达与传递是研究中的难点。

为了实现晶圆单层工期的精准预测,针对晶圆多层电路制备中的两种传递效应——晶圆 lot 传递效应与晶圆层传递效应,采用带双递归流多维存储结构(bilateral LSTM)的循环神经网络模型。首先,分析由晶圆制造中多重入工艺带来的多层工期之间的传递效应,并定义晶圆单层工期预测问题。其次,在 Graves 和 Schmidhubers 等人提出的具备长短期记忆(vanilla LSTM)的循环神经网络模型基础上,引入多记忆结构,实现两种传递效应在 LSTM 神经网络模型中的存储与表达,并在 vanilla LSTM 神经网络模型中引入网络结构中的双递归流,实现工期预测中两种传递效应的传递。

7.2.1　多工序时间传递效应分析

按照摩尔定律,每 18 个月单位面积硅片上电路数量将会加倍,功耗降低一半。在该定律的作用下,晶圆片的制备工艺逐步提升,电路线宽逐渐减小,晶圆单层工期受到晶圆层传递效应与晶圆 lot 传递效应的影响。

1) 晶圆层传递效应

定义 7-1　晶圆层传递效应(layer correlation):设备专用约束规定了晶圆在多次重入中反复历经同一光刻设备来完成电路的图形化工序,因而同一个晶圆 lot 不同层电路的制备过程具备相似的等待时间与加工时间,这种相似性被定义为晶圆层传递效应。

设备专用约束指在晶圆制备过程中,多次重入中的关键工序要由同一台设备来完成。在晶圆制造过程中,集成电路由多层电路堆叠形成,多次重入制备的单层电路需要准确定位与连接,形成最终的立体电路。在目前 7~10 nm 的线宽要求下,晶圆在多次重入过程中的光刻工序必须要由同一台光刻设备完成,从而确保多层电路之间能够准确连接。因此,当晶圆在某一台光刻机上完成了首次光刻工序后,会在后续的重入制备中多次来到该光刻设备完成光刻工序。由于采用了同一台设备进行光刻加工,该晶圆在多次重入中的光刻工序将具备相似的制程时间,从而具备相似的工序加工时间。由于光刻机造价高昂,工序执行过程异常复杂(光刻工艺模块构成见图7-1(a)),该设备逐渐成为整个晶圆制造系统中的瓶颈设备。由于晶圆的多次重入特性,晶圆按照单次重入的周期有规律地到达,从而在光刻区域中形成了相对稳定的等待光刻工序的队列长度。因此,同一个晶圆在不同次重入过程中的光刻工序将具备相似的等待时间。而光刻工序是晶圆制备过程中最重要的工序之一,一个直径为300 mm的晶圆片在光刻区域中流转的时间,将占用25%~40%的生产周期。因此,晶圆片在光刻工序中的等待时间与加工时间将对晶圆的完工周期产生重要影响。对于同一个晶圆lot,其多层电路的制备周期之间存在相关关联,这种关联关系称为晶圆层传递效应。

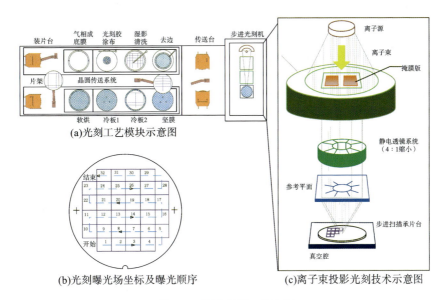

图 7-1　晶圆光刻工艺流程

2) 晶圆 lot 传递效应

定义 7-2　晶圆 lot 传递效应(wafer correlation):同种晶圆在制备中具备相同的工艺要求,使得两个不同的晶圆 lot 在同一层电路的制备周期上具备相似性,这种相似性称为晶圆 lot 传递效应。

在晶圆制备过程中,同种工艺的晶圆 lot 在电路制备过程中虽然有多种工艺路线可选择,但出于晶圆良率一致性与可靠性的考虑,会偏好选用同种路线来加工电路。这使得不同的晶圆 lot 在电路的制备过程中,会采用相同的设备、工具和工艺过程。由此，不同晶圆 lot 在同一层电路的制备中，其工期具有相似性。除了具备相同的工艺参数外，同种工艺的晶圆 lot 在工具（如掩膜版）的选用上有额外的专属约束。在光刻过程中，激光透过掩膜版，经过多级静电透镜系统进行光影缩小后，投射在扫描承片台上，在晶圆上某一局部位置经过曝光（光刻曝光场坐标及曝光顺序见图 7-1(b)），使得该位置发生光化学变化，在光刻胶中形成了掩膜版图形的精确影像（见图 7-1(c)）。在晶圆制造过程中，晶圆制备的工艺路线明确规定了每一层电路制备中的掩膜版的型号与编码，确保形成精确的立体电路。为了形成高质量的集成电路，同种晶圆在同一层电路的制备过程中，将会采用相同型号的掩膜版来进行曝光，这种工具约束称为掩膜版专属约束。在步进光刻机的工作过程中，每个掩膜版都要在晶圆曝光场中的多个区域逐个对准和曝光。每个曝光场称为一个晶粒（die），通常对应着一个大芯片或者几个小芯片。在每一次对准过程中，光刻机要驱动机电定位装置，对准检测系统，透过镜头组进行多次调整，将掩膜版和硅片上的标记对准。随着晶圆片面积的增大，片上晶粒的数量逐渐增多，曝光工序的反复对准与检测将耗费大量的时间。在同一种类晶圆片的同一层电路制备过程中，由于采用了同一种型号的掩膜版，其具有相同的基准形式，因此该过程具备相似的对准时间和相似的曝光工序等待时间。同时，随着晶圆片面积的增大，曝光场数量越来越多，曝光工序的等待时间的变化将会对工期的波动产生重要的影响。因此，在同种晶圆的制备过程中，不同晶圆 lot 的同一层电路制备工期具备关联性，这种关联关系称为晶圆 lot 传递效应。

3）传递效应的多样化特性

在晶圆制造过程中，同一种类产品通常具备多种相似的衍生产品，这些衍生产品共享核心工艺制程，仅在一些特殊工艺上具有不同的工艺参数，比如刻蚀深度、基地厚度和曝光的时长等，如图 7-2 所示。这些不同的工艺参数使得单层工期之间的传递效应呈现出多样化特性。此外，晶圆制造系统规模大，制造强度高，24 小时不停机的连轴运转使得系统内设备宕机等动态事件常常发生，从而影响系统状态，使其产生动态波动。晶圆单层工期之间的传递效应随着这些系统参数的变化而呈现出不同的规律，从而增加了传递效应的多样性。如何对多样化的传递效应进行处理，是工期预测过程中的难点。

7.2.2 面向产品工期预测的改进型循环神经网络模型

晶圆单层电路的制备周期受晶圆 lot 传递效应与晶圆层传递效应的影响，呈现出复杂的波动规律。如何对两种传递效应进行存储、表达与传递是晶圆单

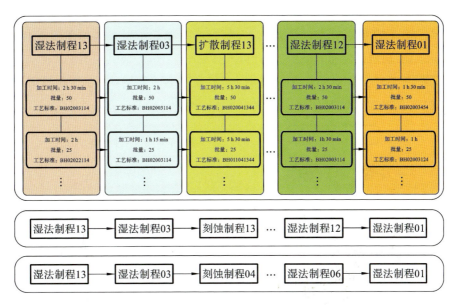

图 7-2 晶圆及其衍生品的工艺参数

层工期预测中的重点与难点。循环神经网络具备递归结构,可随递归流传递方向展开形成深层次网络结构,被视为一种新的深度学习模型。它可将神经网络隐单元的状态通过网络中的递归连接进行传递,从而实现关联关系在网络中的传输。然而,在随时间反向传播(back propagation trough time,BPTT)算法对循环神经网络进行训练的过程中,容易出现梯度消失或梯度爆炸现象,使得训练过程极为困难。为了解决这一难题,LSTM 神经网络模型作为一种新型循环神经网络模型应运而生。它通过引入恒定误差传送流(constant error carousel,CEC)与一系列门结构来解决由隐单元状态的长距离传输带来的梯度爆炸与梯度消失问题。Vanilla LSTM 是一种经典的 LSTM 神经网络模型,其由三个门单元(输入门、输出门、遗忘门)、一个单记忆存储结构、三个状态连接(peephole connections)构成。Vanilla LSTM 通过控制三个门单元的开闭来控制网络的状态更新,其中输入门调节输入数据对网络状态的影响,遗忘门调节输入数据对网络隐单元的影响,输出门调节输入数据对网络输出的影响,因而被广泛应用在自然语言处理、图像分割、手写字识别、基于可穿戴设备的活动状态识别等需要表达上下文关联的应用场合。晶圆的多重入工艺(见图 7-3(a))使得单层工期受到晶圆 lot 和晶圆层两种传递效应的影响,这两种传递效应使得晶圆的单层工期受到同一晶圆不同层次和同一层次不同晶圆的两种关联作用,从而在两个方向形成关联关系的传递。然而,LSTM 在网络结构上仅仅含有单个递归连接，难以对沿双向传播的两种传递效应进行存储、表达和传递。由此，在经典的 Vanilla LSTM 神经网络的基础上，在 LSTM 单元中引入两种递归流 hw_t^{i-1} 和 hl_t^{i-1}，实现两种传递效应沿双向的传递（见图 7-3(b)）。其中 hw_t^{i-1} 表示晶圆递归流（wafer connection），用于晶圆 lot 传递效应的表达；hl_t^{i-1} 表示层次递归流（layer connection），用于晶圆层传递效应的表达。

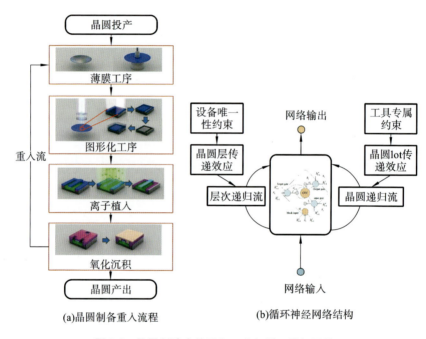

(a)晶圆制备重入流程　　　　　(b)循环神经网络结构

图 7-3　晶圆制造中的重入工艺与循环神经网络

晶圆制造过程中工艺柔性高，设备间负载差异大，系统在制品分布复杂，用于工期预测的数据多样化程度高。为了从多样化的预测数据中挖掘知识，从而进行工期的精准预测，国内外学者进行了充分的研究，并逐渐形成了"分类＋预测"的方法。该方法通过对数据进行分类，从而降低类内的数据多样性。在此基础上，针对每一类数据单独构建预测模型，从而实现晶圆工期的精准预测。而在 Vanilla LSTM 循环神经网络模型中，其 CEC 存储单元采用单维数组存储网络隐单元的状态，难以实现多样化传递效应的存储与表达。借鉴"分类＋预测"方法中对多样化数据分而治之的思想，我们在这里提出带多维度存储结构的隐单元（multi-CEC，MCEC），根据数据的相似性将循环神经网络中的隐单元存储于 MCEC 结构中，并设计 MCEC 状态读取与更新算法，实现多样化传递效应的存储与表达。

由此，设计带 MCEC 结构的 LSTM 单元，并在 LSTM 单元中引入双递归流,实现两种关联关系的存储、表达与传递,建立 Bilateral LSTM 工期预测模型,其结构如图 7-4 所示,数学表达如式(7-1)所示。式(7-1)中:ct_t^i 表示第 t 个晶圆 lot 的第 i 层工期预测值;W_{cth} 表示 Bilateral LSTM 模型的输出向量的连接权值;h_t^i 表示 Bilateral LSTM 模型的输出;$f_t^{ri}(\cdot)$ 表示对第 t 个晶圆 lot 的第 i 层工期预测的 Bilateral LSTM 模型;x_t^i 是预测的输入参数集,包含了晶圆 lot 的优先级、设备的等待队列长度、在制品数量等;hw_{t-1}^i 表示 Bilateral LSTM 模型的晶圆递归流,其值与第 $t-1$ 个晶圆 lot 的第 i 层工期预测的 LSTM 模型的隐单元输出相等,如式(7-2)所示;hl_t^{i-1} 表示 Bilateral LSTM 模型的层次递归流,其值与第 t 个晶圆 lot 的第 $i-1$ 层工期预测的 LSTM 模型的隐单元输出相等,如公式(7-3)所示。

$$ct_t^i = W_{cth}h_t^i = W_{cth}f_t^{ri}(x_t^i, hw_{t-1}^i, hl_t^{i-1}) \tag{7-1}$$

$$hw_{t-1}^i = f_{t-1}^{ri}(x_{t-1}^i, hw_{t-2}^i, hl_{t-1}^{i-1}) \tag{7-2}$$

$$hl_t^{i-1} = f_t^{r(i-1)}(x_t^{i-1}, hw_{t-1}^{i-1}, hl_t^{i-2}) \tag{7-3}$$

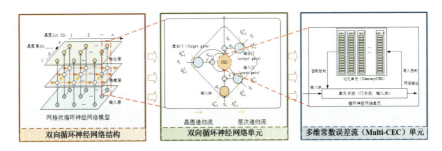

图 7-4 Bilateral LSTM 循环神经网络结构

1) 二维网络拓扑结构

为了实现晶圆单层工期预测中的两种传递效应形成的双向信息传递,设计双向循环(two-dimensional LSTM,2D-LSTM)神经网络单元,在传统的三层神经网络中植入双向递归流(见图 7-5(a)),使得 2D-LSTM 单元可沿着晶圆 lot 轴向(wafer lot axis)和晶圆层轴向(wafer layer axis)两个方向展开(见图 7-5(b))。其中,沿着晶圆 lot 轴向,不同晶圆 lot 的同一层电路制备工期预测模型之间存在递归流连接。在同一晶圆 lot 轴向上的 LSTM 神经网络单元为…,$f_t^{ri}(\cdot), f_n^{ri}(\cdot), f_k^{ri}(\cdot)$,…,其中 $f_t^{ri}(\cdot), f_n^{ri}(\cdot), f_k^{ri}(\cdot)$ 分别为用于晶圆 lot t,n,k 第 i 层电路工期的预测。在该序列中晶圆 lot t,n,k 在第 $i-1$ 层电路的制备中依次产出,因此按照该层电路的产出顺序,对下一层(第 i 层)电路的制备工期进行预测。这种连接使得不同的晶圆 lot 在同一层电路制备过程中的 LSTM 单元沿着产出的顺序相互连接,从而使得晶圆 lot 传递效应得以传播和表达。沿着晶圆层轴向,同一晶圆 lot 的不同层的工期预测模型之间存在递归流连接。在同一晶圆层轴上的 LSTM 单元为 $f_t^{r1}(\cdot), f_t^{r2}(\cdot), \cdots, f_t^{rn}(\cdot)$,其中 $f_t^{ri}(\cdot)(i=1,2,\cdots,n)$ 用于晶圆 lot t 第 i 层的工期预测(该晶圆 lot 共由 n 层电路构成)。在晶圆层轴向上,相邻两个 LSTM 单元之间存在递归流连接,使得晶圆层传递效应得以传播和表达。这两种连接的存在,使得 2D-LSTM 单元可沿晶圆 lot 轴向和晶圆层轴向展开,形成二维的网络结构,如图 7-5(c)所示。

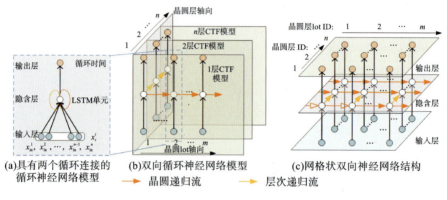

(a)具有两个循环连接的循环神经网络模型
(b)双向循环神经网络模型
(c)网格状双向神经网络结构
→ 晶圆递归流   → 层次递归流

图 7-5 二维循环神经网络拓扑结构

在所设计的 2D-LSTM 单元中,每一个 LSTM 单元 $f_t^n(\cdot)$ 用于某一晶圆 lot 某一层电路制备过程的工期预测,其中每一个 LSTM 神经网络单元 $f_t^n(\cdot)$ 包含三个逻辑门的值、一个 CEC 存储单元与一个块状输入。从网络拓扑结构上来看,$f_t^n(\cdot)$ 是一种带双递归流的三层神经网络模型,用于对第 t 个晶圆 lot 的第 i 层工期进行预测。该双向循环网络单元的结构如图 7-6 所示,其中单元的输入块由 x_t^i、hw_{t-1}^i、hl_t^{i-1} 三部分构成,x_t^i 表示当前的新输入,hw_{t-1}^i 表示沿着晶圆 lot 轴向传递的晶圆递归流,hl_t^{i-1} 表示沿着晶圆层轴向传递的层次递归流。单元的输入可从块状输入(block input)、输入门(input gate)、遗忘门(forget gate)、输出门(output gate)进入 2D-LSTM 单元。其中,输入门用于控制输入对网络存储单元的影响,遗忘门用于控制上一时刻的网络隐单元对下一时刻网络隐单元的影响,输出门用于控制网络隐单元对 2D-LSTM 单元输出的影响。

在网络的前向传播过程中,模型首先通过对输入块进行加权计算得到输入节点的状态,具体计算过程如式(7-4)所示。其中 W_{xa}、W_{hwa}、W_{hla} 为加权矩阵;b_a 为偏置矩阵;$g(\cdot)$ 为激活函数,在本模型中为双曲正切函数 $\tanh(x)$。

模型输入(model input):

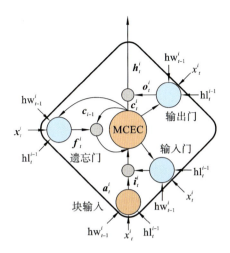

图 7-6　带双递归流的 LSTM 循环神经网络单元

$$\begin{cases} \overline{\boldsymbol{a}}_t^i = \boldsymbol{W}_{xa} x_t^i + \boldsymbol{W}_{hwa} \mathrm{hw}_{t-1}^i + \boldsymbol{W}_{hla} \mathrm{hl}_t^{i-1} + \boldsymbol{b}_a \\ \boldsymbol{a}_t^i = g(\overline{\boldsymbol{a}}_t^i) \end{cases} \quad (7\text{-}4)$$

在模型输入门的状态更新中，其输入不仅包括输入块中的三部分元素，还由隐单元与三个门结构的状态连接构成。状态更新的具体计算过程如式(7-5)所示，其中 $\boldsymbol{W}_{xi}$、$\boldsymbol{W}_{hwi}$、$\boldsymbol{W}_{hli}$、$\boldsymbol{W}_{ci}$ 为加权矩阵，$\boldsymbol{b}_i$ 为偏置矩阵，$\sigma(\cdot)$ 为激活函数，在本模型中为 sigmoid 函数。模型的遗忘门状态更新与输入门的相似，其输入包括输入块中的三部分元素和上一时刻的隐单元状态 $\boldsymbol{c}_{t-1}^i$。状态更新的具体计算过程如式(7-6)所示，其中 $\boldsymbol{W}_{xf}$、$\boldsymbol{W}_{hwf}$、$\boldsymbol{W}_{hlf}$、$\boldsymbol{W}_{cf}$ 为加权矩阵，$\boldsymbol{b}_f$ 为偏置矩阵，$\sigma(\cdot)$ 为激活函数，在本模型中为 sigmoid 函数。

输入门(input gate)：

$$\begin{cases} \overline{\boldsymbol{i}}_t^i = \boldsymbol{W}_{xi} x_t^i + \boldsymbol{W}_{hwi} \mathrm{hw}_{t-1}^i + \boldsymbol{W}_{hli} \mathrm{hl}_t^{i-1} + \boldsymbol{W}_{ci} \boldsymbol{c}_{t-1}^i + \boldsymbol{b}_i \\ \boldsymbol{i}_t^i = \sigma(\overline{\boldsymbol{i}}_t^i) \end{cases} \quad (7\text{-}5)$$

遗忘门(forget gate)：

$$\begin{cases} \overline{\boldsymbol{f}}_t^i = \boldsymbol{W}_{xf} x_t^i + \boldsymbol{W}_{hwf} \mathrm{hw}_{t-1}^i + \boldsymbol{W}_{hlf} \mathrm{hl}_t^{i-1} + \boldsymbol{W}_{cf} \boldsymbol{c}_{t-1}^i + \boldsymbol{b}_f \\ \boldsymbol{f}_t^i = \sigma(\overline{\boldsymbol{f}}_t^i) \end{cases} \quad (7\text{-}6)$$

在完成输入节点、输入门、遗忘门的状态更新之后，模型开始更新隐单元的状态，其计算过程如式(7-7)所示。在 Bilateral LSTM 模型中，为存储和表达多样化的晶圆工期关联关系，引入多维度的隐单元存储结构。在式(7-7)中，$f^{mr}(\cdot)$ 为隐单元状态计算函数，它基于多维度隐单元 $\boldsymbol{M}_t^i$、输入节点 $\boldsymbol{a}_t^i$、输入门

i_t^i、遗忘门 f_t^i 的状态对隐单元的状态进行更新。

隐单元状态(memory status):

$$c_t^i = f^{mr}(M_t^i, a_t^i, i_t^i, f_t^i) \tag{7-7}$$

在完成了隐单元的状态更新之后,模型根据输入块和隐单元 c_t^i 对输出门的状态进行更新。状态更新的具体计算过程如式(7-8)所示,其中 W_{xo}、W_{hwo}、W_{hlo}、W_{co} 为加权矩阵,b_o 为偏置矩阵,$\sigma(\cdot)$ 为激活函数,在本模型中为 sigmoid 函数。LSTM 单元的输出向量 h_t^i 由输出门和 CEC 结构的状态计算可得,计算过程如式(7-9)所示,其中 $\varphi(\cdot)$ 为双曲正切函数 $\tanh(x)$。

输出门(output gate):

$$\begin{cases} \overline{o}_t^i = W_{xo} x_t^i + W_{hwo} hw_{t-1}^i + W_{hlo} hl_t^{i-1} + W_{co} c_t^i + b_o \\ o_t^i = \sigma(\overline{o}_t^i) \end{cases} \tag{7-8}$$

$$h_t^i = o_t^i \cdot \varphi(c_t^i) \tag{7-9}$$

2) 多维度记忆单元结构

晶圆工艺参数与系统状态的多样化特性一直是工期预测中的难点,在历史研究中,常常通过 Fuzzy c-means 等方法对晶圆工期数据进行聚类,提升类内的数据一致性,然后对每一类样本构建预测模型进行工期预测。借鉴神经图灵机的思想,引入多维度记忆单元 MCEC 结构,对多样化的传递效应进行存储。MCEC 结构引入多个与单维度 CEC 等长的 CEC 向量 $[cec_1 \quad cec_2 \quad \cdots \quad cec_n]$ 来存储关联关系,通过状态读取控制器和状态更新控制器与 LSTM 单元进行交互。其工作原理如图 7-7 所示。

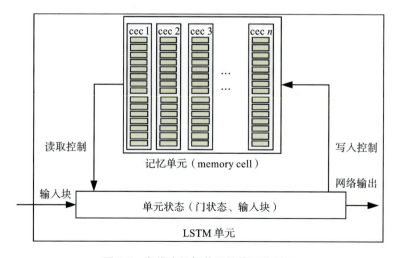

图 7-7 多维度记忆单元结构工作原理

（1）状态读取控制器。

多维度记忆单元 $\boldsymbol{M}_t$ 本质上是一个 $M \times N$ 矩阵，其中 N 是 CEC 向量的数量，M 是 CEC 向量的长度。在前向状态更新过程中，状态读取控制器将会通过加权 t 时刻的 CEC 向量$[\text{cec}_t^1 \quad \text{cec}_t^2 \quad \cdots \quad \text{cec}_t^n]$来得到 t 时刻的记忆单元状态。在加权过程中，j 个 CEC 向量的权重 $w_{\text{mc}j}$ 通过衡量当前 CEC 向量与 LSTM 单元的输入 $\boldsymbol{w}_t^i$ 之间的相似性来决定。

$$\boldsymbol{c}_t^i = f^{\text{mr}}(\boldsymbol{M}_t^i, \boldsymbol{a}_t^i, \boldsymbol{i}_t^i, \boldsymbol{f}_t^i) = \boldsymbol{M}_t^i \boldsymbol{W}_{\text{mc}}$$
$$= [\text{cec}_t^1 \quad \text{cec}_t^2 \quad \cdots \quad \text{cec}_t^n][w_{\text{mc1}} \quad w_{\text{mc2}} \quad \cdots \quad w_{\text{mc}n}]^{\text{T}} \quad (7\text{-}10)$$

$$w_{\text{mc}j} = \frac{\text{cec}_t^j \boldsymbol{i}_t^i}{|\text{cec}_t^j| \times |\boldsymbol{i}_t^i|} \times \left(\sum_{j=1}^{n} \frac{|\text{cec}_t^j| |\boldsymbol{i}_t^i|}{\text{cec}_t^j \boldsymbol{i}_t^i} \right) \quad (7\text{-}11)$$

（2）状态更新控制器。

MCEC 的状态更新是 2D-LSTM 单元运行中的重要环节，借鉴 Vanilla LSTM 中单维记忆单元的状态更新方法，这里提出多维度记忆单元的状态更新方法，如式(7-12)所示。在 MCEC 状态更新过程中，对单个 CEC 向量分别进行状态更新，首先引入遗忘门状态 $\boldsymbol{f}_t^i$，通过 $\boldsymbol{f}_t^i$ 与 cec_{t-1}^j 的点积确定 $t-1$ 晶圆 lot 工期预测模型中的 CEC 向量对 t 个晶圆 lot 工期预测模型中 CEC 向量的影响。然后通过输入参数 $\boldsymbol{a}_t^i$ 与输入门 $\boldsymbol{i}_t^i$ 的点积计算输入对 MCEC 的影响，再通过与当前 CEC 向量的权值 $w_{\text{mc}j}$ 点积可得模型的输入对于当前 CEC 向量的影响。将两者相加即可综合 $t-1$ 代 CEC 向量对 t 代 CEC 向量的影响与当前模型输入对 CEC 向量的影响，得到 t 代各 CEC 向量的值，从而实现 MCEC 的状态更新。

$$\text{cec}_t^j = \boldsymbol{f}_t^i \cdot \text{cec}_{t-1}^j + (\boldsymbol{i}_t^i \cdot \boldsymbol{a}_t^i) \cdot w_{\text{mc}j} \quad (7\text{-}12)$$

7.2.3 实验验证

采用上海某晶圆厂的生产数据和 eM-Plant 软件，建立晶圆制造系统仿真系统，对基于循环神经网络的晶圆单层工期预测方法进行验证。该系统包括 22 个加工区，共有加工机台 754 台，构成 400 个工作站。每个加工区域设有缓冲区仓库，取放晶圆 lot 时间符合 $N(18,2)$ 正态分布。物流系统有小车 50 台，设定负载率为 100%。晶圆制造系统共有 a、b、c 三类晶圆产品，投料比例为 1∶1∶1，投料时间间隔服从正态分布。其中 a 类晶圆共有 20 次重入工艺，包含 20 层工期预测数据；b 类晶圆共有 18 次重入工艺，包含 18 层工期预测数据；c 类晶圆共有 27 次重入工艺，包含 27 层工期预测数据。因此，可在三类产品共 65 层电路的制备工期中展开验证。

首先进行模型的参数优化实验,对 Bilateral LSTM 模型中三个控制门状态向量的长度和 MCEC 结构的维度进行优化。为了维持模型的一致性,输入门、输出门和遗忘门状态向量的长度应当保持相等。因此,我们设计先导实验,对三个控制门状态向量的长度和 MCEC 结构的维度进行优化。如图 7-8 所示,结果表明,在三个控制门结构状态向量长度为 8、MCEC 结构维度为 5 时,模型拥有较好预测效果。

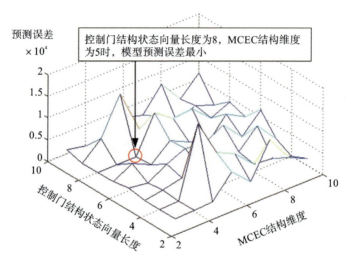

图 7-8　模型参数优化实验

为验证 Bilateral LSTM 方法的有效性,首先将其与工期预测中性能较好的 ShaM、TirkelM 和 WangM 三种方法进行工期预测效果对比。预测的平均相对误差(mean relative error,MRE)如图 7-9 所示。实验结果表明,Bilateral LSTM 方法在平均相对误差上要全面优于 ShaM、TirkelM 和 WangM 方法。在晶圆单层工期的预测中,三种对照方法的平均相对误差波动较大。其中 WangM 方法在晶圆 b 的第 2 层工期预测中,平均相对误差达到 1.62;在晶圆 b 的第 13 层工期预测中,平均相对误差达到 0.24。而我们设计的 Bilateral LSTM 方法则在晶圆各层的工期预测中具备相对稳定的平均相对误差。

在预测结果的相对误差的标准差(standard deviation of the relative error,SDRE)方面,Bilateral LSTM 方法也具备优异的性能。如图 7-10 所示,Bilateral LSTM 方法基本优于其他三种参照方法。在晶圆 c 的工期预测中,Bilateral LSTM 方法在 27 层工期预测中的结果都具有较小的相对误差的标准差,优于 ShaM、TirkelM 和 WangM 方法。

第 7 章
大数据驱动的车间性能预测方法

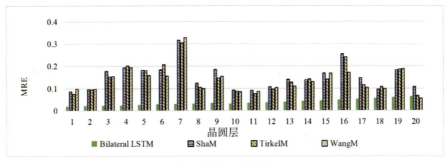

(a) 晶圆 a 的单层工期预测 MRE

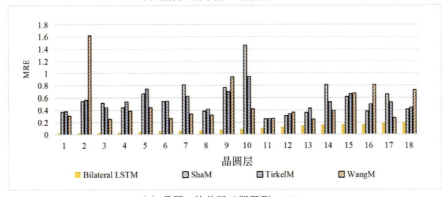

(b) 晶圆 b 的单层工期预测 MRE

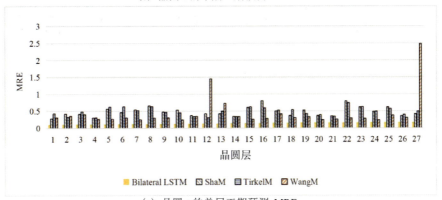

(c) 晶圆 c 的单层工期预测 MRE

图 7-9 不同方法在单层工期预测中的精度分析

在 Bilateral LSTM 方法与 ShaM、TirkelM 和 WangM 等工期预测方法的对比中,具备二维结构和多维度记忆存储单元的 Bilateral LSTM 方法展现了极其优异的预测性能。为了探究模型结构对预测性能的影响,我们进一步将 Bilateral LSTM 与 LSTM-MCEC 和 2D-LSTM 模型进行预测性能对比。其中

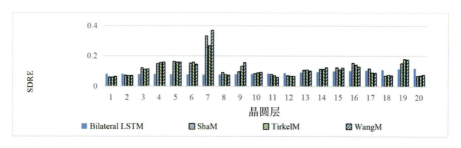

(a) 晶圆 a 的单层工期预测 SDRE

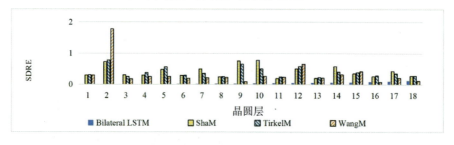

(b) 晶圆 b 的单层工期预测 SDRE

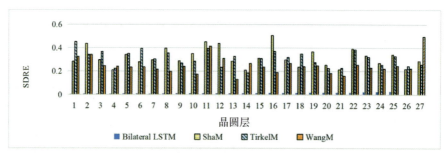

(c) 晶圆 c 的单层工期预测 SDRE

图 7-10 不同方法在单层工期预测中的稳定性分析

LSTM-MCEC 模型指带单个递归流、多维度 CEC 的 LSTM 循环神经网络模型；2D-LSTM 模型指带两个递归流、单维度 CEC 的 LSTM 循环神经网络模型。三种模型的晶圆工期预测结果如图 7-11 所示，在工期预测的平均相对误差上，Bilateral LSTM 在晶圆 a 的工期预测中有 19 层、晶圆 b 的工期预测中有 11 层、晶圆 c 的工期预测中有 7 层的结果优于 LSTM-MCEC 模型的结果，这说明双递归流形成的二维网络结构能够带来预测精度的提升。

LSTM 模型中传递的关联关系存储在记忆单元中，为探究多维度记忆单元对预测性能的影响，我们将 Bilateral LSTM 与 2D-LSTM 模型进行预测性能对

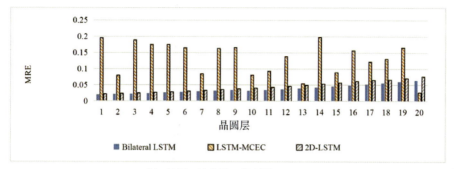

(a) 晶圆 a 的单层工期预测 MRE

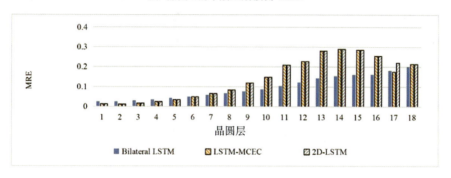

(b) 晶圆 b 的单层工期预测 MRE

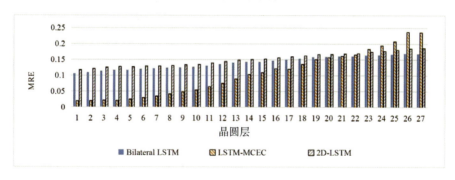

(c) 晶圆 c 的单层工期预测 MRE

图 7-11　不同模型在单层工期预测中的精度分析

比。如图 7-12 所示，Bilateral LSTM 在晶圆 a 的工期预测中有 13 层、晶圆 b 的工期预测中有 15 层、晶圆 c 的工期预测中有 27 层的结果优于 2D-LSTM 模型的结果。这意味着带有 MCEC 结构的 Bilateral LSTM 在预测的稳定性上要优于 2D-LSTM 模型。

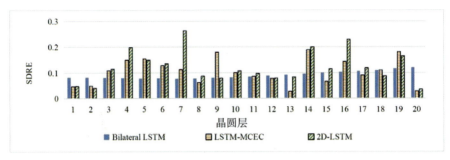

(a) 晶圆 a 的单层工期预测 SDRE

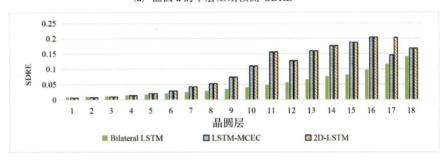

(b) 晶圆 b 的单层工期预测 SDRE

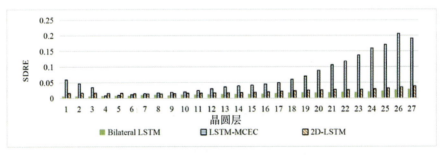

(c) 晶圆 c 的单层工期预测 SDRE

图 7-12 不同模型在单层工期预测中的稳定性分析

7.3 基于支持向量机的产品质量预测方法

产品的质量是制造系统的重要性能指标，本节以柴油发动机的质量预测为例，阐述产品质量预测方法。柴油发动机制造过程是一个工艺复杂、质量控制点众多、生产环境动态多变的过程，实际生产中会发现存在零部件均为合格品、工艺质量特性符合工艺要求，但是产品的性能却不能满足要求的现象。造成这种现象的原因主要是上下游工艺的约束、误差缺陷的累积。虽然制造过程参数符合工艺规范,但并不是最优,这种误差累积的影响具有不可预见性。因此,如何进一步对制造过程参数进行分析、优化并对装配过程质量进行有效预测,对于提升柴油发动机产品质量控制能力、降低台架测试成本具有重要意义。

在本节中,我们将从统计理论及柴油发动机运行原理角度进一步分析生产过程中的关键参数,探究参数与柴油发动机功率一致性之间的关系及影响,为指定优化策略作指导;随后基于支持向量机建立柴油发动机功率质量预测模型,针对生产过程中的实时装配数据,对发动机功率质量进行预测和评估;最后结合实例验证分析。

7.3.1 制造过程参数影响分析及优化策略

在柴油发动机生产过程中,影响功率质量的关键参数有扭矩、曲轴回转力矩、进气温度、中冷前温及燃油消耗率等。我们将从柴油发动机结构及运行原理的角度讨论这些影响因素,并结合统计理论分析这些参数对发动机质量一致性的影响。

1) 扭矩对功率一致性影响规律分析

从发动机运行来看,发动机的功率与扭矩之间存在着如下关系:

$$P = \frac{2\pi M_e n}{60 \times 1000} = \frac{M_e n}{9550} \tag{7-13}$$

式中:P 为有效功率,单位为 kW;M_e 为扭矩,单位为 N·m;n 为转速,单位为 r/min。

从式(7-13)可以看出,发动机的功率正比于扭矩与转速的乘积,若转速为定值,则发动机的功率与扭矩呈正比例关系。

2) 曲轴回转力矩对功率一致性影响规律分析

柴油发动机整机性能受主轴(曲轴、凸轮轴等)部件及活塞装配质量影响很大,其中受影响的指标之一就是主轴旋转时的摩擦力矩。因此柴油发动机主轴部件和活塞部件组装后通常都设有主轴摩擦力和摩擦力矩检测工位。在OP3320 工位上的曲轴回转力矩检测是在活塞、活塞连杆、曲柄连杆等主要零部件安装完成后进行的,因此从系统的角度来看,该工位检测的曲轴回转力矩值是其前序的装配质量因素对最终功率质量控制的影响的总体反映。曲轴回转力矩检测值过大或过小都表明发动机装配质量存在明显缺陷,可能引起曲轴空转或者卡死。

图 7-13 所示为曲轴回转力矩与功率偏差散点分布图。从图中可以发现,曲轴回转力矩主要集中在 20~44 N·m,以 30 N·m 处最为集中,而功率偏差也呈现出正态分布。图 7-14 所示为曲轴回转力矩与功率一致性关系图,将曲轴回

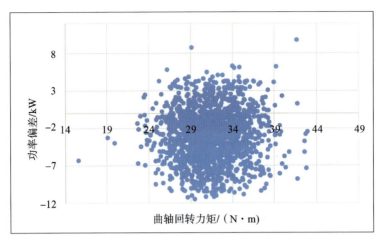

图 7-13 曲轴回转力矩与功率偏差散点分布图

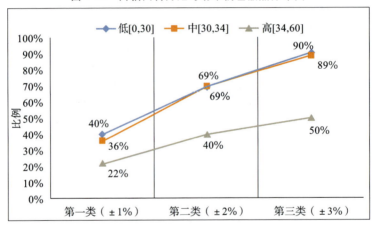

图 7-14 曲轴回转力矩与功率一致性关系图

转力矩按数据密度均分成低、中、高三段,其中[34,60]区间为高,[30,34]区间为中,[0,30]区间为低。可以发现,随着曲轴回转力矩不断增大,同一批次柴油发动机的功率属于第一、二、三类(功率偏差分别在±1%、±2%、±3%以内)的比例相应地减少。当曲轴回转力矩在[0,30]区间内时,属于第一、二、三类的比例分别为40%、69%和90%;而当曲轴回转力矩大于34 N·m(即属于[34,60]区间)时,属于第一、二、三类的比例分别为22%、40%和50%。可以发现,原先的曲轴回转力矩控制范围为[0,60],而当曲轴回转力矩大于34 N·m时,同一批次柴油发动机的功率一致性会明显变差。

因此提出改进方案:该型号柴油发动机内装线上 OP3320 工位的曲轴回转力矩原控制范围设计为[0,60],如果将控制范围优化为[0,34],则可以将批产柴油发动机的功率一致性从68.7%提升至90%以上。

3) 进气温度与中冷前温对发动机功率一致性的影响

进气温度和中冷前温是台架测试阶段的重要参数。图 7-15 所示为进气温度与功率的散点分布图。图中红色线为拟合的趋势线,与额定功率 254 kW 相比,功率整体偏低;同时从图中可以看出,随着进气温度升高,柴油发动机的功率有所下降,对比较低的进气温度与较高的进气温度,低温下功率均值为 252 kW,而温度较高时功率均值为 250 kW,整体偏差高达 0.5%。原因可能是进气温度升高,导致进气密度下降,这也就意味着更少的空气进入柴油发动机燃烧室腔体与燃料混合,不足的空气会导致燃烧不够充分,最终导致功率有所下降。

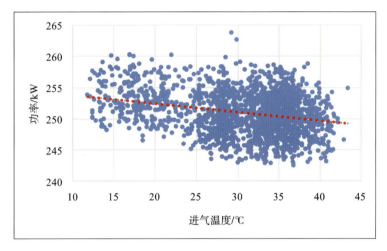

图 7-15　进气温度与功率散点分布图

图 7-16 所示为进气温度与功率一致性关系图。同曲轴回转力矩一样,我们将进气温度也按数据密度均分成低、中、高三段,其中[11.77,28.7]区间为低,[28.7,34.83]区间为中,[34.83,43.38]为高。可以发现,随着进气温度不断升高,同一批次柴油发动机的功率属于第一、二、三类(±1%、±2%、±3%)的比例也基本呈减少趋势。当进气温度数值在[11.8,28.7]区间内时,属于第一、二、三类的比例分别为 44.1%、76.9% 和 94.6%;而当进气温度数值在[34.83,43.38]区间内时,属于第一、二、三类的比例分别为 34%、50% 和 88.5%。

进气温度对柴油发动机的动力性能影响很大,进气温度每增加 10 ℃,有效功率下降约 1 kW。进气温度对柴油发动机排放性能影响也很大,随着进气温度升高,NO_x 和颗粒物的排放量明显增加。中冷前温对功率的影响其实也有类似的结论(见图 7-17)。

从表 7-1 来看,23.78 ℃ 为低进气温度段的中值,最大值为 28.7 ℃,最小值为 11.77 ℃。对比原来工艺上的进气温度(控制范围为[11.77,43.38]),可以

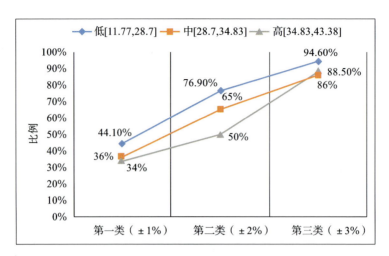

图 7-16 进气温度与功率一致性关系图

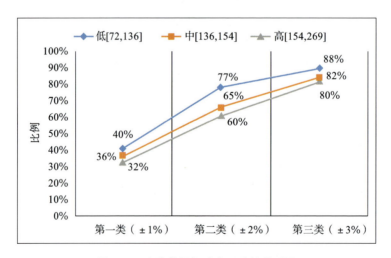

图 7-17 中冷前温与功率一致性关系图

表 7-1 进气温度分布 （单位：℃）

进气温度	最大值	最小值	中值
低	28.7	11.77	23.78
中	34.83	28.7	32.54
高	43.38	34.83	36.68

从两方面着手优化：一方面，对于增压发动机，可以通过中冷控制调节中冷前温，控制温度以提高发动机功率，降低排放；另一方面，在台架测试环境下，启用进气空调，将温度控制在 24 ℃左右，可以有效地将产品质量一致性提升 8%。

4）燃油消耗率对功率一致性的影响分析

如图 7-18 所示，红色线条为功率与燃油消耗率的趋势线，可以看出随着燃油消耗率增加，功率有所升高。图 7-19 所示为燃油消耗率与功率一致性关系图。同理，我们将燃油消耗率也按数据密度均分成低、中、高三段，其中[3.58,6.79]区间为低，[6.8,8.85]区间为中，[8.85,22.35]区间为高。可以发现，随着燃油消耗率不断增大，同一批次柴油发动机的功率属于第一、二、三类（±1％、±2％、±3％）的比例也会相应地增大。当燃油消耗率在[3.58,6.79]区间内时，属于第一、二、三类的比例分别为 29％、51％ 和 74％；而当燃油消耗率在[8.85,22.35]区间内时，属于第一、二、三类的比例分别为 45％、76％ 和 93％。

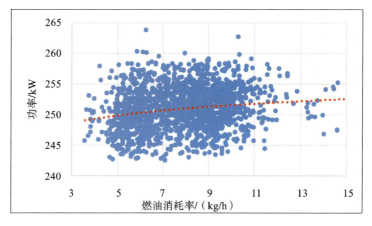

图 7-18　燃油消耗率与功率散点分布图

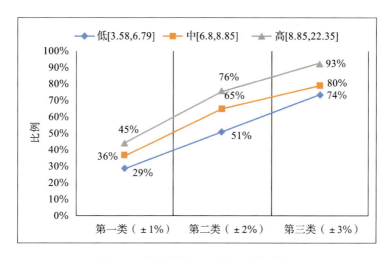

图 7-19　燃油消耗率与功率一致性关系图

燃油消耗率与柴油发动机的最大功率之间存在着复杂的回归关系,也即燃油消耗率与功率之间存在着强关联关系,可粗略表达为

$$G_{TN} = G_{TX} + 0.735\, bN^a \tag{7-14}$$

式中:G_{TN} 为柴油发动机额定功率转速点对应的燃油消耗率,单位为 kg/h;G_{TX} 为发动机最高空转点对应的燃油消耗率,单位为 kg/h;N^a 为柴油发动机的最大功率,单位为 kW;b 为关系曲线的倾斜特性系数。

在实际台架测试中,可以通过调节发动机尾喷口调节片的直径,来调整发动机燃油消耗率。

7.3.2 柴油发动机装配质量预测

柴油发动机生产过程中存在着各工艺参数均满足工艺公差设计的要求,但是最终产品质量仍不能达到要求的现象。这就意味着当前生产过程中的质量控制并不能满足越来越高的质量一致性控制需求。同时,在装配阶段造成的不合格品流入台架测试阶段再进行产品质量测试,也意味着将会消耗更多的台架测试成本。因此,如何针对柴油发动机的装配过程,结合发动机装配过程数据,寻求新的方法,以对生产过程质量进行预测和控制,对于保证柴油发动机产品质量及降低生产成本具有重要意义。

当前生产中,质量预测采用的主要是专家系统、模糊推理等方法,不过这些方法大多基于统计过程控制(statistical process control,SPC)。一方面,统计过程控制仍然是一种基于数学模型的方法,难以建立起适应动态变化的生产环境的质量控制模型;另一方面,统计过程控制并没有考虑到参数变量间的关联性。如果将功率波动在±3%以内的柴油发动机标记为合格品,即认为其是正类,将功率波动在±3%以外的柴油发动机标记为不合格品,即认为其是负类,那么可以将柴油发动机装配质量预测问题理解为一个二分类问题。针对分类问题,目前人工神经网络具备较好的非线性系统逼近能力,在生产过程质量预测研究方面得到广泛应用,然而它却有计算量大、调参困难等缺陷。相比之下,支持向量机(support vector machine,SVM)是一种基于结构风险最小化(structural risk minimization,SRM)的机器学习方法,较好地解决了高危度、局部极小、小样本等人工神经网络的缺陷。

因此,我们将基于支持向量机构建柴油发动机的功率质量预测模型,用于在装配下线时及进入台架测试前,预测柴油发动机的功率质量。

1. 支持向量机的基本原理

支持向量机是 1995 年 Corinna Cortes 和 Capnik 等人提出的一种建立在结构风险最小化原则上的机器学习方法。支持向量机仅需要利用有限的样本进

行训练,就可以获得较强的泛化能力,并且较好地解决欠拟合与过拟合的问题,目前已经在故障诊断、人脸识别、预测等众多领域中获得成功应用。支持向量机的主要原理就是构建一个分类超平面来分离训练数据,下面将详细介绍。

1) 线性可分的情况

对于由 n 个独立样本组成的样本集:

$$L = \{(\boldsymbol{x}_1, y_1), (\boldsymbol{x}_2, y_2), \cdots, (\boldsymbol{x}_n, y_n)\}, \boldsymbol{x}_i \in \mathbf{R}^d, y_i \in \{+1, -1\} \quad (7\text{-}15)$$

将样本集中的所有样本分为两类,若 $\boldsymbol{x}_i$ 属于第一类,则记 $y_i = 1$;若 $\boldsymbol{x}_i$ 属于第二类,则记 $y_i = -1$。

相应的分类超平面为

$$\boldsymbol{wx} + \boldsymbol{b} = \boldsymbol{0} \quad (7\text{-}16)$$

式中:$\boldsymbol{w}$ 和 $\boldsymbol{b}$ 为适当的系数。每个样本点 $\boldsymbol{x}_i$ 到分类超平面的几何间隔可以记为

$$\delta_i = \frac{\boldsymbol{wx}_i + \boldsymbol{b}}{\|\boldsymbol{w}\|} \quad (7\text{-}17)$$

不妨令间隔 $\varepsilon = |w_i \boldsymbol{x} + b| = 1$,那么最优分类超平面可以使得正负两类样本的几何间隔 $\frac{1}{\|\boldsymbol{w}\|}$ 最大化,上述构建最优分类超平面的问题就可以用如下约束优化问题来表示:

$$\min \frac{1}{2} \|\boldsymbol{b}\|^2$$

$$\text{s.t.} \quad y_i(w_i \boldsymbol{x}_i + \boldsymbol{b}) \geqslant 1, i = 1, 2, \cdots, n \quad (7\text{-}18)$$

为了求解该问题,可以通过拉格朗日对偶性(Lagrange duality)将其变换为对偶变量(dual variable)的优化问题,即对偶问题与原问题等价,那么通过求解对偶问题可以得到原始问题的最优解:

$$L(\boldsymbol{w}, \boldsymbol{b}, \boldsymbol{\alpha}) = \frac{1}{2} \|\boldsymbol{w}\|^2 - \sum_{i=1}^{n} \alpha_i [y_i(\boldsymbol{w}^\mathrm{T} \boldsymbol{x}_i + \boldsymbol{b}) - 1] \quad (7\text{-}19)$$

式中:α_i 为 Lagrange 系数,$\alpha_i > 0$。

这样,一方面使对偶问题更容易求解;另一方面方便引入核函数,将线性分类问题推广到非线性分类问题。

将式(7-19)中的 Lagrange 函数分别对 $\boldsymbol{w}$ 和 $\boldsymbol{b}$ 求偏导,并结合 K.K.T 条件,得到 $\boldsymbol{w}$、$\boldsymbol{b}$ 及 $\boldsymbol{\alpha}^*$ 之间的关系式:

$$\begin{cases} \dfrac{\partial L}{\partial \boldsymbol{w}} = 0 \Rightarrow \boldsymbol{w} = \sum_{i=1}^{n} \alpha_i^* y_i x_i \\ \dfrac{\partial L}{\partial \boldsymbol{b}} = 0 \Rightarrow \sum_{i=1}^{n} \alpha_i^* y_i = 0 \end{cases} \quad (7\text{-}20)$$

将式(7-20)代入式(7-18)并对偶化,可得如下二次规划对偶问题:

$$\max_{\boldsymbol{\alpha}} \sum_{i=1}^{n} \alpha_i - \frac{1}{2} \sum_{i=1}^{n} \sum_{j=1}^{n} \alpha_i \alpha_j y_i y_j \boldsymbol{x}_i^{\mathrm{T}} \boldsymbol{x}_j \quad (7\text{-}21)$$

$$\text{s. t.} \quad \alpha_i \geqslant 0, i = 1, 2, \cdots, n$$

$$\sum_{i=1}^{n} \alpha_i y_i = 0$$

2) 线性不可分的情况

当数据不可分时,支持向量机首先会在低维空间完成运算,再通过核函数将输入空间映射到高维特征空间 $\Phi(x)$ 中,然后在高维特征空间中构造出最优分类超平面,从而利用超平面将原来线性不可分的数据区分开来。如图 7-20 所示,在二维空间中无法区分的数据映射到三维空间里变成可分的数据。

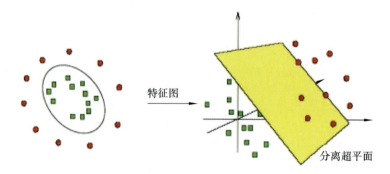

图 7-20 核函数映射示意图

在高维特征空间中决策面的分类面方程为

$$\boldsymbol{w} \cdot \Phi(\boldsymbol{x}) + b = 0 \quad (7\text{-}22)$$

分类约束条件为

$$y_i [w_i \cdot \Phi(\boldsymbol{x}_i) + b] \geqslant 1, i = 1, 2, \cdots, n \quad (7\text{-}23)$$

由于某些离群点可能并不能被分类超平面正确地分类,支持向量机引入了松弛变量 $\xi_i \geqslant 0, i = 1, 2, \cdots, n$,则分类约束条件变为

$$y_i [w_i \cdot \Phi(\boldsymbol{x}_i) + b] \geqslant 1 - \xi_i, i = 1, 2, \cdots, n \quad (7\text{-}24)$$

那么,可以得到如下凸二次规划问题:

$$\min \frac{1}{2} \| \boldsymbol{w} \|^2 + C \sum_{i=1}^{n} \xi_i \quad (7\text{-}25)$$

$$\text{s. t.} \quad y_i [w_i \cdot \Phi(\boldsymbol{x}_i) + b] \geqslant 1 - \xi_i, i = 1, 2, \cdots, n$$

$$\xi_i \geqslant 0, i = 1, 2, \cdots, n$$

同样可以通过拉格朗日对偶性进行转化,将上述凸二次规划问题转化为如下对偶问题:

$$\max_{\alpha} \sum_{i=1}^{n} \alpha_i - \frac{1}{2}\sum_{i=1}^{n}\sum_{j=1}^{n}\alpha_i\alpha_j y_i y_j K(\boldsymbol{x}_i, \boldsymbol{x}_j) \tag{7-26}$$

$$\text{s.t.} \quad C \geqslant \alpha_i \geqslant 0, i=1,2,\cdots,n$$

$$\sum_{i=1}^{n}\alpha_i y_i = 0$$

式中:内积运算 $K(\boldsymbol{x}_i, \boldsymbol{x}_j)$ 为核函数,$K(\boldsymbol{x}_i, \boldsymbol{x}_j) = \Phi(\boldsymbol{x}_i) \cdot \Phi(\boldsymbol{x}_j)$,其形式有多种,常见的有如下几种。

(1) 多项式核函数:

$$K(\boldsymbol{x}_1, \boldsymbol{x}_2) = (\langle \boldsymbol{x}_1, \boldsymbol{x}_2 \rangle + R)^d \tag{7-27}$$

(2) 高斯核函数:

$$K(\boldsymbol{x}_1, \boldsymbol{x}_2) = \exp(-\parallel \boldsymbol{x}_1 - \boldsymbol{x}_2 \parallel^2 / 2\sigma^2) \tag{7-28}$$

(3) 线性核函数:

$$K(\boldsymbol{x}_1, \boldsymbol{x}_2) = \langle \boldsymbol{x}_1, \boldsymbol{x}_2 \rangle \tag{7-29}$$

可以看出,使得 $y_i[w_i \cdot \Phi(\boldsymbol{x}_i) + \boldsymbol{b}] = 1 - \xi_i$ 成立的样本 $(\boldsymbol{x}_i, y_i)$ 对分类模型的构建起到了关键作用,我们称之为支持向量,那么相应的最优分类函数为

$$f(x) = \text{sign}\left[\sum_{i=1}^{m}\alpha_i y_i K(\boldsymbol{x}_i, \boldsymbol{x}) + \boldsymbol{b}^*\right] \tag{7-30}$$

式中:α_i 为 Lagrange 系数的最优解;b^* 为最优向量;m 为支持向量个数。

综上所述,支持向量机首先通过核函数变换将输入空间转换至高维特征空间,并在高维特征空间中寻找最优分类超平面,即式(7-30)。最优分类超平面的判别函数中事实上仅仅包含支持向量的内积和求和,也就是说支持向量机的计算复杂度仅仅取决于支持向量的个数,而与特征空间的维数无关,这也是支持向量机的一大优点。

2. 柴油发动机装配质量预测模型构建

复杂产品生产过程中往往有许多工艺质量控制参数,这些参数之间存在复杂的关联性,同时它们也共同决定了产品的质量。然而以往建立产品质量预测模型时通常忽视了这些影响因素之间所存在的复杂关联性,这给产品质量预测模型的预测精度造成了一定的影响。因此,在描述参数间关联性的基础上,我们进一步消除工序传递耦合带来的链式噪声,获得参数间的真实关联关系,基于第 6 章介绍的 NMI-ND 算法及支持向量机模型构建基于 NMI-ND-SVM 的柴油发动机功率质量预测模型。

在基于径向基核函数的支持向量机模型中,影响模型效果的参数主要包括正则化参数和核函数参数。正则化参数调节模型复杂度及逼近误差,显示质量样本超出运算误差的惩罚力度;核函数主要将参数从低维映射到高维。核函数参数取值如果较小,模型可能会存在过拟合现象;核函数参数取值如果较大,则

可能使得质量预测模型出现欠拟合现象,最终难以达到较好的质量预测效果。因此,利用网格搜索策略确定最优参数。

构建预测模型的步骤简要如下:首先筛选积累的历史数据,筛选该型号同一批次柴油发动机的生产过程数据;通过对数据的异常值、缺失值进行预处理及标准化预处理,按照 NMI-ND 算法流程,挖掘关键特征参数,将它作为支持向量机模型的输入特征;在训练支持向量机模型过程中,利用网格搜索策略对正则化参数和核函数参数进行寻优,找到最优参数,确定最优预测模型。最后利用该模型进行柴油发动机功率质量预测,其流程如图 7-21 所示。

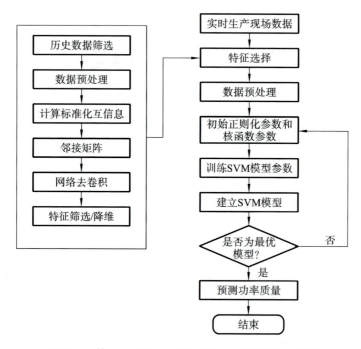

图 7-21　基于 NMI-ND-SVM 的质量预测模型流程图

7.3.3　实验验证

1. 数据集介绍

功率是柴油发动机的重要动力性能指标之一,为验证上述预测模型的性能,本次实验使用的数据集为国内某著名柴油发动机企业 2015 年 8 月至 2016 年 7 月的 3219 台柴油发动机的生产过程数据。柴油发动机装配线上有 100 多个装配工位,共检测包括曲轴回转力矩、轴向间隙、运行扭矩、活塞凸出高度等在内的 172 项装配特性参数。图 7-22 所示为部分数据样本。

将柴油发动机分为两类,合格品为正例,不合格品为负例,其中有 2211 台

第 7 章 大数据驱动的车间性能预测方法

发动机编号	缸套突出高度01	缸套突出高度02	缸套突出高度03	缸套突出高度04	缸套突出高度05	缸套突出高度06	运行扭矩	轴向间隙	启动扭矩	活塞突出高度01	活塞突出高度02	活塞突出高度03	活塞突出高度04	活塞突出高度05	活塞突出高度06	曲轴回转力矩	标定工况功率
L6AL1G00227	0.141	0.145	0.145	0.143	0.14633	0.15967	5.274	0.215	10.9	-0.141	-0.067	-0.12	-0.115	-0.134	-0.094	35.7	253.8
L6AL1G00347	0.125	0.12867	0.12133	0.123	0.12	0.124	4.89	0.166	17.138	-0.155	-0.097	-0.163	-0.117	-0.151	-0.075	35.302	256.4
L6AL1G00178	0.12133	0.135	0.14333	0.12767	0.123	0.13533	6.017	0.232	12.036	-0.125	-0.11	-0.13	-0.124	-0.117	-0.091	36.583	253.5
L6AL1G00259	0.14	0.131	0.146	0.138	0.14233	0.14233	6.269	0.199	13.33	-0.175	-0.08	-0.179	-0.076	-0.125	-0.032	32.22	250.3
L6AL1G00252	0.144	0.15667	0.15533	0.15133	0.16267	0.14467	5.57	0.204	11.303	-0.141	-0.087	-0.16	-0.119	-0.164	-0.118	31.13	251
L6AL1G00257	0.12167	0.124	0.12533	0.123	0.13	0.12267	6.304	0.179	13.012	0	0	0	0	-0.059	31.399	250.2
L6AL1G00254	0.13333	0.13467	0.13833	0.152	0.14433	0.137	6.31	0.197	16.748	-0.152	-0.095	-0.165	-0.117	-0.164	-0.082	33.262	255.1
L6AL1G00192	0.131	0.13367	0.12967	0.12767	0.12667	0.129	6.02	0.205	12.121	-0.114	-0.048	-0.176	-0.096	-0.141	-0.096	33.946	257.7
L6AL1G00261	0.139	0.14167	0.13833	0.13567	0.147	0.13233	6.073	0.166	16.809	-0.175	-0.067	-0.194	-0.109	-0.142	-0.039	33.953	257.3
L6AL1G00263	0.13633	0.132	0.13333	0.12067	0.13267	0.13933	6.188	0.196	26.917	-0.08	-0.036	-0.107	-0.066	-0.086	-0.029	32.615	249.7
L6AL1G00236	0.138	0.14567	0.14567	0.15133	0.14933	0.147	0.143	5.712	0.22	11.254	-0.174	-0.129	-0.157	-0.149	-0.106	31.287	256.9
L6AL1G00229	0.11567	0.11867	0.12	0.11767	0.11833	0.116	5.425	0.22	10.51	-0.189	-0.089	-0.177	-0.108	-0.132	-0.089	33.61	254.5
L6AL1G00361	0.131	0.13733	0.13533	0.13967	0.13833	0.13267	5.319	0.197	10.083	-0.165	-0.081	-0.194	-0.163	-0.175	-0.138	32.774	252.7
L6AL1G00322	0.127	0.12533	0.136	0.13033	0.129	0.138	5.357	0.147	17.114	-0.167	-0.096	-0.167	-0.109	-0.169	-0.075	4.108	256
L6AL1G00239	0.129	0.129	0.111	0.13133	0.11967	0.13833	5.893	0.216	18.005	-0.125	-0.075	-0.141	-0.106	-0.097	-0.066	34.991	257.1
L6AL1G00241	0.12933	0.132	0.13333	0.135	0.12233	0.12267	6.586	0.198	12.146	-0.116	-0.068	-0.139	-0.094	-0.123	-0.068	34.213	252.6
L6AL1G00271	0.10733	0.12267	0.11633	0.125	0.12533	0.11033	5.494	0.173	9.338	-0.111	-0.043	-0.131	-0.064	-0.133	-0.023	33.81	251.2
L6AL1G00275	0.134	0.15233	0.131	0.13933	0.15467	0.14333	6.298	0.191	10.754	-0.175	-0.068	-0.164	-0.09	-0.144	-0.057	31.766	254.2
L6AL1G00267	0.14367	0.138	0.132	0.141	0.14533	0.14367	6.466	0.184	9.301	0	0	0	0	0	-0.09	32.072	257.1
L6AL1G00362	0.13133	0.138	0.139	0.135	0.134	0.129	5.124	0.2	9.899	-0.165	-0.11	-0.16	-0.143	-0.141	-0.092	34.019	257.8
L6AL1G00363	0.098	0.09767	0.10267	0.10033	0.1	0.09867	5.696	0.2	14.001	-0.148	-0.111	-0.149	-0.103	-0.166	-0.084	32.787	249.7
L6AL1G00334	0.14467	0.145	0.14	0.148	0.14	0.13267	6.594	0.146	11.022	-0.184	-0.094	-0.176	-0.092	-0.185	-0.085	31.685	248.8
L6AL1G00272	0.10867	0.107	0.108	0.109	0.11667	0.11533	5.931	0.188	20.044	-0.145	-0.083	-0.167	-0.131	-0.143	-0.111	31.494	249
L6AL1G00332	0.15033	0.145	0.14367	0.15667	0.15667	0.14633	5.894	0.193	13.537	-0.152	-0.128	-0.176	-0.135	-0.104	-0.044	33.256	251.8
L6AL1G00237	0.13233	0.12367	0.11167	0.115	0.131	0.116	6.153	0.193	20.471	-0.09	-0.065	-0.098	-0.062	-0.095	-0.032	30.981	255.2
L6AL1G00342	0.13633	0.137	0.14033	0.14067	0.13533	0.139	5.035	0.215	12.475	-0.175	-0.158	-0.151	-0.132	-0.125	-0.127	32.843	259.1
L6AL1G00242	0.11867	0.13133	0.12267	0.129	0.12933	7.074	0.201	14.575	0	0	0	0	0	-0.035	32.087	256
L6AL1G00360	0.11033	0.11133	0.11067	0.11267	0.11333	0.10967	4.996	0.23	10.437	-0.182	-0.167	-0.215	-0.145	-0.209	-0.138	31.726	250
L6AL1G00277	0.11133	0.11233	0.13367	0.11167	0.11133	0.12467	5.328	0.207	10.485	-0.176	-0.189	-0.208	-0.208	-0.298	-0.224	64.519	252.2
L6AL1G00306	0.125	0.10933	0.11733	0.11067	0.12133	0.12133	6.136	0.199	11.145	-0.204	-0.112	-0.192	-0.161	-0.18	-0.115	33.321	257.4
L6AL1G00364	0.12567	0.12633	0.125	0.12867	0.12867	0.13133	5.495	0.215	9.606	-0.163	-0.104	-0.147	-0.139	-0.137	-0.12	33.675	248.7
L6AL1G00351	0.12333	0.11733	0.129	0.11933	0.11867	0.12667	5.514	0.181	21.179	-0.122	-0.069	-0.141	-0.108	-0.138	-0.107	32.21	253.6

图 7-22 部分数据样本

柴油发动机为合格品,另外 1008 台为不合格品。此处合格品定义为台架测试功率与额定功率偏差在±3%以内的柴油发动机,不合格品定义为台架测试功率与额定功率偏差超过±3%的柴油发动机。数据集的类别统计如表 7-2 所示。

表 7-2 数据集的类别统计

类别	数量/台	占比	描述
正例	2211	68.7%	测试功率与额定功率偏差在±3%以内
负例	1008	31.3%	测试功率与额定功率偏差在±3%以外

2. 结果分析

为评估该方法的性能,一方面将该方法与其他几个具有代表性的特征选择算法,如 ReliefF、FCBF 等算法进行比较,另一方面与不进行特征筛选的支持向量机模型进行对比。其中 ReliefF 算法是一种特征权重算法(feature weighting algorithms),最初由 Kira 提出,用于二分类问题,其主要思想是根据各个特征和类别的相关性赋予各个特征不同的权重,权重小于某个阈值的特征被移除。FCBF(fast correlation-based filter)是一种快速过滤的特征选择算法,是一种基于 symmetrical uncertainty(SU)的算法。该算法可以保证在冗余特征 F_i、F_j 中,保留与目标相关性更大的特征 F_i,剔除相关性更小的特征 F_j,同时利用相

关性更高的特征 F_i 去筛选其他特征,也降低了时间复杂度。

表 7-3 所示为各算法的分类准确率对比,主要包括针对正类合格品的识别准确率、针对负类不合格品的识别准确率,以及同时针对正类合格品与负类不合格品的识别准确率。从表 7-3 来看,NMI-ND 算法识别准确率比其他方法要高,总体上可以达到 96.23% 的准确率,与其他分类器相比,在准确率上有 6%~20% 的提升;而当利用所有特征(full set)进行预测时,准确率最低,仅为 75.81%,导致这一结果的原因可能是特征中存在较多的冗余和不相关特征。

表 7-3 算法分类准确率

类别	FCBF	ReliefF	NMI-ND	Full Set
正类合格品	92%	86.89%	99.8%	78.32%
负类不合格品	87.1%	82.64%	91.61%	70.3%
正类+负类	90.20%	85.56%	96.23%	75.81%

如图 7-23 所示,与对负类不合格品的识别相比,NMI-ND 算法对正类合格品的识别准确率更高。这就意味着对于合格品,NMI-ND 算法能更好地识别出它为合格品,误判它为不合格品概率更低;而对于不合格品,NMI-ND 算法最高能以 91.61% 的概率识别出它是不合格品,仍然有接近 9% 的概率误判它是合格品,而使其进入到台架测试阶段。这也是 NMI-ND 算法在将来需要提高的一个方向。

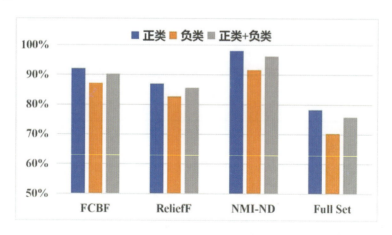

图 7-23 结果对比

在上述对比分析的基础上,为了验证 NMI-ND-SVM 的效果,进一步得到不同的特征选择算法的支持向量机的接受者操作特征(ROC)曲线(见图 7-24),其中"Luck"代表未进行操作,盲猜有 50% 概率正确对应的曲线,作为参照。可以发现，NMI-ND-SVM 的 AUC 值（ROC 曲线下面积）较大，达到了 0.98，而 FCBF 算法 AUC 值为 0.94，ReliefF 算法 AUC 值为 0.78，这意味着 NMI-ND-SVM 具有更好的分类性能。

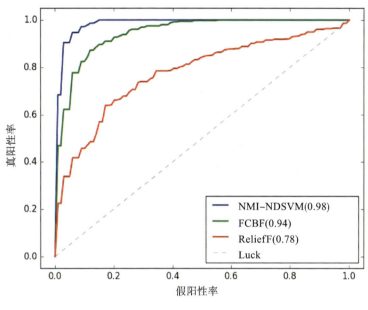

图 7-24　ROC 曲线

7.4　自适应迁移的设备故障预测方法

针对晶圆制备设备多工况服役特性，采用基于迁移学习的设备故障预测方法，通过构建隐含层共享的双输出深度学习网络，共享常规工况和冲刺工况的共同故障特征，实现由常规工况下的故障预测模型向冲刺工况下的故障预测模型的迁移学习。

7.4.1　设备多工况服役特性

在机械产品生产过程中，存在很多变工况的故障预测场景。例如晶圆制备过程中刻蚀设备根据在制品数量的不同，可采用不同的刻蚀模式，呈现出多工况运行的特点。在标准作业环境下，其区域在制品数量达到 5 万片，小时流片数约为 500 片。随着晶圆产量、区域在制品数量的增加，刻蚀设备可针对冲刺工况，采用快速光刻工艺，增大小时流片数，以提高区域产量。刻蚀设备的服役环境多变，是限制深度学习算法预测准确度的重要因素。

传统机器学习方法为了保证训练得到的分类模型具有准确性和高可靠性,存在两个基本的假设:用于学习的训练样本与新的测试样本满足独立同分布的条件;必须有足够可利用的训练样本才能学习得到一个好的分类模型。但是,在实际应用中这两个条件往往无法满足。迁移学习是机器学习领域中,针对训练集(源问题)与测试集(目标问题)来自不同分布情况的一种机器学习方法,它旨在通过在源问题上构建分类器,快速高效地解决与源问题相近的目标问题。迁移学习已经在机器学习领域得到了较多的关注。

深度迁移学习是采用深度学习来实现迁移学习目的的理论与方法,并且已经在科学界和工业界得到了广泛的应用。相比浅层机器学习结构,深度迁移学习能提供更好的特征抽象能力,并实现源问题到目标问题之间的迁移,同时该迁移过程不受专家经验的影响。由于深度迁移学习为新兴的人工智能方法,因此它在故障预测中的应用较少。2017年,基于稀疏自编码器的深度迁移学习方法实现了旋转设备的故障预测,这是深度迁移学习在故障预测中的首次尝试。由于深度迁移学习具有巨大潜力,将其应用于航空航天、船舶等领域机电装备的故障预测是可行的。

7.4.2 基于深度迁移学习的设备故障预测方法

1) 多工况特征度量算法

最大均值差异(MMD)是估计两个分布差异的一个术语。与许多标准,如 Kullback-Leibler(KL)散度相比,MMD 可以估计非参数距离,避免计算分布的中间密度。MMD 的定义为

$$\text{MMD}(X_s, X_t) = \left\| \frac{1}{N_s} \sum_{i=1}^{N_s} \phi(x_i^s) - \frac{1}{N_t} \sum_{i=1}^{N_t} \phi(x_i^t) \right\|_H \tag{7-31}$$

式中:X_s 代表源问题的分布;X_t 代表目标问题的分布;N_s 是源问题的样本号;N_t 是目标问题的样本号;ϕ 代表三层 SAE(sparse auto-encoder,稀疏自编码器)运算。

2) 基于稀疏自编码器的深度迁移学习模型

假设迁移学习的目标是将一个源问题模型迁移到目标问题上,基于稀疏自编码器的深度迁移学习模型是一种新的深度迁移学习(deep transfer learning,DTL)模型,用来学习从源空间到目标空间的潜在共有特征空间的转换。这个共同的潜在特征空间包含了源问题和目标问题的特征表示,可以使得模型从源问题转移到目标问题。

由于目标问题的标签是不可用的,深度迁移学习结构如图 7-25 所示。建立三层 SAE 来提取源数据集和目标数据集中的潜在特征。然后使用源数据集的

标签对整个深度神经网络进行微调。以下是 DTL 的成本函数表达式：

$$J_{\text{DTL}}(\theta) = \text{Loss}(y_s, \hat{y}_s) + \mu \text{MMD}(\xi_3^s, \xi_3^t) \tag{7-32}$$

式中：y_s 及 $\hat{y}_s$ 表示源数据标签及运算结果；ξ_3^s 及 ξ_3^t 表示源数据及目标数据特征。

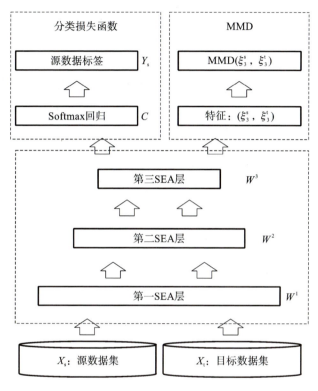

图 7-25　深度迁移学习结构

DTL 的性能是通过预测准确度来衡量的。源问题和目标问题的预测标记用 $\hat{Y}_s$ 和 $\hat{Y}_t$ 表示。通过式(7-33)和式(7-34)来计算训练误差和预测精度。在本测试中，每种情况下的运行次数是 10 次。选择预测精度的均值和标准差作为标准进行比较。

$$\text{Err} = \frac{1}{N_s}\left(\sum_{i=1}^{N_s} 1\{Y_s == \hat{Y}_s\}\right) \tag{7-33}$$

$$\text{Acc} = \frac{1}{N_t}\left(\sum_{i=1}^{N_t} 1\{Y_t == \hat{Y}_t\}\right) \tag{7-34}$$

7.4.3 实验验证

该算法在凯斯西储大学(CWRU)提供的设备故障预测数据上进行了测试。表 7-4 给出了 DTL 方法和 DBN、SVM、ANN、Bayesian（贝叶斯）、Bagging 和 Boosting 方法的比较结果。此外,还将 DTL 的结果与其他 DL 方法(包括稀疏滤波 SF、DBN 和 DBN Based HDN 方法)的结果进行比较,如表 7-5 所示。

从表 7-4 的结果可以看出,DTL 方法在 A 组和 B 组都取得了最好的结果。A 组的预测精度高达 100%,B 组的为 99.63%。DBN 方法的预测精度为 86.7% 和 88.2%。对应于 A 组和 B 组,DTL 方法的预测精度比 DBN 方法的预测精度分别高 13.3% 和 11.43%。其他方法的平均预测精度分别为 57.90%、67.70%、58.30%、46.65%、56.90%,其结果明显低于 DTL 和 DBN 方法。

从表 7-5 可以看出,稀疏滤波的预测精度为 99.66%,略低于 DTL 方法,但优于 DBN 和 DBN Based HDN 方法。从比较结果来看,DTL 方法的潜力得到验证,最好的结果是 99.82%。

表 7-4 DTL 方法与其他方法的预测精度比较 （单位:%）

方法	A 组	B 组	平均值
DTL	100	99.63	99.82
DBN	86.7	88.2	87.45
SVM	56.2	59.6	57.90
ANN	67.3	68.1	67.70
Bayesian	56.1	60.5	58.30
Bagging	44.2	49.1	46.65
Boosting	55.6	58.2	56.90

表 7-5 DTL 方法与其他 DL 方法的预测精度比较

方法	训练集负载(HP)	测试集负载(HP)	平均值/(%)
DTL	0,2	1,3	99.82
DBN	0,2	1,3	87.45
SF	All(0,1,2,3)	All(0,1,2,3)	99.66
DBN Based HDN	All(0,1,2,3)	All(0,1,2,3)	99.03

7.5 本章小结

本章主要介绍系统维性能中的产品工期、产品维性能中的产品质量与设备维性能中的设备可用性这三个车间运行性能指标的预测方法。结合晶圆制造车间案例,介绍了循环神经网络晶圆单层工期预测方法(Bilateral LSTM),对晶圆逐层制备过程中单层电路的制备工期进行预测,以揭示晶圆在逐层制备中工期的波动规律;结合发动机装配实例,在分析柴油发动机生产过程中多参数间的关联关系的基础上,介绍了基于 NMI-ND-SVM 的柴油发动机功率质量预测方法;结合晶圆制备设备多工况服役特性,通过构建隐含层共享的双输出深度学习网络,共享常规工况和冲刺工况的共同故障特征,实现由常规工况下的故障预测模型向冲刺工况下的故障预测模型的迁移学习。

本章参考文献

[1] GREFF K, SRIVASTAVA R K, KOUTNIK J, et al. LSTM: a search space odyssey[J]. IEEE Transactions on Neural Networks and Learning Systems,2017,28(10):2222-2232.

[2] BRENNER A E. Moore's Law[J]. Science,1997,275(5306):1401-1404.

[3] CHEN J C, CHEN Y-Y, LIANG Y. Application of a genetic algorithm in solving the capacity allocation problem with machine dedication in the photolithography area[J]. Journal of Manufacturing Systems,2016,41:165-177.

[4] NA B, WOO J-E, LEE J. Lifter assignment problem for inter-line transfers in semiconductor manufacturing facilities[J]. The International Journal of Advanced Manufacturing Technology,2016,86:1615-1626.

[5] WU M-C, JIANG J-H, CHANG W-J. Scheduling a hybrid MTO/MTS semiconductor fab with machine-dedication features[J]. International Journal of Production Economics,2008,112(1):416-426.

[6] LE X Y, WANG J. Robust pole assignment for synthesizing feedback control systems using recurrent neural networks.[J]. IEEE Transactions on Neural Networks and Learning Systems,2014,25(2):383-393.

[7] GRAVES A, LIWICKI M, FERNÁNDEZ S, et al. A novel connectionist system for unconstrained handwriting recognition[J]. IEEE Transactions on Pattern Analysis and Machine Intelligence, 2009, 31(5): 855-868.

[8] CHANG P C, LIAO T W. Combining SOM and fuzzy rule base for flow time prediction in semiconductor manufacturing factory[J]. Applied Soft Computing, 2006, 6(2): 198-206.

[9] CHEN T. Estimating job cycle time in a wafer fabrication factory: a novel and effective approach based on post-classification[J]. Applied Soft Computing, 2016, 40(3): 558-568.

[10] GRAVES A, WAYNE G, DANIHELKA I. Neural turing machines[EB/OL]. [2019-08-20]. http://arxiv.org/pdf/1410.5401.pdf.

[11] SHA D Y, STORCH R L, LIU C H. Development of a regression-based method with case-based tuning to solve the due date assignment problem[J]. International Journal of Production Research, 2007, 45(1): 65-82.

[12] TIRKEL I. Forecasting flow time in semiconductor manufacturing using knowledge discovery in databases[J]. International Journal of Production Research, 2013, 51(18): 5536-5548.

[13] WANG J L, ZHANG J. Big data analytics for forecasting cycle time in semiconductor wafer fabrication system[J]. International Journal of Production Research, 2016, 54(23): 7231-7244.

第 8 章
大数据驱动的车间运行调控方法

在车间运行过程中,及时根据车间实际运行情况对系统关键运行参数及制造资源做出相应调控决策,是保证车间持续稳定运行,提高产品生产效率等车间性能的关键环节。大数据驱动的车间运行过程调控方法旨在基于车间性能预测模型,运用数据规律与知识建立针对产品合格率、交货准时率等性能指标的科学调控机制,实现车间性能的优化。在第 6 章制造大数据关联关系分析和关键参数识别,以及第 7 章车间运行性能预测的基础上,本章围绕车间动态调度、产品工期调控及设备故障诊断三个场景,介绍大数据驱动的车间运行调控方法。

8.1 车间运行调控概述

大数据技术为车间运行调控提供了新思路,量化数据之间的数理关系,挖掘发现不同数据间的关联关系,并进一步提炼出数据的规律与知识,为观察和分析新事物提供了新视角。大数据对车间运行过程调控的影响主要体现在两方面。一方面,大数据提升了车间的观测准确性,为车间调控提供了稳定可靠的环境。另一方面,大数据通过数据驱动的方法,可实现无机理模型下的准确调控,提升了车间调控方法的性能。

大数据提升了车间运行过程的透明化程度,为车间的精准调控提供了基础。车间运行过程调控的难点之一在于系统的动态性,在车间中,工件到达时间、设备的剩余使用寿命、产品的制造质量等参数都具有高度不确定性,这些不确定的参数对车间运行调控提出了挑战。智能车间中布置了大量的传感装置,可构建车间的数字孪生系统,准确获取装备与物料的实时位置、状态信息,大幅提升车间的透明化程度。车间中大量动态事件的不确定性得以进一步量化观测与分析,进而对参数的波动情况展开预测,使得不确定参数对系统调控的影响进一步降低。因此,在大数据环境下,"预测+调控"的集成机制逐渐成为车间运行调控的重要构成。

大数据改变了车间运行调控对机理模型的依赖。在传统的车间运行调控中，建立影响参数与调控性能之间的因果模型是关键。大数据分析方法通过对大量数据的统计与挖掘得到数据间的影响规律，从而实现参数的预测与控制，已经成为复杂系统运行优化的新方法。事实上，大数据方法避开了基于系统的因果关系建立复杂模型的思路，转而充分挖掘数据间的关联关系，已经成为继实验归纳、模型推演、仿真模拟之后的新的科学研究范式。在复杂的车间运行过程中，大数据方法可根据数据间的关联关系，通过神经网络等黑箱模型直接拟合系统状态与调控参数之间的关系，并输出调控参数的优化值，以提升车间运行性能。

8.2 大数据驱动的生产动态调度方法

在数据驱动的车间生产调度过程中，车间调度方案的执行状态可通过数据实时感知与评估，当实际调度性能难以满足预期要求时，可触发逆调度或重调度等机制，对调度性能进行调控。逆调度（inverse scheduling, IS）是在已知调度解存在的情况下，为了解决生产过程中存在的生产异常事件问题，通过调整调度参数，使已有的调度解得到优化的调度方法。这种调度方法使得制造系统能够解决生产过程中发生的动态异常，从而保证制造系统的性能优化。与正向调度与重调度不同，逆调度通过参数的优化，在给定的区域内合理地调整调度参数，来实现调度性能的调控优化。本节以飞机平尾装配生产为例，介绍大数据驱动的车间生产逆调度方法。

8.2.1 大数据驱动的飞机平尾装配生产逆调度模型

飞机平尾装配生产逆调度问题是指在正向调度计划执行的基础上，根据装配进度异常事件的特点，对现有的正向调度计划进行动态调整。逆调度问题的顺利解决有赖于四个条件：①已知的正向调度计划；②高效准确的数据驱动机制；③及时监测到装配进度异常事件；④快速高效的逆调度求解方法。因而，逆调度问题并不是一个孤立的问题，它与正向调度问题、大数据驱动的生产进度监控问题密切相关。飞机平尾装配生产逆调度总体架构如图8-1所示。

如图8-1所示，飞机平尾装配生产逆调度问题包括三个子问题，即飞机平尾装配生产正向调度子问题、飞机平尾装配生产逆调度子问题和飞机平尾装配生产进度监控子问题。其中飞机平尾装配生产进度监控子问题需要采用大数据驱动的生产进度监控方法求解。

飞机平尾装配生产逆调度体系及三个子问题之间的关系描述如下。

第 8 章 大数据驱动的车间运行调控方法

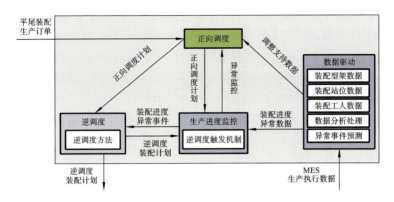

图 8-1　飞机平尾装配生产逆调度总体架构

（1）平尾装配生产逆调度体系实现了平尾装配生产正向调度、逆调度及装配生产进度监控系统这三者的集成。该体系的输入为平尾装配生产订单、MES 生产执行数据，输出为逆调度装配计划。平尾装配生产逆调度体系的运作流程如图 8-2 所示。

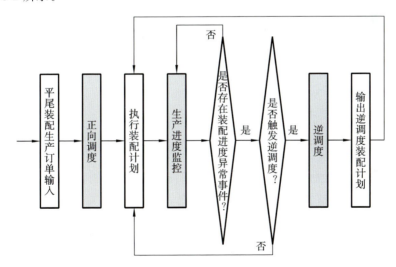

图 8-2　平尾装配生产逆调度体系的运作流程

（2）平尾装配生产逆调度体系具有三个关键技术，分别是正向调度技术、逆调度技术和大数据驱动的生产进度监控技术。三个关键技术之间的关联关系如下。

① 正向调度、逆调度及生产进度监控这三个关键技术的逻辑关系：首先，由数据驱动模块提供正向调度所需要的装配型架数据、装配站位数据，并根据平尾装配订单，将平尾装配订单任务合理地指派到各装配型架，并确定型架上各

装配任务的先后顺序,即正向调度;其次,当动态异常事件影响平尾装配进度,导致订单交付拖期时,需要根据大数据驱动的生产进度监控提供的逆调度数据,采取合适的逆调度方法来解决装配进度异常,即逆调度;最后,为了进行快速高效的逆调度,需要采集平尾装配生产系统的各项数据,如装配型架数据、装配站位数据、装配生产计划,并通过生产进度监控来实时监控装配进度异常事件及异常事件对装配进度的影响程度,即生产进度监控。因此,对正向调度、逆调度及生产进度监控这三个关键技术的研究思路为"正向调度—逆向调度—生产进度监控"。

②正向调度的结果(即正向调度装配计划)是逆调度的输入。逆调度是在正向调度执行的基础上进行的,同时也要将正向调度装配计划反馈给生产进度监控系统。

③逆调度是该体系的核心部分,它根据来自正向调度和生产进度监控系统的输入选择合适的逆调度方法,对正向调度计划进行调整,以实现对平尾装配生产过程的控制。

(3)生产进度监控是联系正向调度、逆调度及数据驱动模块的桥梁。首先,数据驱动模块实时采集 MES 生产执行数据,并对该数据进行分析处理,进行装配进度异常事件预测,确定装配进度异常事件,并反馈到生产进度监控系统;然后,由生产进度监控系统实时监控正向调度装配计划执行情况,接收数据驱动模块的装配进度异常事件信息,并通过自身的判定机制决定是否触发逆调度,如果触发逆调度,则将信息反馈到逆调度部分。

8.2.2 基于自适应容忍度驱动机制的逆调度策略

装配进度异常导致的订单拖期异常事件的逆调度问题,需要选择合适的逆调度策略,既要能够快速响应拖期异常事件,又要保持良好的调度性能。逆调度有两个问题必须解决:

(1)逆调度的驱动机制,即何时触发一次逆调度;

(2)逆调度窗口大小机制,即动态异常发生时,对多大范围的生产计划进行调整。

对于飞机平尾装配车间而言,在飞机平尾装配过程中,由于装配工人手动作业的特点,个别装配工序装配进度异常的事件频繁发生。当装配工时产生偏差时,生产现场一般会采取一定的措施进行调整;同时,由于装配工时本来就是在一定范围内波动的,因此某个时间段的偏差可能会随着装配的深入得到补偿。因此,装配工时偏差在不同的装配阶段对装配进度和订单交付拖期的影响程度不同,有必要针对不同的装配阶段设置不同的逆调度驱动阈值。

对于飞机平尾装配生产计划的排程而言，不同装配阶段的生产计划的可调整能力有很大差异。在装配阶段初期，装配生产计划的调整空间较大；随着装配计划执行的深入，装配生产计划的可调整空间则越来越小。因此，在飞机平尾装配逆调度时，也需要考虑不同装配阶段的影响。

当装配系统发生订单交付拖期异常事件时，不采取外部的人为干预措施，仅仅通过装配工人正常地执行预调度计划，进而随着装配生产的深入也可使得订单拖期时间缩短甚至可以顺利地准时交付。这种装配系统通过自身的特性消除外部环境动态事件影响的能力称为自调节能力。

针对不同装配阶段，将装配系统对订单交付拖期异常事件的自调节能力称为自调节能力指标 δ_1，将装配系统的装配生产计划的自身调整空间称为调整空间指标 δ_2。同时考虑自调节能力指标 δ_1 和调整空间指标 δ_2，我们提出了基于自适应容忍度驱动机制的逆调度策略。

自调节能力指标与装配进度即装配工序完成情况有关，装配完工工序越少，则自调节能力指标 δ_1 越大，故定义 δ_1 为已完工装配工序的总装配时间 $C_\text{已}$ 与所有装配工序的总装配时间 $C_\text{总}$ 的比值，即

$$\delta_1 = \frac{C_\text{已}}{C_\text{总}} \tag{8-1}$$

δ_1 越小，表示装配系统的自调节能力越强。

调整空间指标 δ_2 与剩余装配工序的装配时间可调整幅度、订单拖期的时间有关。其中，装配时间可调整幅度 $C_\text{可调时间}$ 为剩余装配工序的预调度装配时间与极限最小装配时间的差值，订单拖期时间 $C_\text{拖期时间}$ 为逆调度窗口内所有订单的拖期时间之和。故定义 δ_2 为

$$\delta_2 = \left| \frac{C_\text{可调时间} - C_\text{拖期时间}}{C_\text{可调时间}} \right| \tag{8-2}$$

δ_2 越大，表示调整空间越大。

自调节能力指标 δ_1 和调整空间指标 δ_2 是相互矛盾的两个指标。装配进度越小，则 δ_1 越小，即装配系统有较强的自调节能力以避免订单拖期异常现象，因而触发逆调度的概率越小；而装配进度越小，则 δ_2 越大，即调整空间较大，此时进行逆调度，则可以避免装配后期调整空间不足导致订单拖期现象。为此，我们提出了自调节能力指标 δ_1 和调整空间指标 δ_2 竞争的自适应容忍度驱动机制。自适应容忍度 δ 表示为

$$\delta = \max\left\{\frac{1}{1-\delta_1}, \delta_2\right\} \cdot \frac{C_\text{拖期时间}}{C_\text{总}} \tag{8-3}$$

δ 也称为飞机平尾订单交付允许的拖期容忍度。在进行飞机平尾装配逆调度之前，需要首先确定拖期容忍度的最大值 δ_max。

基于自适应容忍度驱动机制的逆调度,可以在不同的装配阶段采取自适应的逆调度驱动策略,更好地根据实际装配情况,既考虑了装配系统的自调节能力,避免频繁逆调度,保证装配生产的稳定性,又兼顾调度的有效性,使装配系统能够及时响应订单拖期异常事件,保证飞机平尾装配生产订单的准时交付水平。

针对第二个问题,即逆调度窗口大小,由于逆调度是一种偏重全局优化的逆向调度方法,而且在飞机平尾装配过程中,涉及的装配任务数和装配工序数相对较少,因此,采用全局逆调度窗口更有利于获得更高质量的逆调度解。

8.2.3 基于混合遗传算法的逆调度求解方法

柔性流水车间逆调度问题(flexible flow-shop inverse scheduling problem,FFISP)涉及的变量较多,每个装配任务的每道工序的装配时间都需要确定,问题的规模极为庞大,很难通过精确算法或数学规划方法进行直接求解。遗传算法作为一种群智能优化算法,具有较强的全局搜索能力,适合求解大规模组合优化问题。同时,为了防止遗传算法收敛于局部最优解,引入局部搜索方法对遗传算法进行改进,为此,我们采用基于遗传算法和局部搜索方法的混合遗传算法(hybrid genetic algorithm,HGA)对 FFISP 进行求解。

混合遗传算法流程如图 8-3 所示。

STEP1:初始化参数。

初始化遗传算法的参数。参数包括:种群规模 popsize,选择概率 P_r,交叉概率 P_c,变异概率 P_m,最大迭代次数 maxGen。

STEP2:确定编码规则。

FFISP 包含两段非常重要的编码,一是调度序列编码,二是装配时间编码,并且调度序列编码与装配时间编码要一一对应。FFISP 中,调度序列编码需要包含装配型架信息、装配任务信息及相应的工序信息,装配时间编码需要包含工序在相应的调度序列中所选择的装配时间信息。

针对 FFISP 对调度序列编码和装配时间编码的不同要求,在设计编码规则时,采取两种不同的编码方式。

针对调度序列编码,仿照 Bean 等提出的随机密钥的编码方式,采用小数编码方式对调度序列进行编码。以装配型架 $M_1, M_2, \cdots, M_m$ 为序,采用带小数位的实数编码方式,每个基因的整数部分表示第几个装配任务,小数部分表示该装配任务的第几道工序。如装配型架 M_1 上的编码序列为[4.2,3.3,5.4,6.3,2.5],表示装配任务 4 的工序 2、装配任务 3 的工序 3、装配任务 5 的工序 4、装配任务 6 的工序 3,以及装配任务 2 的工序 5 依次在装配型架 M_1 上加工。将装

第 8 章 大数据驱动的车间运行调控方法

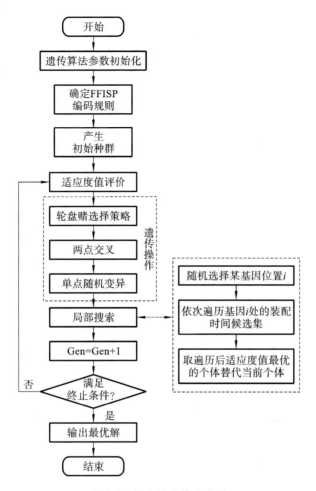

图 8-3 混合遗传算法流程

配型架 $M_1, M_2, \cdots, M_m$ 上的调度序列编码合并起来得到 $[M_1, M_2, \cdots, M_m]$，即为 FFISP 的调度序列编码。

针对装配时间编码，则采取整数的实数编码方式，与调度序列一一对应，装配时间编码为 $[T_1, T_2, \cdots, T_m]$，其每个基因的取值为调度序列编码所对应的装配任务在相应的装配型架上的工序的装配时间。

STEP3：产生初始种群。

初始种群即初始的装配型架时间染色体，它根据调度的初始解 S 随机生成。在求解飞机平尾装配生产逆调度问题时，初始解 S 为飞机平尾装配生产正向调度的解。

STEP4：适应度值评价。

适应度值评价是对种群的个体质量进行评估,需要首先计算种群个体的适应度值,其过程如下。

①计算每个种群个体的每个目标函数值,如 $f_1(x)$ 和 $f_2(x)$。

②目标函数去量纲。对于多目标优化,通过去量纲化,得到目标函数的标准值。FFISP 的双目标去量纲化公式为

$$f_1' = \frac{f_1 - f_1(\text{best})}{f_1(\text{worst}) - f_1(\text{best})} \tag{8-4}$$

$$f_2' = \frac{f_2 - f_2(\text{best})}{f_2(\text{worst}) - f_2(\text{best})} \tag{8-5}$$

式中:$f_1(\text{best})$ 和 $f_1(\text{worst})$ 分别为目标函数 f_1 的最优值和最差值,$f_2(\text{best})$ 和 $f_2(\text{worst})$ 分别为目标函数 f_2 的最优值和最差值。

③计算每个个体的适应度值 f。根据效用函数法,分别赋予目标函数 f_1 和 f_2 不同的权重 w_1 和 w_2。

$$f = w_1 f_1' + w_2 f_2' \tag{8-6}$$

STEP5:轮盘赌选择策略。

为了使遗传算法的优化朝着目标函数优化的方向进化,需要适时地筛选出质量较优的个体进行保留,并淘汰质量较差的个体。我们采用轮盘赌选择策略,根据种群个体适应度值的大小,按照概率进行遗传选择操作。

STEP6:两点交叉。

交叉是遗传算法通过一定的组合操作产生新的子代个体的过程。良好的交叉策略可以在尽量保证父代个体优良特性的情况下对解空间进行高效搜索,它决定了遗传算法的全局搜索能力。我们采用了两点交叉方法。

随机选择两个父代个体,设为 P_1 和 P_2,随机在 P_1 和 P_2 的相同位置选取两个间隔距离大于或等于 1 的基因 G_1 和 G_2,并交换父代个体 P_1 和 P_2 在 G_1 和 G_2 之间的染色体序列。两点交叉操作的过程如图 8-4 所示。

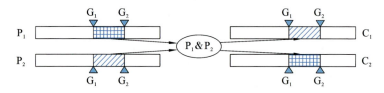

图 8-4 两点交叉操作过程

STEP7:单点随机变异。

变异是为了保持种群多样性,提高搜索解的质量。针对装配时间编码的特点,工序的装配时间为固定区间的一系列离散数值,因此,随机选取某个基因,并随机选取其装配时间候选集中的某个装配时间进行变异替换。变异操作如

图 8-5 所示。

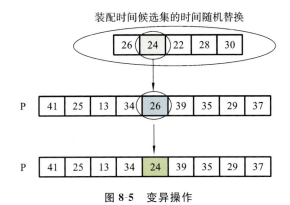

图 8-5 变异操作

STEP8：局部搜索。

将遗传算法和局部搜索方法相结合，可以充分利用遗传算法的全局搜索能力和局部搜索方法的局部搜索能力。

局部搜索的过程为：随机选择一个基因位置 i，在基因位置 i 内进行局部搜索，即遍历所有的装配时间候选集中的装配时间，并取局部搜索中适应度值最优的个体替换当前个体。

STEP9：Gen＝Gen＋1，判断是否满足终止条件。

若不满足，则循环 STEP4～STEP8；若满足，则输出最优解。

8.2.4 实验结果与分析

1. 自适应容忍度驱动机制性能验证

为验证基于自适应容忍度驱动机制的逆调度策略在求解飞机平尾装配生产逆调度问题时的有效性和优越性，对基于自适应容忍度驱动机制（self-adaptive tolerance driven mechanism，SADM）、事件驱动机制（event driven mechanism，EDM）、周期驱动机制（period driven mechanism，PDM），以及宋代立提到的交货期偏差容忍度驱动机制（delivery tolerance driven mechanism，DTDM）的四种逆调度策略进行了对比实验。

逆调度策略性能测试算例数据如表 8-1 所示。算例采用 C♯语言编程，硬件环境为 Core2 E8400(2.26 GHz)，4 GB 内存，32 位 Windows7 操作系统。

四种逆调度策略均采用混合遗传算法进行求解，算法参数选取如下：种群规模 popsize＝100，最大迭代次数 maxGen＝200，交叉概率 P_c＝0.8，变异概率 P_m＝0.1。

表 8-1 逆调度策略性能测试算例数据

参数	取值范围	参数	取值范围
装配任务数	12	装配型架数	[2,6]
工序数	12	装配任务交货期/h	[1200,1800]
装配时间/h	[20,60]	订单拖期惩罚/(千元/h)	[2,5]

事件驱动机制是指一旦系统发生生产异常事件，则立即进行逆调度，其调度模型如图 8-6(a)所示；周期驱动机制是指系统每隔一段时间或一定装配次数进行一次逆调度，主要由系统的时钟或计数器进行控制，其调度模型如图 8-6(b)所示；交货期偏差容忍度驱动机制本质上是一种事件驱动的滚动调度方式，通过设置一定的交货期偏差容忍度，从而尽量减少不必要的逆调度；自适应容忍度驱动机制本质上也是一种事件驱动机制，它同时考虑了不同装配阶段的自调节能力和调整空间。为对上述四种逆调度驱动机制的有效性进行对比，首先需要确定周期驱动机制的逆调度周期 T、交货期偏差容忍度驱动机制的偏差容忍度 δ_{DTDM}，以及自适应容忍度驱动机制的偏差容忍度 δ_{SADM}。

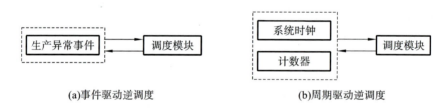

(a)事件驱动逆调度　　　　　　　　(b)周期驱动逆调度

图 8-6 逆调度模型

针对周期驱动机制的逆调度周期 T、交货期偏差容忍度驱动机制的偏差容忍度 δ_{DTDM}，根据张洁等提出的交货期偏差容忍度和滚动窗口大小的确定方法，结合表 8-1 中的逆调度策略测试算例数据，确定了周期驱动机制的逆调度周期 $T=100$ h，交货期偏差容忍度驱动机制的偏差容忍度 $\delta_{DTDM}=0.115$。

为了确定自适应容忍度驱动机制的偏差容忍度 δ_{SADM}，我们采用表 8-1 所示的测试算例数据进行了多次实验，并记录目标函数值 f 和稳定性值 E_s，实验结果如表 8-2 所示。

表 8-2 自适应容忍度驱动机制的偏差容忍度实验结果

δ_{SADM}	目标函数值(f)	逆调度次数	稳定性值(E_s)
0.0025	318.5	17	1390
0.005	312.4	14	1230

续表

δ_{SADM}	目标函数值(f)	逆调度次数	稳定性值(E_s)
0.0075	310.2	11	1150
0.0125	301.3	8	1020
0.025	288.1	7	920
0.05	276.8	5	830
0.075	287.2	3	850
0.10	296.7	2	940
0.125	303.3	2	1010
0.15	306.2	1	1190
0.175	308.3	1	1240
0.20	312.1	0	1380
0.225	314.3	0	1470
0.25	317.2	0	1550

将表 8-2 的数据由图 8-7 进行直观地显示,横坐标轴表示自适应容忍度驱动机制的偏差容忍度数值,左右两个纵坐标轴分别表示目标函数值和稳定性值。从图中可以看到,随着自适应容忍度驱动机制的偏差容忍度的逐渐增大,目标函数值和稳定性值的变化曲线均呈"凹"形,这是因为:①当自适应容忍度驱动机制的偏差容忍度较小时,逆调度较为频繁,一有装配生产进度异常事件,就很容易触发逆调度,频繁的逆调度既导致装配生产平稳性较差,又由于不能充分利用装配生产过程中的装配时间自调节能力,而导致装配生产逆调度的目标并未得到较好的优化;②当自适应容忍度驱动机制的偏差容忍度较大时,由于逆调度触发的阈值较高,因此逆调度次数较少,不能及时处理装配进度异常事件,导致装配计划的实际执行情况与预调度方案相比偏差较大,目标函数值和稳定性值都较差。由图 8-7 可以看到,自适应容忍度驱动机制的偏差容忍度 δ_{SADM} 取 0.05 时,目标函数值和稳定性值都能取得较好的优化。

为对比四种逆调度驱动机制的性能,选取 9 组不同规模的算例进行仿真实验,计算结果如表 8-3 和表 8-4 所示。在目标函数优化效果方面,由表 8-3 可以看到,SADM 求解质量明显优于其他三种驱动机制的,DTDM 次之,而 EDM 和 PDM 相对而言求解质量较差。针对小规模逆调度问题,PDM 的求解质量要优于 EDM;随着问题规模增大,EDM 的求解质量逐渐优于 PDM;而 SADM 无论求解规模大小,求解质量都明显优于其他三种驱动机制。

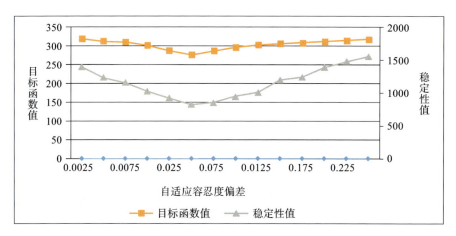

图 8-7 自适应容忍度驱动机制的偏差容忍度实验结果分析图

表 8-3 逆调度驱动机制仿真实验结果——目标函数值

算例规模	目标函数值(f)							
	SADM		EDM		PDM		DTDM	
	min	avg	min	avg	min	avg	min	avg
6×4	34.2	37.1	45.2	49.7	40.3	45.6	32.8	38.3
6×8	119.2	127.9	129.2	137.7	126.3	134.4	125.1	132.1
6×12	110.3	115.2	117.4	125.2	114.3	122.9	112.3	120.6
12×4	136.3	143.2	157.3	165.9	152.4	163.8	147.5	156.2
12×8	248.9	254.2	266.4	276.8	270.1	277.3	253.3	260.5
12×12	272.2	276.3	290.1	295.3	292.5	296.2	283.4	288.5
30×4	182.0	188.3	201.2	214.1	207.6	215.8	197.5	205.6
30×8	293.2	301.8	304.2	321.4	319.7	330.9	302.5	317.8
30×12	319.0	323.8	334.5	350.1	342.3	357.5	332.7	347.7

注：表中 min 表示最小值，avg 表示平均值。

在稳定性方面，由表 8-4 可以看出，SADM 的稳定性明显优于其他三种驱动机制的，PDM 次之，而 EDM 和 DTDM 较差。对于飞机平尾装配这种装配周期较长且装配生产异常事件发生较为频繁的生产逆向调度而言，EDM 和 DTDM 都会导致较为频繁的逆调度，因而其稳定性要次于 PDM。SADM 既考虑了不同装配阶段的自调节能力而过滤掉部分不必要的逆调度，又考虑到不同装配阶段的调整空间不同而保证采取最适宜的逆调度，因而求解结果最优。

表 8-4　逆调度驱动机制仿真实验结果——稳定性值

算例规模	稳定性值(E_s)							
	SADM		EDM		PDM		DTDM	
	min	avg	min	avg	min	avg	min	avg
6×4	273	278	283	289	279	285	282	287
6×8	382	391	388	399	385	393	382	402
6×12	439	452	453	466	442	453	445	463
12×4	563	582	581	593	579	585	587	597
12×8	765	784	810	823	775	798	794	816
12×12	830	853	869	892	837	879	872	885
30×4	1086	1123	1142	1164	1105	1133	1132	1156
30×8	1235	1256	1278	1311	1249	1277	1271	1299
30×12	1387	1403	1433	1479	1412	1439	1425	1458

注：表中 min 表示最小值，avg 表示平均值。

为将各算例的求解优化结果进行直观比较，采用相对百分比偏差对表 8-3 和表 8-4 中的数据进行处理。四种逆调度驱动机制的相对百分比偏差(RPD)效果对比分别如图 8-8 和图 8-9 所示，图中横坐标 1~9 表示算例编号（按表 8-3 中从上到下依次编号），纵坐标均表示 RPD 数值。

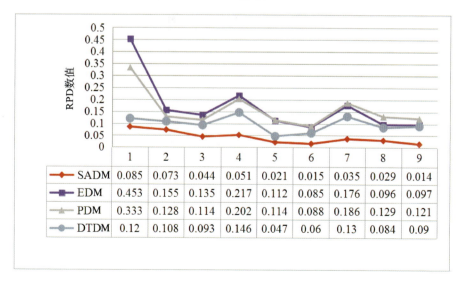

图 8-8　目标函数值 RPD 对比

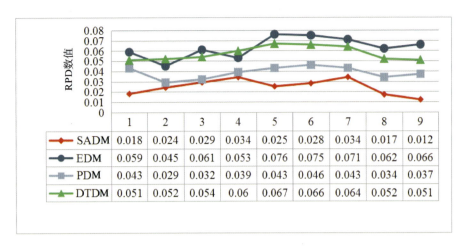

图 8-9 稳定性值 RPD 对比

可以看到，不管是在目标函数优化方面，还是在装配生产稳定性方面，SADM 都明显优于其他三种驱动机制，证明了基于自适应容忍度驱动机制的逆调度策略的有效性和优越性。

对于飞机平尾装配生产逆调度而言，逆调度次数和逆调度时间点对飞机平尾装配生产具有较大影响。实际装配生产过程中，尽可能减少逆调度次数，提高逆调度的效率，对于提高飞机平尾准时交付能力，提高装配型架利用率具有重要意义。为此，我们将从逆调度次数和逆调度时间分布两方面对四种驱动机制的求解效果进行对比，仍以前面 9 组算例作为测试算例。在逆调度时间分布方面，为方便对不同规模大小的算例进行纵向比较，对于每个算例，以最小化最大完工时间作为最大调度周期，将其三等分，分别称为调度前期（前）、调度中期（中）和调度后期（后），并统计每次逆调度落在各个调度周期内的次数及总次数。计算结果如表 8-5 所示。

表 8-5 仿真实验结果——逆调度次数及时间分布

算例编号	逆调度次数及时间分布															
	SADM				EDM				PDM				DTDM			
	前	中	后	总	前	中	后	总	前	中	后	总	前	中	后	总
1	0.6	0.5	0.1	**1.2**	1.2	0.4	1.1	**2.7**	0.6	0.6	0.8	**2**	0.3	0.7	0.4	**1.4**
2	0.7	0.9	0.2	**1.8**	0.7	2.4	1.3	**4.4**	1	1	1	**3**	0.4	0.9	0.8	**2.1**
3	0.8	1.3	0.2	**2.3**	2.1	1.6	2.6	**6.3**	1.6	1.6	1.8	**5**	0.3	1.2	0.9	**2.4**

续表

算例编号	逆调度次数及时间分布																
	SADM				EDM				PDM				DTDM			
	前	中	后	总	前	中	后	总	前	中	后	总	前	中	后	总
4	1.3	1.6	0.3	**3.2**	3.4	2.2	3.0	**8.6**	2	2	2	6	0.6	1.7	1.3	**3.6**
5	1.9	2.4	0.4	**4.7**	2.0	3.8	3.4	**9.2**	2.3	2.3	2.4	7	0.9	2.5	1.8	**5.2**
6	1.8	3.0	0.4	**5.2**	1.8	4.1	3.5	**9.4**	2.3	2.3	2.4	7	0.8	2.9	2.0	**5.7**
7	1.7	3.5	0.7	**5.9**	4.2	3.7	2.8	**10.7**	2.6	2.6	2.8	8	1.1	3.2	3.0	**6.3**
8	2.1	3.7	0.5	**6.3**	5.3	4.2	1.8	**11.3**	2.6	2.6	2.8	8	1.2	3.1	2.3	**6.6**
9	1.8	4.2	0.4	**6.4**	3.2	5.6	3.4	**12.2**	3	3	3	9	1.1	3.3	3.5	**6.9**

通过表 8-5 可以看到,SADM 的逆调度次数明显少于 EDM、PDM 和 DTDM 的,各逆调度驱动机制的逆调度次数从少到多排序为 SADM、DTDM、PDM、EDM。从逆调度的时间分布来看,SADM 的逆调度主要集中在前期和中期,这是因为在装配前、中期,装配生产的自调节能力和调整空间都比较大,所以前、中期进行逆调度可以取得较好的效果;EDM 的逆调度次数最多,而且时间分布较为随机,这是因为基于事件驱动机制的逆调度的触发与装配生产异常事件有关,受装配生产环境影响较大,逆调度较为频繁;PDM 是固定周期的逆调度,因而其逆调度次数和时间分布与装配生产计划执行时间有关;DTDM 的逆调度主要集中在中、后期,这是因为在装配前期,对交货期偏差容忍度较大,而装配中、后期发生的装配生产异常事件更容易导致订单交付拖期,故逆调度次数较多,且分布较为密集。

通过上述多个对比仿真实验,可以看到,在目标函数优化效果、逆调度稳定性、逆调度次数等方面,基于自适应容忍度驱动机制的逆调度策略均优于其他三种逆调度策略,证明了基于自适应容忍度驱动机制的逆调度策略在求解飞机平尾装配生产逆调度问题方面的有效性。

2. 实例验证

为验证所提出的基于自适应容忍度驱动机制的逆调度策略和混合遗传算法的有效性和优越性,结合上海某飞机制造厂某型号飞机平尾的实际数据进行实例验证。同时,逆调度的数据支持同样来源于数据驱动的生产进度监控系统,该系统可以提供逆调度需要的初始输入,包括装配工序/型架数据等基础信息、正向调度计划的执行情况、装配生产进度异常情况等。实例验证各数据如表 8-6、表 8-7 和表 8-8 所示。

表 8-6 装配工序及型架数目

装配站位名称	装配工序名称	装配型架数目
ACC200	前梁装配	2
ACC205	后梁装配	2
ACC210	后缘装配	2
ACC220	配钻	2
ACC235	扭力盒装配	6
ACC240	精加工	2
ACC245A	架外装配A	2

表 8-7 各构型平尾、各装配工序额定装配工时

构型	装配工时/h						
	ACC200	ACC205	ACC210	ACC220	ACC235	ACCA240	ACC245A
A	24	16	24	32	20	12	24
B	16	12	20	24	16	12	16
C	12	16	16	20	12	12	16

表 8-8 订单情况

订单编号	平尾构型	需求数目	交货期/h	拖期惩罚/(元/(架·h))
1	A	2	40	4000
2	B	1	35	3500
3	C	2	45	1600
4	C	1	60	2100
5	B	2	48	2500
6	A	1	36	3400

装配工人正常工作时，工资水平为50元/h，各装配站位动态增加工人时，相当于加班，工资水平为双倍工资，即100元/h。

采用基于混合遗传算法的飞机平尾装配生产逆调度方法对该问题进行求解，不进行逆调度和逆调度后的甘特图分别如图8-10和图8-11所示，横纵坐标分别表示装配工时(单位为h)和装配型架编号。通过与实际生产数据进行对比，平尾的平均装配周期从原来的38天缩短到36.5天，订单拖期惩罚成本降

低 32%，装配型架平均利用率从 62.3% 提高到 76.2%，表明所提出的逆调度策略和逆调度方法可以有效地缩短平尾装配周期，降低订单拖期成本，提高装配型架利用率。

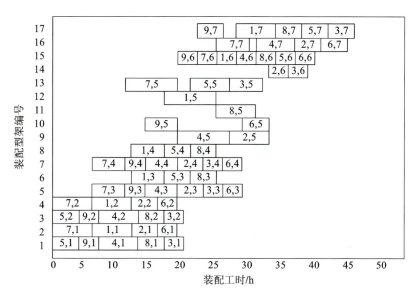

图 8-10　不进行逆调度的甘特图

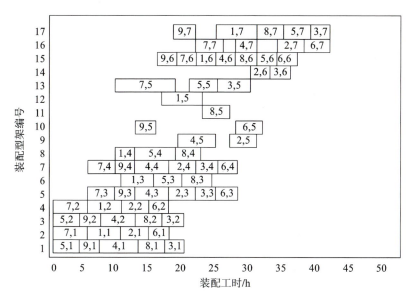

图 8-11　逆调度后的甘特图

8.3 大数据驱动的产品工期调控方法

产品工期调控指在产品投料生产到产出的过程中,在已知交货期与工艺信息的前提下,通过对系统运行过程中的产品状态、设备状态与车间状态进行分析,针对制造系统的可控参数(如各站位分派规则、产品的优先级、投料速率)形成有效控制策略,进而达到调整产品的完工时间、提升产品的准时交付率的目的。但复杂制造系统生产规模大,产品工艺杂,系统动态性高,使得产品的工期调控具备影响参数多、作用关系复杂、调控策略自适应要求高的特征,建立精确的数学模型极为困难。以典型的 300 mm 晶圆制造车间为例,通常由 700~800 台设备以脊椎形分布来完成 10000 个在制晶圆 lot 的制备,制备晶圆的工序有 600~1500 道,电路层数在 10~30 层不等。针对该系统一小时内完工的工序进行优化排序,以确定最短工期的执行方案,其求解的时间复杂度为 $O(N) = 2^{14000}$。事实上,随着系统规模越来越大,其运行规律越来越难以精确刻画,传统方法在复杂系统的产品工期调控中举步维艰。大数据方法依靠海量数据刻画规律。在大数据驱动的晶圆工期调控中,通过对海量的系统状态数据进行学习,依靠系统反馈逐步实现调控策略的学习与更新,从而实现调控性能的优化,为解决产品工期调控问题提供了新思路。本节以大规模、复杂工艺约束、高动态的晶圆制造系统为例,介绍大数据驱动的产品工期调控方法。

8.3.1 大数据驱动的晶圆工期调控模型

在晶圆生产过程中,晶圆工期调控策略根据工期预测的结果对系统进行调整,从而提升晶圆的准时完工率。晶圆工期调控策略可用一个三元组描述:(S,A,R),其中 S 表示系统的状态集合,A 表示调控指令集合,R 表示调控指令的奖赏函数集合。$r(s,a,s')$ 表示调控指令的奖赏函数,用于表示调控指令的效果,其中 $s,s' \in S, a \in A(s)$。系统的策略函数为 $a = \pi(s)$,表示在每一调控时间点,晶圆工期调控策略根据晶圆 lot 的特性数据与制造系统的状态 s 进行分析,形成调控指令 a,对晶圆 lot 的工期进行调节,从而提高订单的准时交付率。调控原理如图 8-12 所示。

在晶圆的生产中,集成电路采用多次重入的工艺,实现多层次电路的逐层制造。在完成一层电路的制备工序后,通常要进行一系列的检测与调整操作,如电路针测与产品优先级的调整。且在电路制备过程中,多次重入之间关键工序存在工艺约束,这使得晶圆电路层与层之间的制备工期存在相互影响的规律,即第 7 章中所定义的晶圆层传递效应。因此,这里以晶圆重入过程为单位,

第 8 章 大数据驱动的车间运行调控方法

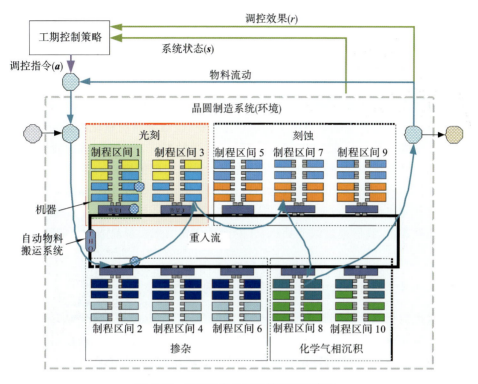

图 8-12 晶圆工期分层调控原理示意图

针对每一层电路的制备周期进行工期的逐层调控。在单次调控过程中,以每次重入的首道工序开始的时刻作为调控策略的触发时刻,称为调控时间点。以某一具备 n 层电路的晶圆产品为例,它在制备过程中分别在 $t=t_1,t_2,\cdots,t_n$ 时刻触发调控策略,根据系统的状态对工期进行调控。具备 n 层电路的晶圆产品的工期逐层调控过程定义如式(8-7)所示,其中 $t_i(i=1,2,\cdots,n)$ 为第 i 次重入过程中首道工序的开始时间。调控策略触发后,按照策略函数 $\pi(\cdot)$,相继根据 s_t 形成调控指令 a_t,对该晶圆的工期进行调控。其调控过程如图 8-13 所示。

$$a_t = \pi(s_t), t = t_1, t_2, \cdots, t_n \tag{8-7}$$

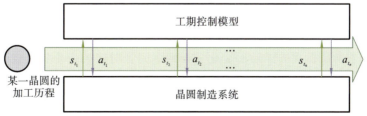

图 8-13 晶圆工期逐层调控过程

在晶圆的制备过程中,通过调节系统的可控参数可以实现晶圆 lot 的工期调整。在晶圆制造系统中,影响产品工期的参数主要有系统的生产能力、晶圆 lot 容量、产品工艺路线、投料策略与在制品数量、分派规则、产品优先级。其中,系统的生产能力与晶圆 lot 容量通常在系统建厂阶段优化确定;投料策略与在制品数量通常从系统整体上影响晶圆工期,难以针对每个晶圆 lot 进行精确调控。而在大数据驱动的晶圆工期调控过程中,很难分析与量化产品工艺路线与分派规则对单个晶圆工期的影响规律以实现精准工期调控。在可控参数与工期的关联分析中,晶圆 lot 的产品优先级对晶圆工期的影响力为 4.392,远超工序加工时间、设备利用率等其他参数的影响力,证明对于单个晶圆 lot 而言,调整其优先级可以有效地影响晶圆 lot 的完工时间。因此,在大数据驱动的晶圆工期调控中,我们通过调节晶圆 lot 的产品优先级来实现晶圆 lot 工期的精准调控。

8.3.2 基于 Actor-Critic 的工期调控方法

在大数据驱动的调控方法中,强化学习(reinforcement learning,RL)方法可通过对系统状态的精确评估,制定优化的调控策略,有效实现性能的准确调控。为了实现工期调控策略在动态系统中的快速调整,这里通过构建 Actor-Critic 强化学习模型 $RLM_i(\cdot)$ 来实现逐层调控过程中调控策略的优化。该方法引入策略评估模型对调控策略进行性能实时评估,可实现对调控策略的单步调整。该方法采用 Actor 结构来近似策略函数,用来根据不同的系统状态选择相应的调控指令。采用 Critic 结构来近似值函数,对 Actor 选择的动作进行评估。Actor-Critic 强化学习模型根据系统的状态和奖赏反馈来得到时序差分(temporal difference,TD),对 Actor 和 Critic 结构进行反馈调优。面向晶圆单层工期调控的 Actor-Critic 强化学习模型结构图如图 8-14 所示。在该模型中,考虑到晶圆订单分批交付过程中,交付批次浮动带来的交付时间不确定性,引入模糊数学方法对期望完工时间进行估计,并根据基于模糊数学估算的期望完工时间,计算反馈奖赏函数。

1. 期望完工时间模糊估计算法

在晶圆的生产过程中,若晶圆 lot 所属的交付批次发生浮动,则期望完工时间也会随着所属批次的浮动而变化。而期望完工时间的变化将直接影响调控效果,因此,这里借鉴模糊数学的思想,引入交付批次的模糊隶属度函数,对晶圆 lot 的从属批次进行模糊化描述,从而吸收交付批次浮动带来的期望完工时间不确定性。在这里,模型允许一个晶圆 lot 从属于相邻的两个批次,并可随生产进度进行动态调整。晶圆 lot 第 i 层对批次 b 的模糊隶属度函数为

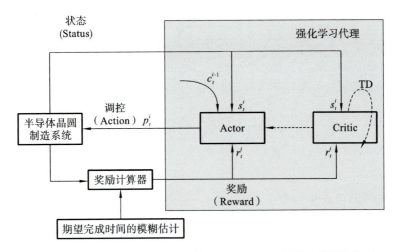

图 8-14 面向晶圆单层工期调控的 Actor-Critic 强化学习模型结构图

$$u_{ib} = \frac{|\mathrm{F\hat{T}}_t^i - \mathrm{F\widetilde{T}}_b^i|}{\sum_{b \in k}|\mathrm{F\hat{T}}_t^i - \mathrm{F\widetilde{T}}_b^i|} \tag{8-8}$$

式中:分子 $|\mathrm{F\hat{T}}_t^i - \mathrm{F\widetilde{T}}_b^i|$ 是第 t 个晶圆 lot 的第 i 层的预测完工时间 $\mathrm{F\hat{T}}_t^i$ 与第 b 批次晶圆 lot 的第 i 层的期望完工时间 $\mathrm{F\widetilde{T}}_b^i$ 之差的绝对值;分母 $\sum_{b \in k}|\mathrm{F\hat{T}}_t^i - \mathrm{F\widetilde{T}}_b^i|$ 表示第 t 个晶圆 lot 的第 i 层的预测完工时间 $\mathrm{F\hat{T}}_t^i$ 与 k 集合内各批次晶圆 lot 的第 i 层的期望完工时间的差异之和;集合 k 表示交付时间与当前在产品晶圆 lot 的预测完工时间最为接近的两个子批次的集合。最终,晶圆 lot t 的第 i 层的期望完工时间表示为

$$\mathrm{F\widetilde{T}}_t^i = [u_{ib1} \quad u_{ib2}] \cdot \begin{bmatrix} \mathrm{F\widetilde{T}}_{b1}^i - T_n \\ \mathrm{F\widetilde{T}}_{b2}^i - T_n \end{bmatrix} + T_n \tag{8-9}$$

式中:T_n 为当前时间;$b1$ 与 $b2$ 分别表示集合 k 内的两个子批。

2. 策略估值模型

策略估值模型(critic model)对调控策略的调控效果进行评估,采用某个调控策略下的平均奖励作为系统的状态值函数 $V(s_t)$。为了实现晶圆调控策略的快速迭代更新,构建估值结构来拟合某一策略下的状态值函数,从而实现策略的单步更新,这里引入神经网络模型 f_c^i,根据系统的状态 s_t 对 $V^i(s_t)$ 函数进行拟合,从而实现系统状态的预估,对策略函数进行评价,系统模型表示为

$$V^i(s_t) = f_c^i(s_t) \tag{8-10}$$

式中:$f_c^i(\cdot)$ 表示对第 i 层电路调控效果进行评估的估值模型;$V^i(s_t)$ 表示 $\mathrm{RLM}_i(\cdot)$ 调控的值函数。$f_c^i(\cdot)$ 为一种三层误差反向传播神经网络模型,其网络结构如图 8-15 所示,其中各层具体描述如下:

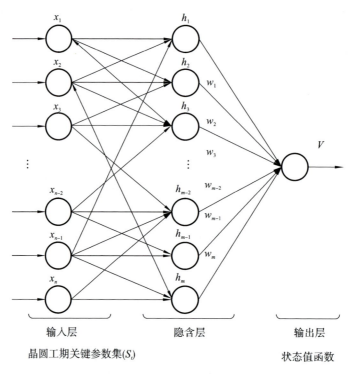

图 8-15 三层误差反向传播神经网络结构

(1) 输入层。输入层的输入向量为 $s_t = \begin{bmatrix} x_1 & x_2 & x_3 & \cdots & x_n \end{bmatrix}$,输入神经元的数量等于状态参数集 S_t 中的参数个数。输入层节点输入输出函数定义为

$$f_i^{(1)} = x_i, \quad i = 1,2,\cdots,n \tag{8-11}$$

(2) 隐含层。隐含层由 m 个神经元构成,其中 m 由先导实验与人工经验确定。隐含层中采用的激活函数为 sigmoid 函数。隐含层节点输入输出函数定义为

$$f_i^{(2)} = f_{\text{act}}\left(\sum_{j=1}^{n} w_{ij}^{(2)} x_j\right), \quad i = 1,2,\cdots,n \tag{8-12}$$

$$f_{\text{act}}(x) = \frac{1}{1+e^{-x}} \tag{8-13}$$

式中:$f_{\text{act}}(\cdot)$ 为激活函数;$w_{ij}^{(2)}$ 为隐含层的权值向量;w_{ij} 表示输入层中第 i 个神经元与隐含层中第 j 个神经元的连接权值矩阵。

(3) 输出层。输出层将隐含层中的神经元进行归一化,该层包含一个节点,输出变量表示状态-动作对值函数的拟合值。其输入输出函数定义为

$$f^{(3)} = \sum_{j=1}^{m} w_j^{(3)} h_j \tag{8-14}$$

在 Actor-Critic 强化学习模型中，Critic 模型在每一回合迭代过程中都根据反馈奖赏进行优化。这里采用 TD 误差 $\delta^i(t)$ 来对 Critic 结构的拟合效果进行评估，其计算方式为

$$\delta^i(t) = r^i(t+1) + \gamma V^i(t+1) - V^i(t) \tag{8-15}$$

式中：$\delta^i(t)$ 表示第 i 层电路制备工期调控模型 $RLM_i(\cdot)$ 的 TD 误差；$r^i(t+1)$ 表示 $t+1$ 时刻的 $RLM_i(\cdot)$ 收到的反馈奖赏；$V^i(t+1)$ 表示 $t+1$ 时刻的 $RLM_i(\cdot)$ 的函数值，由 $f_c(\cdot)$ 估值模型计算所得。TD 误差越小，则 Critic 拟合真实的状态值函数的效果就越好；反之，TD 误差越大，则 Critic 拟合效果越差。由于对晶圆每一层电路工期进行调控的估值模型具备相同的模型结构，因此在模型权值的更新中不再引入电路层号 i 进行标识，权值更新过程表示为

$$w(t) = w(t-1) + \beta\delta(t)\nabla_\theta f_c(s_t) \tag{8-16}$$

式中：$w(t)$ 为 t 时刻神经网络模型 $f_c(\cdot)$ 中的权值参数；$\nabla_\theta f_c(s_t)$ 为 t 时刻的 TD 误差与权值的梯度；β 为学习率。

3. 调控策略模型

在 Actor-Critic 强化学习模型中，Actor 表示晶圆工期的调控策略，它基于系统的状态数据，生成晶圆 lot 的优先级调控指令，从而对晶圆 lot 的单层完工时间进行调整。在调控过程中，晶圆的工期受到第 7 章中的晶圆 lot 传递效应与晶圆层传递效应的影响。为了在调控指令生成中保留晶圆工期的两种传递效应的影响，在 Actor 模型中引入 Bilateral LSTM 模型来生成调控指令。在晶圆制造系统中，晶圆 lot 的优先级可取 [0,99] 内的整数，其调控指令集中共有 100 个元素可供选择。在 Actor 模型中，对 100 个调控指令的概率进行估计，并根据概率选取调控指令对晶圆 lot 的工期进行调整。为了避免在 LSTM 循环神经网络中掺入高维计算，从而产生过拟合或者欠拟合等情况，调控策略模型（action model）在 Bilateral LSTM(BL) 阶段，根据系统状态参数维度、调控精度选择了低维度进行运算，并通过神经元增广层（用 OD 表示）将 Bilateral LSTM 模型的输出维度调整到调控指令的维度（100 维）。在此基础上，模型根据神经元增广层的输出进行调整，引入 softmax 层（用 S 表示），生成该系统状态下各调控指令的选择概率。策略算法的系统模型表示为

$$p_t^i = f_i^{ai}(s_t^i, hw_{t-1}^i, hl_t^{i-1}) \tag{8-17}$$

策略神经网络模型的结构（见图 8-16）可分为三部分，分别为 Bilateral LSTM 层、神经元增广层、softmax 层。

Bilateral LSTM 层采用双线循环神经网络，通过 hw_{t-1}^i 和 hl_t^{i-1} 描述晶圆制造系统运行过程中的晶圆 lot 传递效应与晶圆层传递效应。其输入输出函数定义为

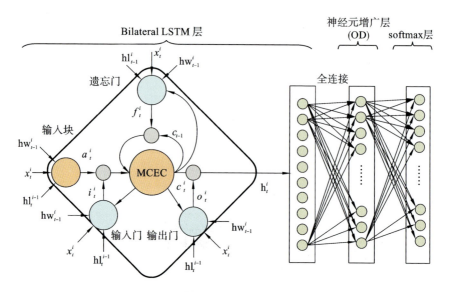

图 8-16 策略神经网络模型的结构

$$h^{(\mathrm{BL})} = f_a(s_t^i, \mathrm{hw}_{t-1}^i, \mathrm{hl}_t^{i-1}) \tag{8-18}$$

式中：$s_t^i = [x_1 \quad x_2 \quad \cdots \quad x_n]$ 表示系统状态；$f_a(\cdot)$ 表示 Bilateral LSTM 神经网络模型；hw_{t-1}^i 表示晶圆递归流，用以传递晶圆 lot 传递效应；hl_t^{i-1} 表示晶圆层递归流，用以传递晶圆层传递效应。本层的输出结果 $h^{(\mathrm{BL})} = [h_1 \quad h_2 \quad \cdots \quad h_m]$，其中 m 为输出神经元的数量。

神经元增广层将 Bilateral LSTM 层的输出放大到 100 维，从而形成晶圆 lot 优先级在 [0,99] 区间上各元素的概率。其输入输出函数为

$$f_j^{(\mathrm{OD})} = f_{\mathrm{act}}(\boldsymbol{W}_j^{(\mathrm{OD})} \boldsymbol{h}^{(\mathrm{BL})}) = f_{\mathrm{act}}\left(\sum_{k=1}^{100} w_{jk}^{(\mathrm{OD})} h_j\right), j = 1, 2, \cdots, m \tag{8-19}$$

式中：$f_{\mathrm{act}}(\cdot)$ 为 sigmoid 函数；h_j 表示 Bilateral LSTM 层的输出神经元；w_{jk} 为连接权值矩阵。

softmax 层用于对神经元增广层输出的结果进行进一步归一化，归一化之后该层的输出即为对应系统状态下采用各优先级的概率。其输入输出函数为

$$f_j^{(\mathrm{S})} = \frac{\mathrm{e}^{f_j^{(\mathrm{OD})}}}{\sum_{k=1}^{100} \mathrm{e}^{f_k^{(\mathrm{OD})}}}, j = 1, 2, \cdots, 100 \tag{8-20}$$

式中：e 为自然对数的底数；$f_j^{(\mathrm{OD})}$ 表示神经元增广层的第 j 个神经元的值。

在 Actor 模型运行过程中，根据估值模型提供的 TD 误差进行模型优化。TD 误差为正时，表示当前策略调控效果较好，可进一步加强和巩固该策略；反之，TD 误差为负时，则应当削弱当前策略的影响与趋势。因此在 Actor 模型

中,引入对数函数,设计误差函数如式(8-15)所示。若 $\delta(t) > 0$,则缩小误差 $E(t)$ 可增大 $\ln(f_j^{(S)})$,从而提高该动作的概率 $f_j^{(S)}$;若 $\delta(t) < 0$,则缩小误差 $E(t)$ 可减小 $\ln(f_j^{(S)})$,从而降低该动作的概率 $f_j^{(S)}$。

$$E(t) = -\ln(f_j^{(S)})\delta(t) \tag{8-21}$$

式中:$f_j^{(S)}$ 为当前选择第 j 个调控动作的概率;$\delta(t)$ 表示 Critic 结构计算的 TD 误差。根据以上设计,模型中权值的更新过程表示为

$$\theta(t) = \theta(t-1) + \alpha \nabla_\theta \lg f_a(X_t)\delta(t) \tag{8-22}$$

式中:$\theta(t)$ 为 t 时刻的权值参数;$\nabla_\theta \lg f_a(X_t)$ 为 t 时刻拟合误差与权值的梯度;α 为模型学习率。

8.3.3 晶圆制造车间工期调控案例

以上海某晶圆厂的 300 mm 加工线(H 车间)为案例对象,对大数据驱动的晶圆智能调度方法进行示例性验证。H 车间共有 22 个工作区,包括加工设备 754 台,构成 400 个工作站位。其自动化物流系统采用 50 台小车连通 22 个工作区,实现系统内物料配送。H 车间的在制品数量约为 8000 个晶圆 lot,在制晶圆片约 20 万片。晶圆制造系统共有 a、b、c 三类晶圆产品,其电路层数分别为 20 层、18 层与 27 层。

晶圆制造系统造价高昂,一个 300 mm 晶圆厂的日折旧费用高达数十万美元,采用真实晶圆制造系统进行验证的成本过高。因此,本节根据 H 车间 2017 年 7 月、8 月两个月的投料情况,在 eM-Plant 环境中构建仿真系统,对提出的智能调度方法进行验证。晶圆制造仿真系统界面如图 8-17 所示。

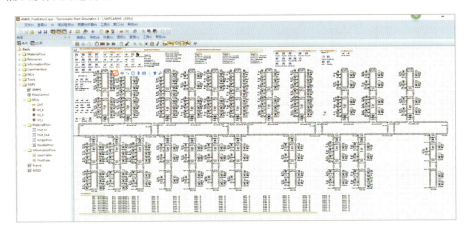

图 8-17 晶圆制造仿真系统界面

通过 socket(套接字)协议连接仿真系统与晶圆工期调控算法,实现调控算

法对仿真系统的控制。通过与 H 车间实际生产过程中的准时完工情况进行对比,验证提出的晶圆工期调控方法的有效性。对 2017 年 7 月、8 月 H 车间产出晶圆与提出的基于 Actor-Critic 的工期调控算法产出晶圆的准时完工情况进行对比,数据如图 8-18 所示。图中的完工时间平均偏差 md 的计算方式为

$$\mathrm{md} = \frac{1}{|S|} \sum_{t \in S} |F\hat{T}_t - F\tilde{T}_t| \qquad (8\text{-}23)$$

式中:S 表示周产出的晶圆 lot 集合;$|S|$ 表示集合 S 中晶圆 lot 的数量;$F\hat{T}_t$ 表示晶圆 lot 的实际完工时间;$F\tilde{T}_t$ 表示根据交货期计算得到的晶圆 lot 预期完工时间。

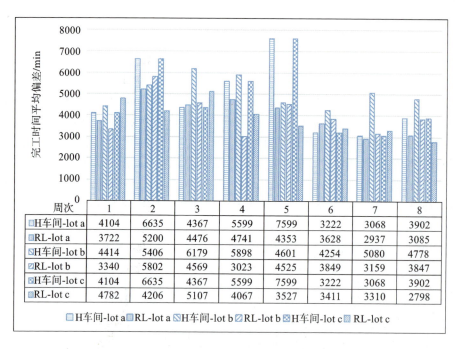

周次	1	2	3	4	5	6	7	8
H车间-lot a	4104	6635	4367	5599	7599	3222	3068	3902
RL-lot a	3722	5200	4476	4741	4353	3628	2937	3085
H车间-lot b	4414	5406	6179	5898	4601	4254	5080	4778
RL-lot b	3340	5802	4569	3023	4525	3849	3159	3847
H车间-lot c	4104	6635	4367	5599	7599	3222	3068	3902
RL-lot c	4782	4206	5107	4067	3527	3411	3310	2798

图 8-18 晶圆工期调控效果实例验证数据

H 车间在 2017 年 7 月、8 月两个月内产出晶圆 lot 的完工时间平均偏差为 4900 min,而在我们所提出的基于 Actor-Critic 的工期调控算法的调控下,完工时间平均偏差为 4016 min,相较于 H 车间改善了 18%。具体到每一类晶圆 lot 来看,晶圆 lot a 在基于 Actor-Critic 的工期调控算法调控下的第 7 周取得最高的准时完工率,其完工时间平均偏差仅为 2937 min。对于晶圆 lot b,H 车间中的晶圆 lot 完工时间平均偏差为 5076 min;而在基于 Actor-Critic 的工期调控算法的调控下,其完工时间平均偏差为 4014 min,低于 H 车间 21%。对于晶圆 lot c,H 车间有 4 周的完工时间平均偏差高于基于 Actor-Critic 的工期调控算

法所调控的仿真系统的完工时间平均偏差,表明基于 Actor-Critic 的工期调控算法在 7 月、8 月中的 4 周内具有较好的晶圆准时完工率。由以上的分析可知,我们所提出的基于 Actor-Critic 的工期调控算法可对晶圆工期进行调控,能有效提高晶圆 lot 的准时完工水平。

8.4 大数据驱动的设备故障诊断方法

在机械领域,高档数控机床、航空发动机等大型机械装备正在朝着高精、高效方向发展,设备故障诊断对于装备的安全可靠运行举足轻重。由于需要诊断的装备群规模大,每台装备安装的测点多,数据采样的频率高,装备从开始服役到寿命终止的数据收集历时长,因此产生了海量的数据,推动故障诊断领域进入了大数据时代。

设备大数据已经成为揭示机械故障演化过程及本质的重要资源,数据量的规模、解释运用的能力也将成为当代设备故障诊断最为重要的部分。基于大数据的设备智能故障诊断通常包括图 8-19 所示的四个环节:①信号获取——获取机械装备辐射出的多物理监测信号,反映装备健康状态;②特征提取——通过分析获取的监测数据,提取特征,揭示故障信息;③故障识别与预测——基于提取的特征,通过人工智能模型与方法识别并预测故障;④故障追溯——在识别出故障的基础上,通过历史关联数据及专家系统等追溯故障原因。

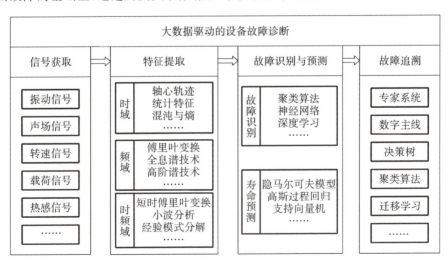

图 8-19 大数据驱动的设备故障诊断流程

从大量历史数据中学习是大数据驱动的设备故障诊断方法提取特征的一

个关键。主成分分析(PCA)、偏最小二乘(PLS)和独立分量相关(ICA)等统计分析方法越来越受到工业过程监测的重视。机器学习也是大数据驱动故障诊断领域最流行的方法之一,如支持向量机、模糊逻辑和人工神经网络等。然而,机器学习方法不能提取原始数据的识别特征,往往要先进行特征提取,之后才能采用机器学习方法进行故障诊断。特征提取过程耗时耗力,并且会极大地影响最终的结果。

在传统的机器学习方法中,手工特征应该被预先设计,并且这些手工特征定义了机器学习方法的上界性能。但是预先设计好手工制作的功能是很困难的。深度学习(DL)方法是自2006年以来在机器学习领域出现的一个新方法,它可以自动提取原始数据的分层表示特征。有了这个优势,DL方法可以避免工程师设计的手工特征的影响,并且在故障诊断方面展现出了良好的前景。例如深度置信网络、稀疏自编码器、堆栈去噪自动编码器、稀疏滤波等几种DL方法已经应用于各种机械设备的故障诊断。

DL方法与传统浅层机器学习方法相比取得了较好的效果,但在故障诊断中的应用仍在发展,主要体现为开发效率更高的深度学习算法永无止境。卷积神经网络是一种性能优异的深度学习方法,在图像分类、模式识别等领域得到了广泛的应用,且已应用于各种机械系统,如轴承、动力泵、压缩机气阀等的故障诊断。因此,开发更加高效、高精度的卷积神经网络以研究复杂机电装备系统是非常必要的。

8.4.1 大数据驱动的故障诊断方法框架

随着复杂机电装备组成的复杂程度、自动化程度的不断提升,传统的以"事后维修"为主的诊断方式已无法满足复杂机电装备运行可靠性、安全性和可维护性的需求。开展故障预测与健康管理(PHM)方面的研究成为新一代复杂机电装备设计和使用中的重要组成部分。特别是随着中国制造2025的深入发展,智能制造装备是高端装备制造业的重点发展方向之一。确保复杂机电装备正常、稳定、安全工作已经成为工业生产中最为关注的问题。我国国家中长期规划和《机械工程学科发展战略报告(2011~2020)》均将重大产品和重大设施运行可靠性、安全性、可维护性关键技术列为重要的研究方向。当前机电装备信息化程度提高,实现智能化的故障诊断和预测是符合发展趋势的。

随着信息和通信技术的快速发展及广泛应用,传感器和感应器等智能工具被嵌入机电装备之中,用于实时高速采集海量、多样、高效、真实的传感数据。如何对这些数据进行有效分析,提前预知装备健康状态,成为新的研究趋势。由于上述采集到的数据已经逐渐体现大数据特征,所需处理能力超出了传统数据处理方法的能力，因此，研究大数据驱动的故障诊断理论与方法是尤为必要的。

大数据驱动的故障诊断方法的基本框架如图 8-20 所示。它与传统故障诊断方法的主要不同在于其自主学习特征的能力。传感器采集相应的设备工作信号，进而检测设备的状态。其中深度学习主要用于自动提取信号的数据特征，其原理如图 8-21 所示。

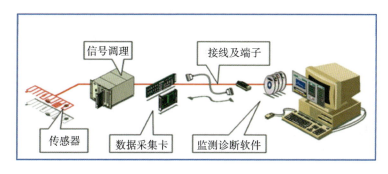

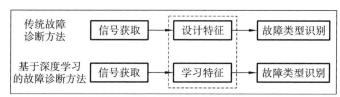

图 8-20 大数据驱动的故障诊断方法的基本框架

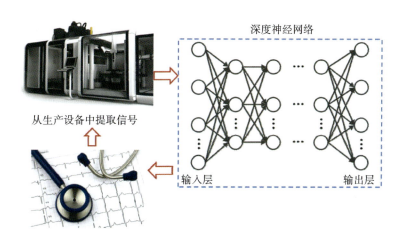

图 8-21 深度学习的原理

8.4.2 基于卷积神经网络的数据驱动故障诊断方法

机器学习方法是处理故障诊断数据最主要的方法之一。然而,机器学习方法依赖于原始数据的数据特征,需要先对原始数据进行特征提取,之后才能进行故障诊断,但特征提取是非常耗时耗力的工作,并且对最终的结果有很大的影响。针对以上问题,这里介绍一种基于卷积神经网络的数据驱动(智能)故障诊断方法。

由于针对复杂机电装备采集数据基本为连续采样,所得到的是典型的时序信号,其处理依赖于信号处理方法,而信号处理方法依赖于人工经验,因此,下面将介绍时序信号变换成图像的转换方法,将时序信号自动转化成图像形式,完全摆脱对算法、人工经验的依赖。同时,基于经典的 LeNet-5 模型,提出改进的卷积神经网络(convolutional neural network,CNN)结构,增强网络的非线性,提高网络的建模能力。通过对时序信号处理方法和深度学习算法的改进,提高其对复杂系统的预测准确率。

1. 时序信号转图像方法

由于机器学习的手动提取数据特征的过程十分烦琐,且对最终的结果影响较大,因此这里提出一种改进的卷积神经网络来提取二维图像的特征,将原始时域信号转换为二维灰度图像,采用改进的卷积神经网络自动提取灰度图像的数据特征。将时域信号转化为二维灰度图像时,信号噪声将被转换为图像的亮度、灰度等与图像分类结果无关的因素,能尽量消除信号噪声对最终结果的影响。该方法易于执行且具有较高的精度,并极大地降低了特征提取过程和信号噪声对最终结果的影响。

在转化的过程中,原始数据的时域信号按列优先的顺序依次排满图像像素。该转化过程如图 8-22 所示。为了获得大小为 $M \times M$ 的图像,需要先在原始信号中随机获得一段长为 M^2 的信号,假设原始信号为 $L(i), i=1,2,\cdots,M^2$,图像某一点像素为 $P(j,k), j=1,2,\cdots,M, k=1,2,\cdots,M, j$ 和 k 分别代表图像像素所在的长与宽方向的位置,原始信号与像素之间的关系可表示为

$$P(j,k) = \text{round}\left\{\frac{L[(j-1) \times M + k] - \min(L)}{\max(L) - \min(L)} \times 255\right\} \quad (8-24)$$

式中:函数 round(·)是取整函数。整个像素值被正则化为 0~255,正好为灰度图像的像素值域。为了方便处理数据,推荐 M 取值为 2^n。这种数据处理方法的优点是提供了一种探索原始信号的二维特征的方法。此外,该数据处理方法可以在没有任何预定义参数的情况下进行计算,并可尽可能地减少所需专家经验。

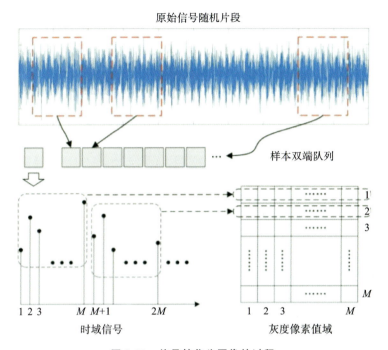

图 8-22 信号转化为图像的过程

2. 改进的卷积神经网络模型与结构

当原始信号转换成图像后,就可以训练一个改进的卷积神经网络来对这些图像进行分类。作为经典卷积神经网络的 LeNet-5 模型,在图像模式识别方面是十分有效的。这里提出基于 LeNet-5 的改进的卷积神经网络模型,旨在解决故障诊断的图像分类任务。LeNet-5 中的图像大小为 32×32。但是,为了优化分类结果,图像的大小根据信号量的数量变化而变化。若信号数据具有较大的体积、较大的图像尺寸,则可以优化分类结果。因此可以考虑将图像大小改为 64×64 或者更大。当信号数据量相对较小时,可以考虑将图像大小改小。针对较大信号数据量,改进的卷积神经网络模型中包含 4 个交替的卷积层和池化层,有 1 个或 2 个全连接层,如图 8-23 所示。针对较小信号数据量,改进的卷积神经网络模型包含 2 个交替的卷积层和池化层,有 1 个全连接层。这里提出的改进的卷积神经网络模型所采用的填充方法不同于原来的 LeNet-5,而使用零填充方法进行填充。

零填充方法是控制特征尺寸大小的重要技术。将零填充方法应用于卷积神经网络模型,可防止尺寸损失。令 M 为输入尺寸,N 为输出尺寸,F 为滤波器宽度,S 为步长,PT 为总填充数,可以通过式(8-25)~式(8-28)计算左边的填充数 PL 和右边的填充数 PR。

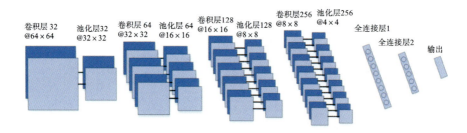

图 8-23 针对 64×64 大小的图像所提出的改进的卷积神经网络模型

$$N = \text{ceil}\left(\frac{M}{S}\right) \tag{8-25}$$

$$\text{PT} = (N-1)\times S + F - M \tag{8-26}$$

$$\text{PL} = \text{floor}\left(\frac{\text{PT}}{2}\right) \tag{8-27}$$

$$\text{PR} = \text{PT} - \text{PL} \tag{8-28}$$

为了避免因缺少填充而导致一些边缘元素的丢失，零填充是必不可少的。在零填充方法中，将自动添加零，之后就可以进行卷积过程，如图 8-24 所示。

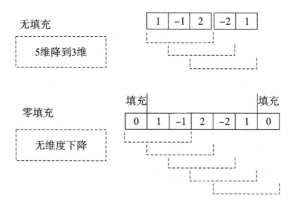

图 8-24 用于卷积神经网络的零填充方法示意图

8.4.3 实验验证

以设备中电动机轴承部件的故障诊断为例，对大数据驱动的设备故障诊断方法进行验证。其中卷积神经网络模型是在 Python 3.5 的环境下，用 TensorFlow 编写的，其运行环境为 Ubuntu16.04、GTX 1080 GPU。

在电动机轴承故障数据集实例中，实验用数据集是由凯斯西储大学（CWRU）提供的。在这个数据集中，有三种故障类型，每种故障类型有三种不同的损伤尺寸，共有十种状况：九种故障状况和一种正常工况（N0）。三种故障类型为滚筒故障(RF)、外圈故障(OF)和内圈故障(IF)。损伤尺寸为 0.18 mm、0.36 mm 和 0.54 mm。驱动端振动信号在四个负载条件(记为 0、1、2、3)下收集,以验证所提方法的性能。训练数据集中每个负载条件有 2000 个样本,测试数据集中每个负载条件有 400 个样本,所有的样本都是从数据集中随机选取的。由于未使用替换的采样,因此训练数据集和测试数据集中的样本是完全不同的。

在这个实例中,我们将信号转换为图像,图像的大小设置为 64×64。正常工况下的信号转换结果如图 8-25 所示。转换后的灰度图像包含 4096 个像素。九种故障状况下的信号转换结果如图 8-26 所示。从转换后的图像中可以看出,不同故障状况的图像看起来完全不同。

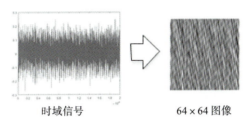

时域信号　　　　　　64×64 图像

图 8-25　正常工况下的信号转换结果

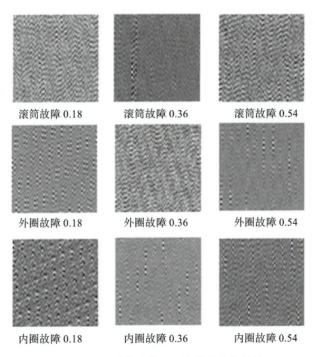

图 8-26　九种故障状况下的信号转换结果

本实例中的卷积神经网络模型每层的参数如表8-9所示。卷积神经网络结构包含4个交替的卷积层和池化层,具有1个或2个全连接层(FC)。FC1是第一个全连接层,FC2是第二个全连接层。Conv($5\times5\times32$)表示卷积层的卷积核尺寸为5×5,通道数为32,其余类似。Maxpool(2×2)表示2×2的池化层。

表8-9 卷积神经网络模型参数

层	参数
L1	Conv($5\times5\times32$)
L2	Maxpool(2×2)
L3	Conv($3\times3\times64$)
L4	Maxpool(2×2)
L5	Conv($3\times3\times128$)
L6	Maxpool(2×2)
L7	Conv($3\times3\times256$)
L8	Maxpool(2×2)

表8-10所示为单(具有1个)全连接层的卷积神经网络模型的预测精度结果,而表8-11所示为双(具有2个)全连接层的卷积神经网络模型的预测精度结果。表中,CNN-i-j表示FC1中有i个神经元和FC2中有j个神经元,如CNN-2560意味着FC1中有2560个神经元,FC2不存在。所有卷积神经网络模型均运行10次,结果测量项目包括预测精度的最大值(max)、最小值(min)、平均值(mean)和标准偏差(std)。

表8-10 单全连接层的卷积神经网络模型的预测精度结果

项目	CNN-1024	CNN-1536	CNN-2048	CNN-2560	CNN-3072	CNN-3584
max	99.78%	99.83%	99.87%	**99.85%**	99.74%	99.86%
min	99.11%	99.59%	99.57%	**99.67%**	99.41%	98.811%
mean	99.57%	99.71%	99.75%	**99.77%**	99.65%	99.63%
std	0.2063	0.0658	0.0779	**0.0544**	0.0979	0.3548

由表8-10可以得出,在只有一个全连接层时,FC1中有6种不同数量的神经元。从结果来看,CNN-2560取得了最好的效果,其预测精度的平均值为99.77%,最小值为99.67%,标准偏差为0.0544。CNN-2048预测精度的最大值为99.87%,略高于CNN-2560的99.85%。这些预测结果平均值曲线如"倒U"形,CNN-2560是最高峰。

表 8-11 双全连接层的卷积神经网络模型的预测精度结果

项目	CNN-2560	CNN-2560-64	CNN-2560-128	CNN-2560-256	CNN-2560-512	CNN-2560-768	CNN-2560-1024
max	99.85%	99.87%	99.89%	99.88%	99.84%	**99.91%**	99.88%
min	99.67%	99.66%	99.55%	99.70%	99.69%	**99.70%**	99.44%
mean	99.77%	99.75%	99.76%	99.78%	99.78%	**99.79%**	99.77%
std	0.0544	0.0725	0.0984	0.0526	0.0476	**0.0759**	0.1275

在表 8-11 中，具有 2 个全连接层的卷积神经网络模型都是基于 CNN-2560 的。可以看出，这些模型的结果彼此非常接近。CNN-2560-64、CNN-2560-128 和 CNN-2560-1024 略逊于 CNN-2560，而 CNN-2560-256、CNN-2560-512 和 CNN-2560-768 的预测精度相对 CNN-2560 略有提高。其中效果最好的是 CNN-2560-768，其预测精度的平均值为 99.79%，最大值为 99.91%，最小值为 99.70%。

为了得到所提出的卷积神经网络的性能，将其与深度学习方法和其他数学方法进行对比，对比的结果如表 8-12 所示。可以看出，所提出的卷积神经网络模型与这些方法相比获得了很好的结果。预测精度的平均值高达 99.79%，稀疏滤波、ADCNN、DBN、DBN Based HDN、SVM 的平均值分别为 99.66%、98.1%、87.45%、99.03% 和 87.45%。这显示了所提出的卷积神经网络模型的显著性能。传统 ANN 的结果为 67.7%，明显低于所提出的模型，这显示了所提出的卷积神经网络模型的巨大进步。

表 8-12 所提出的卷积神经网络模型与其他方法的结果比较

方法	预测精度的平均值/(%)
CNN	**99.79**
稀疏滤波	99.66
ADCNN	98.1
DBN	87.45
DBN Based HDN	99.03
SVM	87.45
ANN	67.70

图 8-27 给出了 CNN-2560-768 最佳结果的混淆矩阵，得到了 99.91% 的预测精度。图 8-27 中，行代表实际类别标号，列代表每个条件的预测类别标号。这说明 OF0.18、OF0.36、IF0.18、IF0.54 和 NO 都具有 100% 的准确性。

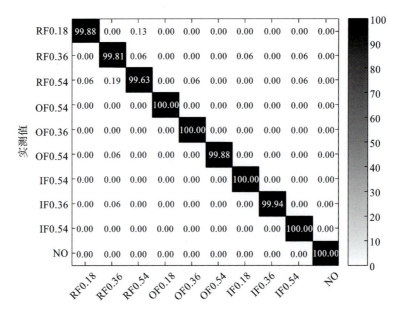

图 8-27 CNN-2560-768 最佳结果的混淆矩阵（单位：%）

RF0.54是其中最差的一个，准确率为99.63%。RF0.36收到最多的错误分类。RF0.54中的0.19%，OF0.54和IF0.36中的0.06%被错误分类为RF0.36。OF0.18和NO具有100%的准确度，而且没有其他类别被错误分类，这意味着它们与其他工况特征基本分开。

8.5　本章小结

本章从车间动态调度、产品工期调控方法、设备故障诊断这三个重要的车间运行优化场景，系统介绍了大数据驱动的车间运行过程调控方法。其核心是在车间运行性能关键影响参数和调控因子识别的基础上，基于实时有效的车间运行性能预测，对车间运行过程进行自适应控制，从而实现系统性能优化。

本章参考文献

[1] GAO Z W, CECATI C, DING S X. A survey of fault diagnosis and fault-tolerant techniques—Part Ⅱ: fault diagnosis with knowledge-based and hybrid/active approaches[J]. IEEE Transactions on Industrial Electronics,

2015,62(6):3768-3774.

[2] DAI X W,GAO Z W. From model, signal to knowledge: a data-driven perspective of fault detection and diagnosis[J]. IEEE Transactions on Industrial Informatics,2013,9(4):2226-2238.

[3] WANG D,PETER W T. Prognostics of slurry pumps based on a moving-wear degradation index and a general sequential monte carlo method [J]. Mechanical Systems and Signal Processing,2015,56-57:213-229.

[4] GANDOMI A,HAIDER M. Beyond the hype: big data concepts, methods,and analytics[J]. International Journal of Information Management, 2015,35(2):137-144.

[5] DAVID M J T,ALEXANDER Y,ROBERT P W D. Pump failure determination using support vector data description[J]. Lecture Notes in Computer Science,1999:415-425.

[6] WIJAYASEKARA D,LINDA O,MANIC M,et al. FN-DFE:fuzzy-neural data fusion engine for enhanced resilient state-awareness of hybrid energy systems [J]. IEEE Transactions on Cybernetics, 2014, 44 (11): 2065-2075.

[7] BENGIO Y,COURVILLE A,VINCENT P. Representation learning: a review and new perspectives[J]. IEEE Transactions on Pattern Analysis and Machine Intelligence,2013,35(8):1798-1828.

[8] SCHMIDHUBER J. Deep learning in neural networks:an overview [J]. Neural Networks,2015,61:85-117.

[9] LECUN Y,BENGIO Y, HINTON G. Deep learning[J]. Nature, 2015,521(7553):436-444.

[10] SHAO H D,JIANG H K,ZHANG X,et al. Rolling bearing fault diagnosis using an optimization deep belief network[J]. Measurement Science and Technology,2015,26(11):115002.

[11] LU C,WANG Z-Y, QIN W-L, et al. Fault diagnosis of rotary machinery components using a stacked denoising autoencoder-based health state identification[J]. Signal Processing,2017,130:377-388.

[12] SHAO H D,JIANG H K,WANG F,et al. An enhancement deep feature fusion method for rotating machinery fault diagnosis[J]. Knowledge-Based Systems,2017,119:200-220.

[13] LEI Y G,JIA F,LIN J,et al. An intelligent fault diagnosis method using unsupervised feature learning towards mechanical big data[J]. IEEE Transactions on Industrial Electronics,2016,63(5):3137-3147.

[14] 宋代立.电路印刷板组装车间生产调度方法研究[D].上海:上海交通大学,2013.

[15] 张洁,秦威,宋代立.考虑工时不确定的混合流水车间滚动调度方法[J].机械工程学报,2015,51(11):99-108.

[16] XU S B, BEAN J C. A Genetic algorithm for scheduling parallel non-identical batch processing machines[C]//2007 IEEE Symposium on Computational Intelligence in Scheduling. Honolulu,HI:2007:143-150.

第 9 章 基于大数据平台的智能车间管控系统及其应用

基于大数据平台的智能车间管控系统是自动化、信息化和智能化深度融合的产物。它是整个生产车间的智能控制平台,基于大数据分析的决策支持,通过对生产过程数据的融合处理与分析,实现关键设备故障预测与智能诊断、关键工位工艺参数智能优化、关键产品质量智能监控等典型功能,提升产品设计、生产与管理的智能化程度。

本章首先从智能车间管控系统总体架构、车间制造大数据平台架构和智能车间管控系统功能模块设计与实现三方面来介绍基于大数据平台的智能车间管控系统;然后以晶圆制造车间为应用案例,具体分析和阐述晶圆制造车间对大数据应用的需求,以及大数据驱动的晶圆制造车间智能管控系统。

9.1　基于大数据平台的智能车间管控系统总体架构

智能车间管控平台基于混合云架构技术、微服务容器技术、大数据平台技术和人工智能技术等,包含边缘、平台(指工业平台即服务,industry platform as a service,IPaaS)、应用三大核心层级,系统总体架构如图 9-1 所示。

系统特色主要包括以下几个方面。

1. "云+边缘"混合架构

智能车间的管控与智能工业云架构的顶层设计与优化密不可分。针对来自多源设备、异构系统、运营环境、人员等的海量制造数据的感知需求,支持基于公共云、企业私有云与边缘混合的平台架构,实现制造车间大数据的高效接收、汇集、转发。通过实现云服务与分布式数据服务架构的容器化,达到快速迭代、快速部署的目的。针对接入设备的多样化差异,基于工业互联网的"云+边缘"系统的架构,实现多规格、增减的动态混合云通信。针对大规模的复杂软件平台系统的维护、升级、重构需求,从业务元模型出发,研究基于"框架+插件"的可重构化软件架构模型,实现功能间的松耦合、独立升级,方便功能增减与敏捷接入。

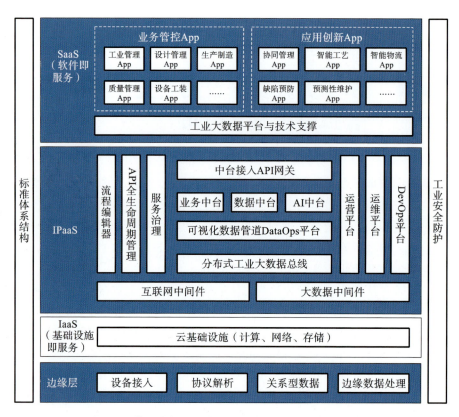

图 9-1 基于大数据平台的智能车间管控系统总体架构

2. 微服务

智能车间通用管控平台中,利用微服务的方式将 MES、ERP、SCM(供应链管理)等传统工业应用软件解构,将不同行业、不同领域的经验知识、技术原理提炼出的机理模型沉淀封装成通用类、工具类、面向工业场景类业务功能,构建独立可调试运行的富含各类功能与服务的微服务组件池,通过以微服务组件、软件开发工具包(SDK)、API(应用程序接口)等方式为开发者提供调用,降低了开发门槛,有助于实现管控平台功能快速重构和快速扩展;借助微服务并行开发和分布运行的特点,提升易用性和开发效率。面向不同行业、不同场景领域的个性化、多样化管控场景,利用微服务架构与容器技术,实现复杂度可控、服务独立部署运行并具有较高容错性;通过构建基础技术支撑平台、容器云平台、工业物联网平台、应用开发平台、服务治理平台及 DevOps 平台等,提供多样化应用支撑能力;通过构建统一标准规范体系,定义工业 App 与设备、第三方信息系统(如 ERP)及 App 之间的数据流和控制流,提供统一、标准的数据采集、存储、读取、计算、开发服务,规范平台准入和技术应用,实现控制安全、设备安全、网络安全、数据安全,保障平台的搭建与运转。

3. 基于大数据分析与人工智能的智能管控应用

针对制造车间现场数据的多源异构特点,基于 Hadoop 和 Spark 开源大数据框架技术,建立分布式数据存储系统、分布式大数据计算平台、可视化管控平台。大数据平台主要实现以下几个功能目标。

(1) 数据高效存储及查询:针对现有信息系统如 MES、ERP、PLM 等中的数据,支持向分布式存储系统的导入;针对车间生产实时数据,支持流数据的分布式存储,同时提供高效的查询检索方式。

(2) 数据备份机制:确保数据安全,向各类服务对象提供可靠的服务,建立数据容灾备份机制,确保重要数据的机密性和完整性。

(3) 可视化的大数据平台管理:为大数据平台配置管理和运行维护提供方便。

(4) 提供对外服务接口:为保证平台可扩展性,以及为后续开发智能管控子模块提供方便,大数据平台提供与常用信息系统(关系型数据库)的数据传输接口,实现与现有信息系统的数据传输和共享;同时大数据平台对外提供平台标准 API 和 Web Service 等多种形式服务接口,实现数据平台的对外服务。

针对智能车间管控决策需求,基于分布式大数据计算平台,应用深度学习、群体智能等多种人工智能模型和算法,开发智能管控应用 App,如信息追溯、故障诊断、可视化报表等,从而支撑车间制造全生命周期信息追溯、生产线关键设备实时监控、故障预测及在线诊断、智能排产调度、智能物流规划、生产工艺持续优化等。

9.2 车间制造大数据平台架构

9.2.1 系统总体架构

车间制造大数据平台架构设计基于分层设计的思想,将平台所需提供的服务按照功能划分成不同的模块层次,每一模块层次只与上层或下层的模块层进行交互(通过层次边界的接口),避免跨层的交互。这种设计的优点在于:各个功能模块的内部是高内聚的,而模块与模块之间是松耦合的。这种架构有利于实现平台的高可靠性、高扩展性及易维护性。例如:产品在生产场景中需要在线扩容 Hadoop 时,只需要在基础设施层添加一台新的 Hadoop 节点服务器即可,而其他模块层不需作任何变动,且对用户也是完全透明的。

车间制造大数据平台功能架构如图 9-2 所示。

图 9-2　车间制造大数据平台功能架构

1. 数据源及数据集成

系统底层实现生产数据向大数据仓储平台的集成，解决结构化与非结构化、实时与非实时数据的高效安全接入问题。系统数据可分为全量非实时数据和增量实时数据。对于全量非实时业务数据的集成，可通过企业信息化平台如 ERP、MES 等，将已有数据向大数据平台导入与集成。基于实际业务场景，需要对目前主流开源工具如 Sqoop 等进行定制与优化。对于增量实时业务数据，需要开发数据实时同步接口服务。针对车间生产现场大数据量、高并发请求的实际状况，开发安全、健壮、高效的数据接口服务。

2. 数据存储

需要设计开发车间制造大数据平台的分布式文件系统和分布式数据库，实现海量生产数据的存储，为上层大数据的计算分析提供基础。

分布式文件系统以高可靠性的容错机制为核心，包括多源数据服务器、多数据存储服务器、多监管者、多客户端等部分，支持大文件和大数据块的分布式存储与管理。Hadoop 提供 HDFS（Hadoop 分布式文件系统）、MapReduce、JobTracker、TaskTracker 等服务。HBase 是基于 Hadoop 的列数据库，可为用户提供基于表的数据访问服务。Hive 是 Hadoop 上的一个查询服务。用户可通过 Hive 客户端提交类 SQL 的查询请求，并通过客户端查看查询结果。

3. 资源管理

建立大数据平台数据资源与计算资源的统一管理和调度，从而为平台上层系统与应用提供更高效简单的资源管理调度方式。

分布式集群资源管理器 YARN，可为上层应用提供统一的资源管理和调度，使得集群在利用率、资源统一管理和数据共享方面更胜一筹，同时还提供数据平台监控、任务监控、资源监控、系统监控等功能。

4. 数据计算

基于主流分布式计算框架，面向车间制造大数据特性设计开发高效的分布式计算算法与框架，主要包括分布式计算框架及流计算引擎。分布式计算框架基于 MapReduce 与 MPI（消息传递接口）计算模型，可进行并行计算，并利用物理机和虚拟机的监控信息，实现对计算资源的合理分配，支持对大量工作任务的灵活切分和分布式调度。流计算引擎是解决系统的实时性和一致性的高要求的实时数据处理框架，具备高可扩展性，能处理高频数据和大规模数据。

支持运行于分布式文件系统及分布式计算平台之上的分布式数据挖掘算法，包括逻辑回归、朴素贝叶斯分类及其分布式实现、频繁模式挖掘分析算法等。

5. 大数据应用层

面向车间生产实际需求，基于大数据平台的底层数据存储与计算框架开发面向企业生产管理的大数据应用。

大数据应用层包含各种不同的终端业务应用程序，可提供图表展示、联机分析处理（OLAP）、交互式分析统计、库存分析、计划调度、质量控制等大数据终端应用。同时大数据应用层提供开放平台应用程序接口。

9.2.2 大数据平台功能结构及核心技术

车间制造大数据平台的总体功能结构如图 9-3 所示，包括数据接入存储、数据导入导出、离线数据分析、数据查询、数据可视化、基础平台管理六大部分。

1. 基于 Nginx 的数据接入存储

Nginx 可随时拓展为集群，以适应高并发、高吞吐量的数据接入；可根据业务实现各类形式的负载均衡，将数据和压力合理分配到后端服务器上；可自定义数据字段格式并记录数据上传的附加信息（例如客户端信息）。基于 Nginx 的数据接入存储如图 9-4 所示。

2. 基于 Sqoop2 的数据高效导入导出

所有支持 Java 数据库连接（JDBC）的数据库（database）都可使用 Sqoop2 与 HDFS 进行数据交互；引入 Sqoop 服务器，对连接器（connector）实现集中管理，更安全；可实现 HDFS 到 RMBDS 的双向导入导出。基于 Sqoop2 的数据高效导入导出如图 9-5 所示。

3. 分布式文件存储技术

为应对智能生产车间未来日益增长的数据存储需求，基于服务器集群构建

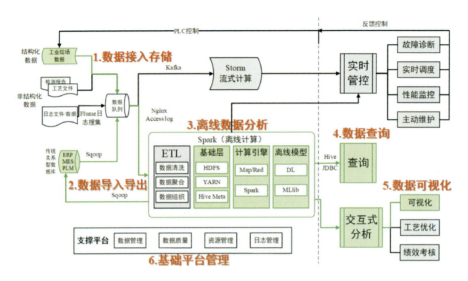

图 9-3　车间制造大数据平台的总体功能结构

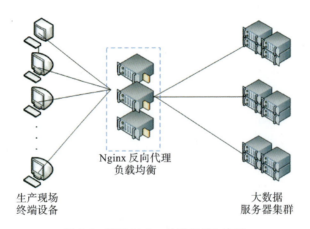

图 9-4　基于 Nginx 的数据接入存储

分布式文件存储系统，将集群内所有存储空间资源整合、虚拟化并对外提供文件访问服务。同时对海量结构化数据与非结构化数据进行有效组织，提供高效存储和查询方式。此外，分布式文件存储系统通过建立容灾备份机制，确保数据安全，确保重要数据的机密性和完整性，向各类服务对象提供可靠的服务。

HDFS 是 Hadoop 体系中数据存储管理的基础，是一个高度容错的系统，能检测和应对硬件故障，可在低成本的通用硬件上运行。HDFS 简化了文件的一致性模型，通过流式数据访问，提供高吞吐量应用程序数据访问功能，适用于带有大型数据集的应用程序。

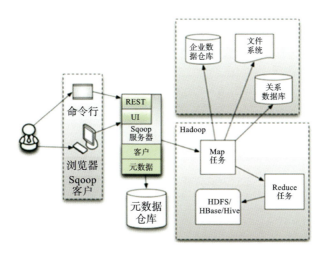

图 9-5　基于 Sqoop2 的数据高效导入导出

4. 分布式数据库技术

在海量多源异构数据的存储分析压力下,传统单一的关系型数据库显得力不从心。分布式数据库系统通常使用较小的计算机系统,每台计算机可单独放在一个地方,每台计算机中都可能有数据库管理系统的一份完整拷贝副本,或者部分拷贝副本,并具有自己局部的数据库。位于不同地点的许多计算机通过网络互相连接,共同组成一个完整、全局的逻辑上集中、物理上分布的大型数据库。

HBase 是一个针对结构化数据的可伸缩、高可靠、高性能、分布式和面向列的动态模式数据库。和传统关系数据库不同,HBase 采用了 BigTable 的数据模型——增强的稀疏排序映射表(key/value)。其中,键(key)由行关键字、列关键字和时间戳构成。HBase 提供了对大规模数据的随机、实时读写访问功能。同时,HBase 中保存的数据可以使用 MapReduce 来处理,它将数据存储和并行计算完美地结合在一起。

5. 分布式并行计算技术

对智能车间海量生产数据的分析挖掘需要强大的计算平台支撑,基于 MapReduce 的分布式并行计算能够保证稀有资源的共享,通过分布式计算可以在多台计算机上平衡计算负载,同时可以把程序放在最适合运行它的计算机上。针对不同应用需求,分布式并行计算可以分为离线计算、流式计算及内存计算。基于 MapReduce 的分布式数据分析框架如图 9-6 所示。

基于 Spark 机器学习库的分布式数据分析工具(见图 9-7)适合用于迭代式计算,可实现在集群上分布式运行算法。它主要分为两个包:面向 RDD(弹性分

大数据驱动的智能车间运行分析与决策方法

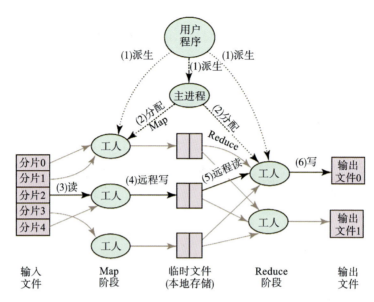

图 9-6 基于 MapReduce 的分布式数据分析框架

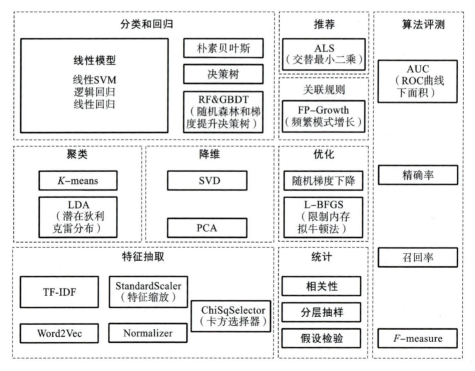

图 9-7 基于 Spark 机器学习库的分布式数据分析工具

布式数据集）编程的 Spark.mllib 和面向 DataFrame 编程的 Spark.ml。此外，它还提供了一系列工具，具体包括：算法工具，如常用的学习算法——分类、回归、聚类和协同过滤；特征化工具，如特征提取、转化、降维；管道（pipeline）工具，如用于构建、评估和调整机器学习管道的工具；实用工具，如线性代数优化、统计、数据处理等工具。

6. 数据仓库集成技术

数据集成系统的功能是将企业生产过程中产生的各类多源异构数据、静态及实时数据以高效安全的方式存储到大数据平台数据仓库中。从数据的结构维度看，存在结构化、非结构化等类型的数据；从数据源的时间维度来看，存在全量非实时数据和增量实时数据。平台基于对 Sqoop、Flume、MapReduce 等框架的深度封装、开发数据同步接口，以及数据清洗模块，构建面向车间制造的大数据集成系统。

1）结构化数据的集成

对于关系数据库中存储的数据源，例如企业目前已有信息化平台（如 ERP、MES 等）中的数据，采用 Sqoop 或者 ETL 工具将数据导入大数据存储系统中。基于 Sqoop、MapReduce 框架的开发与定制实现对 Oracle 11g、IBM DB2、MySQL 等数据库的数据向大数据平台的导入。Sqoop 的导入过程是分布式的，它作为 MapReduce 客户端，自动生成 MapReduce 任务，提交给 Hadoop 集群进行分布式并行数据抽取。Sqoop 可通过外部 JDBC 接口连接关系数据库，或者通过内置的 MySQL 连接器连接 MySQL 数据库。Sqoop 支持将数据导入 HDFS 和 HBase 中，或者将数据从 HDFS 和 HBase 中导出至关系数据库。

2）非结构化数据的集成

据统计，非结构化数据，例如系统运行中产生的大量日志数据，占数据总量的 80% 以上，并且保持高速增长的态势。针对数据源在文件系统上的数据（如 web/CDN 日志），开发基于 Flume 架构（见图 9-8）的可扩展、适合复杂环境的海量日志收集工具，支持以分布式方式从上百个产生日志的服务器采集日志到 HDFS 中。对于由 Apache Http 产生的或者 syslog 中的日志，则可以直接配置 Flume 进行采集。将数据从产生、传输、处理并最终写入目标路径的过程抽象为数据流，在具体的数据流中，数据源支持在 Flume 中定制数据发送方，从而支持收集各种不同的协议数据，实现 Flume 数据流对日志数据的简单处理，如过滤、格式转换等。

3）不同时间维度数据的集成

从数据源的时间维度来看，存在全量非实时数据和增量实时数据。数据的集成通过以下三种模式实现。

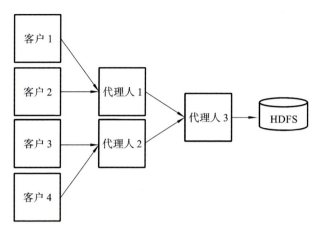

图 9-8　Flume 架构

（1）批量模式。批量模式用于已有信息化平台如 ERP、MES 等数据库中数据的迁移，将大量的基础数据和历史数据导入平台集群。通过封装 Sqoop 等工具将数据导入 HDFS 或 HBase 中；也可以将数据直接传入 HDFS，之后可以通过建立外表的方式对数据进行分析。

（2）增量模式。增量模式用于上线后将指定周期间隔（如每天、每小时或每 10 分钟）内的数据从关系型数据库导入平台。常用的有 Sqoop 增量导入模式。

（3）实时写入。对于增量实时业务数据，需要开发数据实时同步接口服务。根据业务和数据类型，定义数据接口。针对车间生产现场大数据量、高并发请求，采用 node.js 的 express 框架，借助于 node.js 处理输入/输出密集型业务的优越性能，开发安全、健壮、高效的数据接口服务。

7. 大数据平台监控与可视化

大数据平台资源可视化监控部分主要包括集群管理、服务管理、告警管理、系统管理等功能。服务管理包括域名服务、组服务、分布式同步等；告警管理包括查看告警、筛选告警、修改告警、管理告警组、管理通知等；系统管理包括查看已安装的服务和可安装的服务、服务版本、HDP 版本，创建账户等。

可视化交互式分析平台基于 Apache Zeppelin 开发（见图 9-9），它具有的 web 版数据分析和可视化工具可以接入不同的数据处理引擎，包括 spark、hive、tajo 等，原生支持 scala、java、shell、markdown 等，可以完成数据分析及可视化，能有效支撑智能工厂透明决策和智能管控。

9.2.3　大数据平台性能指标

1. 稳定性

稳定性是分布式系统最大的优势，因为它可以通过多台机器对数据及程序

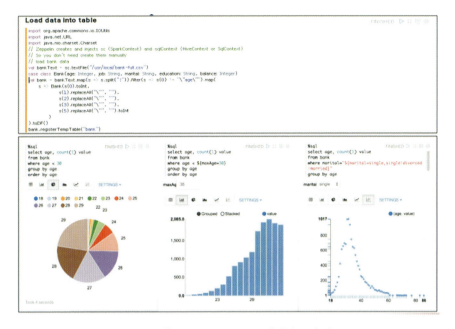

图 9-9　基于 Apache Zepplin 的数据可视化

进行备份以确保系统稳定。大数据平台应具有容灾备份机制,以冗余方式进行数据的备份,以备在系统崩溃、数据丢失的情况下仍有备份数据可以恢复。

2. 可扩展性

更大规模的集群意味着可以支持更大规模的应用、更大的并发度,以及对底层资源更好的共享。大数据平台采用平台化构建思想,可做到与底层多种硬件环境、操作系统、数据库的自由适配,保证系统在软件、硬件环境方面的灵活配置及未来的拓展应用。

采用基于 SOA(面向服务架构)思想的模块化设计,可根据需要进行灵活动态的模块扩充,并保证原系统环境不受影响。同时大数据平台提供开放的标准接口,可实现与外围业务系统的无缝集成应用,灵活扩展系统的业务应用范围。

3. 安全性

系统在关键信息资源使用、修改和删除等操作上一定要有严格的、多级的安全控制和审核机制,并将操作内容写入日志信息,从而防止非授权的数据访问。在整个系统中,对数据库、表单、视图进行逐级权限控制,并具有访问、操作日志记录等功能。

4. 快速响应性

在满足安全性的前提下,还必须保证系统的响应速度,以满足敏捷制造、精益生产的要求。

9.3 智能车间管控系统功能模块设计与实现

智能车间管控系统硬件布局如图 9-10 所示。其中，数据库基于大数据平台的 Hive、Spark、MySQL，使用一个主数据库接受所有写操作，使用一个从数据库处理所有查询操作，从而实现负载均衡；web 服务器采用互联网信息服务(IIS)等作为容器，MES 的配置网页将会发布在这台服务器上；FTP 文件服务器存储 MES 中所有需要保存的文件，存储的路径会反馈给 MES；产线上采用平板电脑(pad)作为客户端(Windows、安卓系统)。

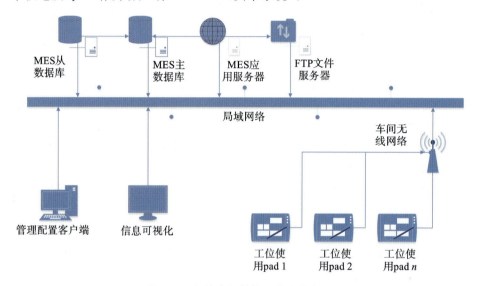

图 9-10　智能车间管控系统硬件布局

智能车间管控系统软件架构如图 9-11 所示。管控系统在基础功能模块的基础上增添了车间制造数据的抽取与预处理、数据关联关系分析、车间运行性能预测、车间运行过程调控与智能车间可视化等决策功能模块。下面将对智能车间管控系统的软件架构进行详细介绍。

9.3.1　基础功能模块

为适应车间生产实际需求，智能车间管控系统必须具备一些基础功能，涉及智能车间的基础数据管理、物流信息管理、作业计划管理、车间现场管理、生产质量管理、成品计划管理、设备管理、工装管理等。

基础数据管理模块包括生产车间中各类基本信息的管理，这些信息主要有车间信息、产线信息、工作中心信息、工序信息、工位信息、班组信息、质量项信

第 9 章 基于大数据平台的智能车间管控系统及其应用

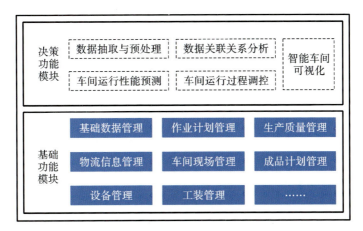

图 9-11 智能车间管控系统软件架构

息、过程参数信息、物料数据信息、产品信息、工艺路径信息等。

物流信息管理模块包括入库订单管理、收货管理、物料出库单管理、库存明细管理、出入库记录查询、库存盘点等功能。

作业计划管理模块包括生产订单的接收与调整、生产计划的调整与跟踪、物料需求预测等功能。

车间现场管理模块包括工单任务管理、工单任务核销、生产测试数据读取、生产返工/冻结/报废管理、物料上线扫描、现场任务监控、员工工时管理、设备工时管理等功能。

生产质量管理模块包括异常处理、质量检验、质量追溯、质量检测结果查询等功能。

成品计划管理模块包括成品入库、产品报废、产品报工等功能。

设备管理模块包括设备信息管理、设备保养计划设定/执行、设备状态监测、维修管理、寿命预测等功能。

工装管理模块包括工装配置、出入、保养、监控等功能。

9.3.2 数据抽取与预处理模块

数据抽取与预处理指从制造系统的 MES、ERP 等源数据系统抽取车间调控所需要的数据,例如:产品订单数据、工序执行数据和设备状态数据等。其中产品订单数据来自 ERP 数据库,工序执行数据和设备状态数据来自 MES 数据库。本模块基于定时增量式抽取方式,定期从系统中抽取工期数据。在数据抽取与存储过程中,通常会出现空缺值与异常值。根据前面介绍的数据预处理方法,针对数据的空缺值、异常值,设计多级数据预处理机制,实现工期数据的预处理。

9.3.3 数据关联关系分析模块

数据关联关系分析模块的主要功能结构如图 9-12 所示,主要功能包括工期数据转换、工期参数关联关系分析和关键参数滤取。其中,工期数据转换主要实现本模块和数据抽取与预处理模块的数据交互,并在此基础上实现从 MES 中的 Lot Transaction 数据到工期调控所用数据的转换。工期参数关联关系分析采用信息熵方法实现对候选参数和工期之间的关联关系分析。关键参数滤取主要实现关键参数的滤取,得到关键参数子集。

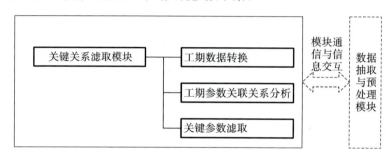

图 9-12 数据关联关系分析模块的主要功能结构

9.3.4 车间运行性能预测模块

智能车间中的运行性能预测模块主要包括以下三方面。

(1) 产品工期预测。首先分析生产过程中多工序之间的时间传递效应,并考虑动态环境下传递效应的复杂多样化特性,最后采用面向产品工期的智能预测算法,预测产品完工时间,辅助生产决策。

(2) 产品质量预测。考虑生产流程工艺复杂、生产环境动态多变、产品质量影响因素众多的特点,基于生产制造过程参数影响分析及优化策略,采用质量预测算法,实现产品质量的智能预测。

(3) 设备故障预测。考虑生产中复杂多变的工况导致传统的设备故障预测方法失效,基于自适应迁移的设备故障预测方法,实现设备故障的准确预测,以确保生产平稳安全运行。

9.3.5 车间运行过程调控模块

智能车间中的运行过程调控模块是在车间制造数据关联关系分析模块及运行性能预测模块基础上展开的。其主要功能为结合生产情况及预测信息,采用状态调控算法,根据各因素之间的作用关系、各因素的影响程度等信息,对车间生产涉及的各个影响因素进行智能化调控,最终实现车间运行的提质、增效、降本。

9.3.6 智能车间可视化模块

车间/产线现场看板集成显示来自设备管理、计量仪表管理、物资管理、车间制造执行管理等系统的数据信息,对整个车间的每日生产进度和过程进行监控和显示,并可以按周、月、班组显示相应评价、统计分析和管理信息。可以在生产现场设置多个大屏幕显示器,生产的信息变化无一疏漏地展现在大屏幕上,生产现场和办公室都能一目了然,实现可视化生产现场管理。

基于车间生产运行实时数据,可视化模块采用大数据日志收集系统 Flume 等,实时获取终端数据,经 kafka 等消息系统处理提交到大数据实时处理系统 Storm 等。对关键工位关键设备健康度状况实时监控、预测,并将实时数据及走势以多种图表的方式展示到车间看板或者工位终端可视化设备(见图 9-13)。

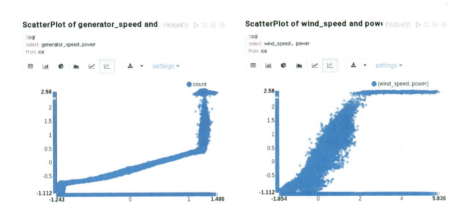

图 9-13 车间运行状态可视化

车间看板系统主要显示计划执行过程、物料、质量、工艺等方面的以下关键信息:

(1) 作业计划进度、完成比例;

(2) 车间每日排程计划;

(3) 车间班组班次及在班人员信息;

(4) 车间每一道工序上线和完工件数(可以设置某工序的产能信息,用来对比分析是否超负荷);

(5) 生产过程中的不合格品统计(可按日、按周、按月);

(6) 车间关键设备资源占用情况;

(7) 其他公告、管理、评价等相关信息。

关键工位设备健康度状况监控及可视化展示主要基于设备状态数据的实时计算分析，监控设备状态，并实时生成图表，投射到车间大屏幕或者工位终端。

关键工艺环节生产质量实时监控与可视化展示主要基于生产质量数据实时采集、计算与分析，实现关键工艺环节生产质量数据可视化。

9.4 晶圆制造车间应用案例

半导体集成电路产业作为信息产业的基础和核心，是关系国民经济和社会发展全局的基础性、先导性和战略性产业，是提高产品质量，改造和提升传统产业的核心技术。

本节以半导体晶圆制造车间为具体工程背景，在大数据处理的基础上，在晶圆制造工期预测与调控、晶圆制造设备故障预测与诊断、晶圆制造质量预测与控制三个应用场景中，介绍大数据驱动的智能车间运行分析与决策具体案例。

9.4.1 晶圆制造车间对大数据应用的需求

集成电路的应用领域覆盖了几乎所有的电子设备，并且它具有推动作用强、倍增效应大的特点，对诸如计算机、家用电器、数码电子、自动化、通信、航天等产业的发展意义重大。目前，发达国家的信息产业产值已占其国民经济总产值的40%~60%，国民经济总产值增长部分的65%与集成电路有关。而在我国，集成电路行业在国民经济中的地位也不断提升，其销售产值在2011—2014年基本保持了5%~10%的稳定增长，工业产值在国内生产总值中所占的比重也持续提升。据国家统计局统计，2014年我国共生产了集成电路1015.5亿块，同比增长12.4%；集成电路行业实现销售产值2915亿元，同比增长8.7%。因此，半导体制造业对国民经济的发展具有举足轻重的战略意义。

在全球半导体产业前景向好的大环境下，中国的半导体产业正在飞速发展。从半导体制造厂情况来看，2014年中国集成电路产业销售额为3015.4亿元，同比增长20.2%。中芯国际(SMIC)的8英寸线、台湾积体电路制造股份有限公司(TSMC)的松江厂、华虹半导体的工厂等，2014年都接近满产。2014年6月发布的《国家集成电路产业发展推进纲要》提出，到2015年建立与产业发展规律相适应的融资平台和政策环境，集成电路产业销售收入超过3500亿元，32/28 nm制造工艺实现规模量产；2020年移动智能终端、网络通信、云计算、物联网、大数据等重点领域集成电路设计技术达到国际领先水平，产业生态体系初步形成，16/14 nm 制造工艺实现规模量产；2030 年产业链主要环节达到国际先进水平，一批企业进入国际第一梯队，实现跨越发展。然而，必须正视的现状是，我国半导体产业产值虽然大幅攀升，但是整体竞争力并不强，从制造工艺的角度来看，无法跟上工艺节点的进步速度，显然已被隔离在第一阵营之外。所以 2016—2020 年的"十三五"规划期间，我国半导体产业政策发展方向从追求产能与产值的增长，转变为先进技术与先进产能研发能力的提升，逐步培育出一批具有技术创新能力且有相当全球市场占有率的半导体企业。这对我国半导体生产技术改进提出了更高的要求。

半导体制造产业链主要包括晶圆片制备(wafer preparation)、晶圆制造(wafer fabrication)、晶圆检测(wafer probe)、封装(assembly and packaging)和最终测试(final testing)五个主要阶段。其中，晶圆制造是半导体集成电路产业的核心和基础。它基于薄膜工艺、图形化工艺、掺杂工艺、热处理工艺四种基本工艺，通过大量的工艺顺序组合和工艺变化在晶圆表面上和表面内制造出满足特定功能的半导体器件。在晶圆制造阶段，车间的知识、技术和资金最为密集，加工周期最长，具备典型的大规模复杂特性。此外，晶圆制造还具备高价值密度运行特性。因此，通过运行分析与决策来提高晶圆制造车间的运行性能，对提高半导体企业的行业竞争力具有重要工程意义。

晶圆制造车间的运行性能具备多维特点，在设备维包括机台平均失效前时间(MTTF)、平均故障间隔时间(MTBF)、设备利用率和工序良率等性能；在产品维包括电子性能、晶圆良率、成品良率和测试寿命等性能；在系统维包括库存水平、晶圆 lot 工期、设备空载率和等待队列长度等性能。在以上运行性能中，系统维的晶圆 lot 工期、产品维的晶圆良率与设备维的设备可用性得到了广泛关注。

(1) 系统维性能——晶圆 lot 工期。在动态多变、竞争激烈的半导体制造业市场环境中，半导体企业面临着不断缩短晶圆产品交货期、提高晶圆的按期交付率等要求，晶圆制造中晶圆 lot 的准时交付问题一直是晶圆车间运行优化的重点。在对国内某晶圆制造企业的订单处理流程(见图 9-14)展开调研之后，我们发现围绕提升晶圆的准时交付率这个主题，存在两个研究问题：对晶圆 lot 的完工时间进行预测；在准确预测的基础上，对拖期晶圆的完工时间进行调控，从而使得晶圆满足交期要求。

在晶圆制造这样系统规模大、在制品数量多、工序多、工期长、工艺繁、品种多且高度信息化的制造系统中，晶圆 lot 的工期预测与调控问题是一个求解空间大、工艺与环境约束复杂的预测与优化问题。传统的工期预测方法大多依赖于人工取得的先验知识。可是在产品工艺高度复杂的情况下，人工经验的获取

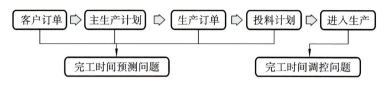

图 9-14　某晶圆制造企业订单处理流程

需要大量的时间积累与事件经历,完整而系统的先验知识难以得到;且在工艺更新和产品换代速度快、车间环境动态性强的晶圆制造系统中,人工经验得到的先验知识难以准确描述车间的实时状态,基于经验的工期预测方法缺乏对动态事件的敏感性,难以取得良好的效果。在晶圆车间的工期调控中,传统的方法大多依赖于事物之间的因果关系建立车间的运行描述模型,并设计高效的算法进行生产调控,而在大规模的晶圆制造中,建立精准的系统描述模型难以实现。

(2) 产品维性能——晶圆良率。晶圆制造具有生产周期长、工艺复杂和产品价值迅速积累等特点,制造过程中容易产生质量不合格晶圆,导致生产价值的流失。这是造成半导体企业运作风险的主要因素之一。在半导体制造业,通常用晶圆良率表示在晶圆片通过晶圆制造阶段后,能够在晶圆针测阶段满足晶圆功能要求的晶粒比例,并依据晶圆良率对晶圆制造过程质量进行改进,以提高半导体企业产能与竞争力。因此,晶圆良率对半导体企业的竞争力具有决定性影响。

由于晶圆制造阶段具有较长的生产周期,晶圆良率数据的获取相对于晶圆制造过程具有明显的滞后性。这种滞后性使得企业无法实时发现晶圆制造过程中的质量问题,不能及时停止发生问题的晶圆批次的加工,导致了生产价值在问题晶圆批次上的无效累积与流失。并且,这种滞后性也不利于企业对晶圆制造过程的质量控制,企业无法及时发现质量问题的根本原因并做出响应,导致质量问题可能发生在连续多个晶圆批次上,造成生产价值的更大流失及产能下降。半导体企业普遍通过晶圆制造过程采集的质量监控数据,对晶圆良率数据进行实时预测,以实现晶圆制造问题的及时发现、晶圆产能的正确评估。因此,基于质量监控数据的晶圆良率准确预测,对提高半导体企业竞争力具有重要意义。

(3) 设备维性能——设备可用性。由于晶圆制造车间的设备十分昂贵,加之机台折旧系数大,因此晶圆制造设备的使用率成为了晶圆制造系统的核心性能指标之一。目前,先进晶圆制造企业均已引入先进过程控制技术来保证半导体制造机台的成品率。先进过程控制技术是综合利用历史数据和实时数据,判断机台/车间的运行状态并进行优化控制的一种技术。它通过对半导体制造机台进行自动过程监视和优化控制,保证生产过程有序进行,确保生产过程的稳定性、设备利用率和产品良率,有效降低企业的运作成本。

综合以上分析,晶圆制造车间运行分析与决策的主要任务,就是利用车间运行过程中采集的晶圆制造车间状态数据、晶圆质量监控数据与机台过程数据等具备大数据特性的数据资源,优化订单完工期、晶圆良率与设备可用性等晶圆制造车间的多维性能。由此产生了晶圆制造车间运行分析与决策的三个关键问题:

(1) 如何基于系统运行大数据准确预测与优化批次完工期?

(2) 如何基于质量监控大数据在线准确预测晶圆良率?

(3) 如何基于设备运行大数据在线准确侦测设备异常并反馈控制?

9.4.2 晶圆制造车间大数据的来源与特点

随着科学技术的发展,在高度自动化的基础上,晶圆制造车间内广泛布置了各类传感器来获得多种数据资源(其特点见表 9-1),为上层信息系统提供支持。

1. 晶圆制造车间大数据的来源

按照数据来源,晶圆制造车间的数据包括系统运行相关数据、产品质量相关数据与设备可用性相关数据。

1) 系统运行相关数据

(1) 晶圆制造系统运行状态数据,如整个系统的在制品水平、库存水平、系统的拥堵和饥饿水平等数据。

(2) 晶圆制造计划与派工数据,如设备机台的等待队列长度、设备的利用率、设备区域的分派规则等数据。

(3) 晶圆产品特性数据,如晶圆产品的优先级、产品的工艺路线、产品每道工序的加工时间、产品的拖期情况等数据。

表 9-1 晶圆制造车间的数据特点

数据类别	量纲	数据形式	参数量级	数据量级	产生速度
生产设备状态	%、h	统计模型	10^4 个	10^6 条	10^4 条/月
物流系统状态	%、m/s、个	统计模型	10^2 个	10^5 条	10^3 条/月
在制品状态	个、%	统计模型	—	10^5 条	10^3 条/月
订单状态	个、h	统计模型	10^2 个	10^6 条	10^4 条/月

2) 产品质量相关数据

(1) 晶圆在各个机台接收加工时采集的机台数据,如机台内的温度、空气湿度、刻蚀液酸碱度等数据。

(2) 晶圆在由若干机台组成的加工单元中进行加工后,通过测量设备获取的物理测量数据与缺陷分布数据,如薄膜厚度、刻槽深度、金属线宽、厚度均匀性等测量数据与缺陷密度、缺陷尺寸、缺陷集聚特性等缺陷分布数据。

(3) 晶圆制造结束后,通过对晶圆片的线边测试获取的 WAT 数据,包括电流、电压、电阻等。

(4) 通过对 WAT 的晶圆片进行针测获取的针测数据,包括二极管阈值、击穿电流等。

这些产品质量相关数据反映了晶圆制造过程中的加工质量情况,影响着最终的晶圆良率。

3) 设备可用性相关数据

(1) 生产实绩监控数据,包括移动量(move)、在制品(WIP)、最终产出量(wafer out)等。

(2) 生产设备状况监控数据,包括设备利用率(OEE)、设备小时加工片数(WPH)、设备能力效率等。

(3) 过程参数监控数据,包括工序在生产时所需要的各种参数,如温度、酸碱度、压力等。

2. 晶圆制造车间大数据的特点

以国内某知名半导体制造企业晶圆制造车间中某种已投入量产的晶圆类型为例,由于晶圆制造具有生产周期长、工艺复杂、重入流多等特点,制造过程中采集的质量监控数据的特点如表 9-2 所示。

表 9-2 某量产晶圆制造过程中的质量监控数据特点

数据类别	量纲	数据形式	参数量级	数据量级	产生速度
机台数据	℃ % pH	统计模型	10^4 个	10^6 条	10^4 条/月
测量数据	nm μm mm cm	统计模型	10^2 个	10^5 条	10^3 条/月
缺陷数据	—	图形	—	10^5 条	10^3 条/月
电性数据	Ω、V、A	统计模型	10^2 个	10^6 条	10^4 条/月
针测数据	Ω、V、A	数值	10^2 个	10^6 条	10^4 条/月

9.4.3　晶圆制造车间大数据处理与分析

晶圆制造车间运行分析与决策需要满足晶圆制造工期预测与调控、晶圆良率预测、机台先进过程控制等多方面的业务需求。虽然这些业务在具体应用需求上存在差异，但是它们之间存在着明显的数据交互，如设备运行数据既可以用于设备异常侦测与分类，也可以用于晶圆良率预测。同时，它们都基于大数据处理分析与应用流程，满足具体业务需求。因此，在晶圆制造车间中，针对从机台监控系统、车间信息系统、历史数据库等对象中获取的海量多源异构晶圆制造车间大数据，首先依据本书第 4 章介绍的车间大数据融合体系构建统一的大数据处理与分析平台。平台为晶圆制造车间大数据提供通用预处理技术，构建晶圆制造车间大数据仓库，同时还针对不同性能优化问题提供专用预处理技术，满足具体业务的数据需求。在此基础上，应用层根据不同应用场景，依据本书第 5~8 章的内容进行车间制造大数据的特征提取、关联分析、预测与调控，进而完成机台异常侦测与分类、订单交货期调控、晶圆良率预测等具体业务的开发，形成如图 9-15 所示的集对象层、数据层、应用层为一体的晶圆制造车间大数据处理方法体系，满足晶圆制造企业定制化业务需求。

1. 设备原始数据通用处理模块

对于以数据为中心的应用系统，数据的收集和数据质量对决策的质量至关重要。利用大数据分析基本原理实现设备运行数据的一般性处理方法，首先从机台、监控系统、信息系统及历史数据系统中进行数据提取，形成设备数据集合，然后进一步对该数据进行筛选、过滤、降噪、去重、异常点处理、归一化等操作，可为构建数据仓库提供纯净、可用的数据。晶圆生产过程是一个持续过程，该过程产生的数据是一组有序、大量、快速、连续到达的数据序列。因此，采用基于流处理技术的数据传输与采集方法，联网获取生产线上设备的实时监测数据。由于在生产过程会出现各种各样的异常状况，在这些异常状况下采集到的数据不能客观准确地反映生产过程的基本特征，因此需要对原始数据进行必要的取舍，制订监控参数的筛选机制，重点关注核心设备参数。同时，不同过程变量，如温度、质量、压力等具有不同的量纲；绝对数值大小差异很大，要将所有变量的测量结果共同计算，要求所有变量具有同等的重要性，因此需要对每个变量进行标准化处理，从而满足后续数据分析、设备监控的数据共享要求。其中，数据筛选和过滤基于链表搜索算法实现，数据降噪基于移动平滑平均降噪算法实现；数据去重基于并行 M-R 过程的去重算法实现；缺失值基于移动均值进行处理；异常点处理基于 6σ 规则的奇异数据剔除算法实现；流数据基于 Spark Stream 进行处理。

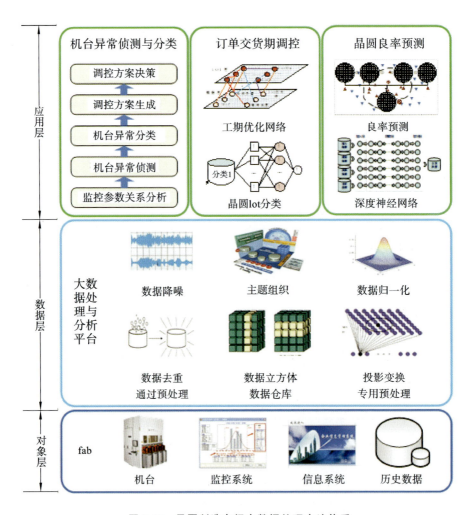

图 9-15　晶圆制造车间大数据处理方法体系

2. 分布式机台数据仓库模块

从晶圆制造生产线上采集或从历史数据库中查询到的原始数据是按照设备或某种数据类型组织的,仅反映了某一方面的特性,不能立即用于统计分析和控制。另外,晶圆生产过程中的各项技术指标、生产数据、控制参数相互关联、相互制约、相互影响。因此,针对数据来源多样和相互关联的特点,采用基于列存储和关系管理的统一数据服务,为上层应用提供可靠数据来源。利用基于分布式文件系统 HDFS 的数据文件存储方法,实现大量数据的有效存储和快速读取;使用 ETL 工具实现由传统的 SQL 数据库向列存储数据库转化,有效、可靠地存储生产过程数据及其相互间的关联关系,构建机台数据立方体,设计数据仓库建立准则,建立按主题组织的机台制造数据仓库,通过机台制造数据立方体描述方法对数据进行描述,通过基于主题的数据组织方法对数据进行组织;将单一查询在异构系统和数据库中进行分解,按照数据间关联关系将查询请求合理地优化分解为子查询任务,分配到各数据库节点中执行,最后将查询结果进行组合筛选,返回合理的查询结果;在此基础上进行数据整合,提供数据查询与引用,对机台运行数据进行科学、高效的管理,实现数据库间无障碍数据交互,提高数据库使用效率。

3. 机台数据专用预处理模块

根据具体算法对数据的要求,在数据仓库的基础上,视具体情形开发基于并行处理的数据快速筛选、打包方法,归一化方法,平顺化方法等,为上层业务逻辑提供有效数据。典型处理算法有数据条件筛选、数据归一化、数据平顺化、数据投影与数据映射等。

9.4.4 大数据驱动的晶圆加工车间智能管控系统

1. 晶圆制造工期预测与调控

晶圆制造工期预测与调控方法体系如图 9-16 所示。

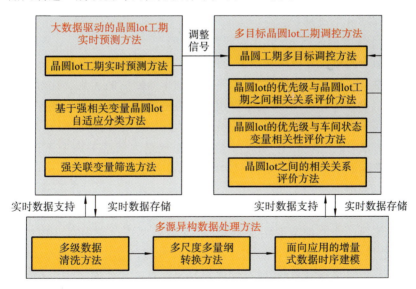

图 9-16 晶圆制造工期预测与调控方法体系

1)多源异构数据处理方法

针对晶圆车间在运行过程中产生的制造数据具有的海量、高维、多源异构、多尺度、高噪声等特性,考虑这些数据难以直接用于运行过程的分析决策,在对晶圆生产过程进行充分的调研,熟悉生产流程与工艺,获取相关数据,设计数据采集与处理方案的基础上,根据本书第 4 章所提供的数据融合方法,构建晶圆车间环境下的制造数据处理方法。针对晶圆制造中的数据海量特性,设计基于规则的数据清洗方法;针对晶圆制造中的数据多尺度特性,设计基于指数平滑的多尺度转换方法;针对晶圆 lot 工期预测等应用,设计数据抽取与建模方法。

2) 晶圆订单交货期预测方法

为了提高晶圆订单交货期的预测准确性,根据本书第 7 章所提供的预测方法,构建一种基于车间性能统一评价方法的分层描述模型,实现对晶圆车间整体和局部性能的精确描述。通过将车间的动态时序数据输入晶圆车间仿真系统来预测未来晶圆车间的性能。构建基于性能预测的晶圆投料自适应生成方法,来实现晶圆车间的平顺化生产并提高晶圆车间的设备利用率。构建基于自适应投料策略的晶圆订单交货期定界方法,实现对晶圆订单交货期的精确预测。

强关联变量筛选:基于信息熵理论,设计所有的候选变量与交货期之间的关系评价方法,并根据关联性强弱进行强关联变量筛选。晶圆 lot 分类:根据强关联变量,设计自适应 FCM 算法对晶圆 lot 进行聚类。晶圆 lot 工期预测:根据分类的结果,针对每一类晶圆 lot 集合,设计 BPN 算法,以强关联变量为输入,预测晶圆 lot 的工期。

3) 基于预测的晶圆 lot 完工时间调控方法

在晶圆车间运行分析的基础上,将晶圆车间性能的预测值与目标决策值进行实时比对,以"预测+调控"的决策模式实现车间性能的优化。针对晶圆制造过程呈现出的统计复杂性,从而难以用数学模型精确描述制造过程参数与产品质量间的因果关系,依据本书第 8 章所提供的调控方法,构建晶圆 lot 之间关联关系评价方法,以及晶圆 fab 可控变量与状态变量之间的关联关系评价方法。考虑基于车间成本的调控驱动机制和多目标晶圆 lot 工期调控方法,构建晶圆工期多目标调控方法。

2. 晶圆制造质量预测与控制

以本书第 7 章的预测方法为基础,根据晶圆制造过程中所获取的机台数据、测量数据、缺陷数据、电性数据等质量监控数据与晶圆良率数据,构建大数据驱动的晶圆良率预测模型,通过深度学习过程对这些数据间的相互作用机理进行逐层学习。基于这些数据之间的相互关系,实施方案如图 9-17 所示。

1) 晶圆加工质量监控数据处理模块

该模块(见图 9-18)为晶圆良率预测模型提供训练历史数据与在线预测机制。针对晶圆质量监控历史数据,参照本书第 4 章介绍的车间制造数据融合方法,构建晶圆特征尺寸模型与晶圆制造工艺过程模型,通过基于特征尺寸与工

第 9 章 基于大数据平台的智能车间管控系统及其应用

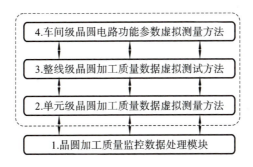

图 9-17　晶圆制造质量预测与控制实施方案

艺过程模型相似性的质量监控数据聚类分析过程,实现晶圆制造过程的分类,获取不同类型质量监控历史数据。根据晶圆制造不同发展阶段,建立数据筛选窗口大小的自适应调整机制,通过新数据导入与旧数据淘汰过程,不断获取晶圆良率预测模型有效训练数据。基于有效训练数据构建深度神经网络,在网络节点权值初始化的基础上,为网络各隐含层预定义时间点,在对应时间点通过训练数据集的划分、节点权值的反馈调节与对节点权值取平均值,实现逐层训练。设计基于嵌入式数据结构与缺省完备机制的预测方法,基于历史数据对晶圆制造过程中的缺省数据进行期望值分析与补充,实现晶圆质量监控数据的在线预测。

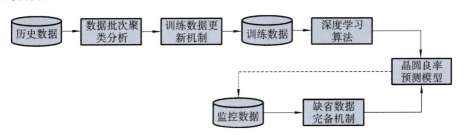

图 9-18　晶圆加工质量监控数据处理模块

2) 单元级晶圆加工质量数据虚拟测量方法

该方法(见图 9-19)主要实现机台数据与测量数据、缺陷数据的关联。针对机台过程数据,依据本书第 5 章介绍的车间时序制造数据特征提取方法,在构建机台过程数据的批次序列模型的基础上,通过对机台过程数据、晶圆良率数据的相关性分析,完成机台过程数据的融合与特征提取。针对晶圆制造单元内的机台数据、测量数据与缺陷数据构成的历史数据,依据本书第 6 章介绍的车间制造数据关联关系分析方法,构建基于机台特征数据对单元级质量数据的聚类分析模型,然后基于各类机台特征参数与晶圆良率数据的相关性系数对单元制造过程进行相似性分析,最后基于实例之间相似性通过邻近算法实现单元级

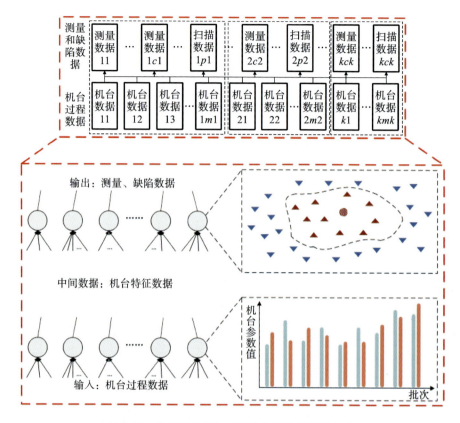

图 9-19 单元级晶圆加工质量数据虚拟测量方法

质量数据的虚拟预测。

3) 整线级晶圆加工质量数据虚拟测试方法

该方法(见图 9-20)主要实现测量数据、缺陷数据与电性数据的关联。针对晶圆缺陷数据,依据本书第 6 章介绍的车间制造数据关联关系分析方法,构建缺陷数据的晶圆片空间分布模型,完成基于空间模型相似性的缺陷数据聚类分析,实现缺陷数据分布模式挖掘与识别,获取缺陷数据对不同分布模式的隶属度。针对测量数据、缺陷数据与电性数据构成的历史数据,在对缺陷数据分布模式、测量数据的量纲归一化的基础上,构建基于 sigmoid 函数的晶圆电性数据回归分析模型,实现对制造过程结束后晶圆的虚拟测试。

4) 车间级晶圆电路功能参数虚拟测量方法

该方法(见图 9-21)主要实现电性数据与晶圆良率数据的关联。分析晶圆电性测试数据与晶粒针测数据间的相关性,构建晶粒针测各参数的线性回归系数学习模型,实现对晶粒针测数据的准确预测。针对晶粒针测数据与晶圆良率数据构成的历史数据,构建基于实数阈值与逻辑判断的晶粒功能性评价模型,

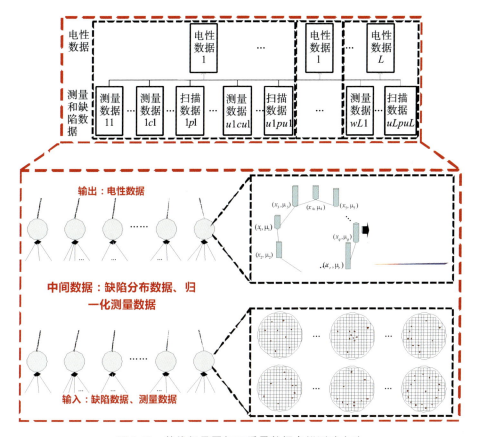

图 9-20　整线级晶圆加工质量数据虚拟测试方法

对各项晶粒针测数据进行评价,并通过基于晶粒针测数据与晶粒功能性评价模型的晶圆良率数据 Logit 回归分析,实现晶圆晶粒针测数据与晶圆良率数据的关联。

3. 晶圆制造设备故障预测与诊断

晶圆制造设备故障预测与诊断方法体系如图 9-22 所示。

1) 面向海量数据的机台制造数据仓库构建方法

晶圆在生产线上的生产过程是多资源耦合的过程,其中涉及的物料、设备、工艺、人员等信息庞杂,数量繁多。为实现对生产线数据的有效采集,保证生产过程信息的实时、准确获取与传输,依据本书第 4 章介绍的车间制造数据的融合方法,首先需要对机台制造数据仓库构建方法展开研究。通过对采集参数的筛选和生产线上机台数据的预处理,剔除冗余数据;通过多源数据整合方法,融合不同来源的数据,维护数据的一致性;从而为后续分析提供标准化、可靠、可复用的数据资源。主要研究内容如图 9-23 所示。

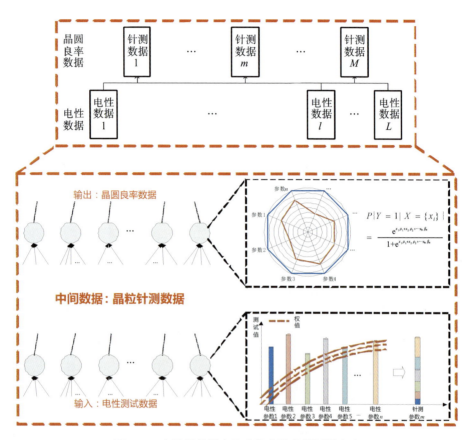

图 9-21 车间级晶圆电路功能参数虚拟测量方法

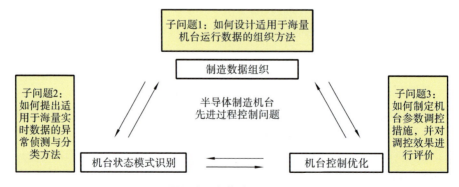

图 9-22 晶圆制造设备故障预测与诊断方法体系

基于大数据分析的机台数据通用处理方法：根据大数据分析的原理，构建机台运行数据的一般性处理方法，实现机台运行数据的筛选、过滤、降噪、去重、异常点处理、归一化等，为构建数据仓库提供纯净、可用的数据。其中，数据筛

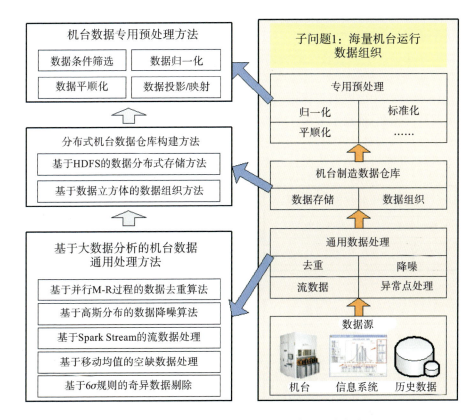

图 9-23 海量机台运行数据组织的主要研究内容

选和过滤基于链表搜索算法实现,数据降噪基于移动平滑平均降噪算法实现;数据去重基于并行 M-R 过程的去重算法实现;缺失值基于移动均值进行处理;异常点处理基于 6σ 规则的奇异数据剔除算法实现;流数据基于 Spark Stream 进行处理。

分布式机台数据仓库构建方法:对经过初步处理的数据,构建基于分布式文件系统 HDFS 的数据文件存储方法,实现大量数据的有效存储和快速读取;根据机台数据立方体的构建方法,设计数据仓库建立准则,建立按主题组织的机台制造数据仓库。通过基于 HDFS 的数据分布式存储方法对数据进行存储,通过机台制造数据立方体描述方法对数据进行描述,通过基于主题的数据组织方法对数据进行组织。

机台数据专用预处理方法:根据具体算法对数据的要求,在数据仓库的基础上,视具体情形构建基于并行处理的数据快速筛选、打包方法,归一化方法,平顺化方法等,为上层业务逻辑提供有效数据。典型处理算法有数据条件筛选、数据归一化、数据平顺化、数据投影与数据映射等。

2) 海量数据驱动的实时异常侦测与分类方法

在晶圆生产过程中,由于生产设备、物料及操作等各方面因素的影响,生产过程中存在很多不确定的因素,影响生产的效率和质量。如果仅仅通过人工观察和判断,难以满足即时、高效的要求。并且,随着机台、工艺、技术的不断更新,生产线运行中面临的不确定因素也在发生变化,需要对线上机台控制方式做出调整。因此,依据本书第 7 章介绍的车间制造数据预测分析方法,构建晶圆制造生产线实时异常侦测与分类方法,在满足实时性的要求下,对数据进行分析,智能判断机台运行情况。主要研究内容如图 9-24 所示。

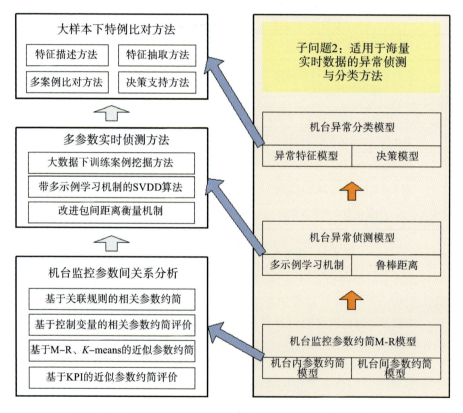

图 9-24　实时运行数据异常侦测与分类方法的主要研究内容

基于数据挖掘的机台监控参数间的关系分析方法:构建机台监控参数的分类、组合和管控方法,挖掘控制目标的特性,建立组合 KPI,精简过程图数,实现制造设备和生产过程的直观呈现和有序管理,并为下一步的异常侦测和分类提供数据支持。通过基于关联关系挖掘的机台内相关参数组合方法和基于无监督 K-means 聚类的机台间类似参数组合方法,实现参数关联关系分析;通过监控变量评价方法选择变量,通过 KPI 评价方法分析合并的有效性。

· 246 ·

基于多示例学习机制的异常侦测方法：从大量机台数据中筛选异常信息，即时监测和分析设备和制造过程的状态，发现设备异常、产品缺陷或制造系统的异常状况，并转交异常分类模型进一步处理。构建大量历史数据中的训练数据筛选方法，选择合适的训练数据；构建基于多示例学习 SVDD 的异常侦测方法，实现异常侦测。

基于历史数据特征匹配的异常分类方法：构建大数据背景下的异常数据分类方法，从大批量、低密度、多类型数据中，通过模型提取数据特征片段，与既往异常数据进行模式匹配，对设备运行异常数据进行分类，辅助晶圆制造车间先进过程控制系统决策。构建异常特征分段抽取方法，得到异常特征；构建异常特征表示方法，描述特征信息；构建并行化异常模式匹配方法，实现异常分类。

3）基于预测-反馈的机台参数优化及评价方法

通过对以往历史数据和案例的挖掘分析，针对侦测到的异常生成调控方案，建立评价体系，通过仿真的方式对方案进行评价，进行方案决策。具体研究内容如图 9-25 所示。

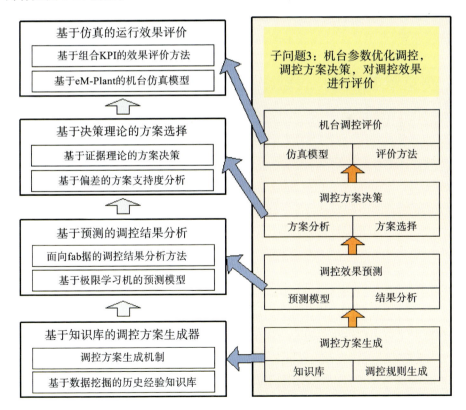

图 9-25 参数优化及评价方法的主要研究内容

调控方案生成：通过数据挖掘方法建立历史经验知识库，为调控方案生成提供原始方案来源。利用调控方案生成机制生成调控方案。

调控结果分析：通过建立基于极限学习机的预测模型，实现对调控方案性能的预测；利用已知 fab 数据对调控结果进行对比分析。

调控方案选择：使用基于偏差的方案支持度分析法和基于证据理论的方案选择决策方法，决定最终采用的调控方案。

运行效果评价：通过建立 eM-Plant 模型对调控方案运行效果进行仿真分析，建立组合 KPI 对效果进行评价。

9.5　本章小结

本章介绍了智能车间大数据平台及管控系统的总体架构设计，并对其中的关键模块及核心技术进行了展开介绍。以晶圆制造车间为应用对象，在分析晶圆制造车间大数据应用需求的基础上，构建了晶圆制造大数据平台，设计了包括晶圆制造工期调控、加工设备故障预测诊断、加工质量预测控制的运行分析与决策系统，展示了大数据驱动的晶圆制造车间智能决策案例。

本章参考文献

［1］　LAWTON G. Developing software online with platform-as-a-service technology[J]. Computer, 2008, 41(6): 13-15.

［2］　GUO L. A system design method for cloud manufacturing application system[J]. The International Journal of Advanced Manufacturing Technology, 2016, 84(1-4): 275-289.

［3］　DAHDOUH K, DAKKAK A, OUGHDIR L, et al. Large-scale e-learning recommender system based on Spark and Hadoop[J]. Journal of Big Data, 2019.

［4］　DEAN J, GHEMAWAT S. MapReduce: a flexible data processing tool[J]. Communications of the ACM, 2010, 53(1): 72-77.

［5］　CHRIMES D, MOA B, ZAMANI H, et al. Interactive healthcare big data analytics platform under simulated performance [C]//IEEE 14th International Conference on Dependable, Autonomic and Secure Computing. New Zealand: 2016: 1006-1011.

［6］　WEI S, HU J, CHENG Y, et al. The essential elements of intelligent manufacturing system architecture [C]//2017 13th IEEE Conference on Automation Science and Engineering. Xi'an:2017:1006-1011.

[7] 郎波,张博宇.面向大数据的非结构化数据管理平台关键技术[J].信息技术与标准化,2013(10):53-56.